『走出去』的记忆

◎王永光 著

内 容 提 要

本书是关于企业“走出去”的实践总结和深度思考，是作者在首钢秘鲁铁矿工作的回顾，其中有企业在困境中挣扎、逆境中攀爬的轨迹及其应对之策和思想积淀；有人性的呼唤所产生的心灵共鸣；有认识的升华和理念的提纯；有应对境外工会的探索和临危不乱的镇静；有企业文化的建设和战略愿景的思考；有工作经验和境外实践的交融以及管理知识与传统文化的融合。书中还包括了作者多年“走出去”工作的思想积淀，如国家资源战略的思考、企业国际化战略的探寻、“走出去”企业防范风险的警醒、“一带一路”条件下企业“走出去”风险防范的深度思考等，为“走出去”的企业提供借鉴，为从事“走出去”的志士仁人提供参考。

图书在版编目（CIP）数据

“走出去”的记忆／王永光著．—北京：冶金工业出版社，2016.3（2017.1 重印）
ISBN 978-7-5024-7186-6

Ⅰ．①走…　Ⅱ．①王…　Ⅲ．①企业—对外投资—研究—中国
Ⅳ．①F279.23

中国版本图书馆 CIP 数据核字（2016）第 052082 号

出 版 人　谭学余
地　　址　北京市东城区嵩祝院北巷 39 号　邮编　100009　电话　(010) 64027926
网　　址　www.cnmip.com.cn　电子信箱　yjcbs@cnmip.com.cn
责任编辑　程志宏　美术编辑　吕欣童　版式设计　吕欣童　孙跃红
责任校对　郑　娟　责任印制　牛晓波
ISBN 978-7-5024-7186-6
冶金工业出版社出版发行；各地新华书店经销；固安华明印业有限公司印刷
2016 年 3 月第 1 版，2017 年 1 月第 2 次印刷
169mm × 239mm；16.75 印张；306 千字；251 页
38.00 元

冶金工业出版社　投稿电话　(010) 64027932　投稿信箱　tougao@cnmip.com.cn
冶金工业出版社营销中心　电话　(010) 64044283　传真　(010) 64027893
冶金书店　地址　北京市东四西大街 46 号 (100010)　电话　(010) 65289081 (兼传真)
冶金工业出版社天猫旗舰店　yjgycbs.tmall.com
（本书如有印装质量问题，本社营销中心负责退换）

【序　言】

2000年国家提出"走出去"战略，回顾十几年来"走出去"的历程，企业的经历并不平坦。在全球经济新常态下，矿业冬天的雾霾沉重，"走出去"的企业依然步履维艰，实体经济增长乏力，金属市场价格低迷。经济严寒，触动了尘封的记忆，16年前在首钢秘鲁铁矿工作的往事如烟，一幕幕浮现眼前。

1999年5月带队去首钢秘鲁铁矿进行调研，遂临危受命，留在了该矿山兼任总经理。当时由于钢铁市场不景气、产品质量不稳定，产品堆积如山，矿山无法完成对秘鲁政府的投资承诺，发不出工资，当地工会号召罢工，银行逼债，在首钢接手前离职职工起诉案件不断，直至法院限制我离开秘鲁……"拆东墙，补西墙，墙墙有洞；借新债，还旧债，债债不清"是秘鲁铁矿当时的真实写照。危如累卵，朝不保夕，一上任就焦头烂额，穷于应付。尽管对债主好话说尽，仍难避还债的压力。就是在这种极其艰难、无奈的环境下履行总经理的使命。每天除了现场查看生产、产品质量，组织正常的生产外，还得应对追债，研究营销策略，强化管理，与政府、工会沟通等事情，一件接一件，每天累得疲惫不堪。

1999年5月初到马尔科那矿区的印象是："静夜涛声猛，清晨雾气浓，晴天一片黄，唯有烈日红。"位于太平洋东岸的矿区，一片海相地貌。因常年少雨，没有绿色，地上光秃秃，仿佛到了月球。我的心境就像这片荒凉的大地。为了给企业和员工的心灵带来希望的绿色和生机，以"清心寡欲读圣贤书，豁达宽容待天下人"自勉。

面对市场疲软、企业濒临破产的困境。一个人独自在异乡，被感冒折磨得筋疲力尽。在秘鲁铁矿危如累卵，朝不保夕的形势下，作为总经理以“健全决策程序、完善管理制度、加强内部管理、增强服务意识、提高办事效率、改善外部形象、拓宽业务渠道”为座右铭，时刻规范自己的言行。

作为“濒临破产”企业的总经理，好像拖着一艘沉重的破船，行走在迷茫大雾之中，随时都有触礁的危险。作为舵手，以“积累知识资本，丰富工作经验，学习处事技巧，寻求发展机会，磨炼意志品质，提高素质修养，有效利用时间，攀登理想高峰” 为指引，在绝境挣扎中，迎来2000年。“债比山高危机四伏秘铁何处去？路在脚下商海八面诸君献策来！同舟共济”。这是我的团队当时心情的真实写照。在首钢总公司、中首公司的正确领导和大力支持下，经过秘鲁铁矿全体员工的共同努力，2000年超额完成了首钢总公司下达的扭亏为盈任务，实现利润66万美元。

在迎接2001年元旦时，我们换上了新的对联：“同舟共济笑送旧千年，豪情满怀喜迎新世纪，携手并肩”。对联反映了我们当时的心境。到2001年春节时，我们有了更宏伟的目标，气势更高了，信心更足了，意志更坚定了：“紫气东来中国风吹遍四海，祥光普照首钢人开拓八方，前程似锦”。

经历了1999年濒临破产的考验，当年亏损严重。2000年走出绝境，在困境中跋涉，当年实现扭亏为盈的目标。2001年超额完成上级下达的利润指标。2000年实现了家属的反探亲，圆了员工团圆的梦。2003年之后，秘鲁铁矿成为首钢的利润大户，也是国家宝贵的原料基地。

随着岁月的推移，过去的辛苦和艰难都化作清风而去，当时的陋室铭再次浮现眼前：“漂泊天涯海角，去留无意，望天上云卷云舒；饱尝酸甜苦辣，宠辱不惊，看庭前花开花落。淡泊名利，一生书为伴，寻古今真理，觅中外之音。与世无争，整天笔为友，书人生豪情，写千秋史话。诚信为本，忍让为先，克制为鉴，宽大为怀”。

经济有周期，岁月曾相似。今天工业企业的境遇和1999年极其相似。只要精神不滑坡，办法总比困难多。2004年在公开招聘考试现场，主考官问我为什么竞聘中冶集团负责资源开发副总经理的职位。我深有感触地回答："我在首钢秘鲁铁矿兼任总经理两年多的经历，对经营境外企业有切身的感受，愿意把自己在工作中的感悟、体验和具体做法，运用在更大的平台上，为国家'走出去'的事业做力所能及的贡献。"

光阴荏苒，岁月如梭。转眼11年过去了。11年来，亲身经历了资源需求剧增、资源价格攀升、资源投资冲动的过程，见证了非理性投资的教训，在国际市场伤痕累累，付出的代价沉重，留下的教训令人心痛。投资冲动像脱缰野马，盲目扩张似飞蛾扑火。2007年底在中国矿业联合会的年会上，我以"关于实施'走出去战略''资源战略'的思考"为题发言，呼吁资源投资要理智、冷静，受到人大资源环境委员会副主任张洽的重视，于2008年1月9日在《政协信息》第二期，以"实施'走出去战略'和'资源战略'应当慎之又慎"为题上报中央政治局领导，引起有关方面重视。

本书共分为四部分，第一部分《工作篇》，是秘鲁铁矿工作回顾。工作思路：有认识的升华，有管理的提纯，有企业文化建设，有管理创新探索。工作思考，是心灵的呼唤：有人性的激荡，应对工会的探索，有临危不乱的镇静。工作部署，是管理知识和传统文化的结合：有工作经验和境外实践的交融。工作实践：有夜深人静的苦思，有风狂雨骤的坚挺。第二部分《日记篇》，是秘鲁铁矿工作日记摘选，记录了自己与秘鲁铁矿一道在困境中挣扎、逆境中攀爬的轨迹，有应对之策，有思想积淀，有工作探索，有学习感悟。第三部分《记忆篇》，时隔16年记忆中特殊事件的浮现：有心灵触动的回声，有感慨，有共鸣；曾经的临危受命，遭遇过诸多险情，能让企业起死回生，全凭一颗赤子之心。第四部分《思考篇》，在中冶集团工作11年来，应邀在有关会议上的发言和参加央企学习班的论文，有国家资源战略的思考，有企业国际化战略的探寻，有“走出去”企业防范风险的警醒，有“一带一路”条件下企业“走出去”风险防范的深度思考。

在依法治国、依法治企的大环境下，企业积极参与国际产能合作，开启了“一带一路”建设的征程，如何走好？如何走稳？依然面临诸多困扰，依旧有各种风险。作者愿意分享自己在秘鲁铁矿艰难岁月的工作经历、思想积淀和在中冶集团工作11年来关于“国家资源战略、企业国际化战略、‘一带一路’条件下风险防范等”的深度思考，为“走出去”的企业提供借鉴，为从事“走出去”的志士仁人提供参考。

王永光

2015年11月10日

【目　录】

工作篇

日记篇

记忆篇

思考篇

工作篇

GONGZUO PIAN

秘鲁铁矿现在需要什么

1999 年 5 月 23 日

自 5 月 17 日来到矿区，一周过去了，通过现场调研，与相关人员交流，脑海浮现出一个问号：秘鲁铁矿现在究竟需要什么？

秘鲁铁矿资金紧张、销售困难是领导都知道的事情，但造成资金紧张、销售困难的真正原因是什么？恐怕不是所有领导都知道的。经初步调研，和秘鲁铁矿领导接触，发现钱并不是秘鲁铁矿现在最需要的。秘鲁铁矿最需要的是：

一、一个强有力的领导班子。能够精通专业、懂管理和营销的领导班子是拯救秘鲁铁矿的关键。

二、一支精通国际贸易的营销队伍。能够吃苦耐劳，勇于开拓进取，为顾客提供优质服务，精通产品知识、国际贸易，同时了解金融、法律等的营销队伍是秘鲁铁矿起死回生的根本保证。

三、一支恪尽职守、精心组织生产的员工队伍。生产适销对路的产品，保证各项指标领先并不断提高是秘鲁铁矿提升竞争力的基础。

四、一支懂经营、善管理的管理队伍。树立良好的企业形象，维护企业利益。利用金融资源为企业服务，协调企业和公共团体的关系，协调企业内部的关系。这是秘鲁铁矿健康发展的必要条件。

五、科学的决策程序，明确的岗位职责，健全的管理制度。

六、齐心协力、同甘共苦、积极进取的企业精神和优良的企业文化。

驻秘鲁铁矿中方员工应具备什么素质

1999 年 5 月 29 日

今天听了技术部、工程部两位同志关于所在部门工作情况的介绍，并从侧面了解了在一线中方员工的情况。对派驻秘鲁铁矿中方员工应具备的素质有了一个粗浅的概念：

一、要派驻一个懂生产经营管理、国际贸易、国际金融、年富力强、德才皆备、起码懂一门外语的领导班子。这个领导班子能够在国际市场上驾驭企业。

二、要选派懂西语（可以先组织集中时间学习）、懂专业技术、具备一定管理能力又有较强合作精神和沟通协调能力的中层领导。这样的中层领导能够组织生产经营，掌握生产经营全貌。

三、如果不具备以上两条，则必须在财务、物资采购、销售、生产技术的关键岗位上安排在秘鲁铁矿工作几年、已基本掌握西语、有一定生产管理经验的大学生（起码应是工程师）担任科级（车间）或总管的正职，为中层领导提供准确、真实的情况，便于上层领导作出正确的决策。将这些同志作为中层干部的后备人选培养。

四、没有明确岗位、不能介入正常管理的年轻员工在这里很难发挥作用。如果没有培养发展前途的，宜陆续返回中国。非生产性一般工作人员，宜大幅精简。翻译队伍也宜精简。注重人品和合作精神。

管理的差异和差距

1999年5月31日

今天上午参观了矿区及选矿厂的仓库，了解仓库管理的基本情况；下午查看中国人管理科的财务账（现金流水），形成了鲜明的反差。有比较，方知不足。

仓库管理体制基本上沿用了美国人管理时的制度（1952—1975），虽然二十多年过去了，今天看来，这种物资管理制度仍然有值得借鉴的价值。每一种物资入库有一个明确的代号、成本编号和档案卡，记录入库时间、出库时间、数量等，一目了然地知道该物资的库存时间。如1978年10月27日入库的法兰盘，最晚一次的出库时间是1999年3月23日，现在还剩3件。

相反，中方账户的管理，从1993年建账，几经交接，账目缺乏连续性和一致性，更不能直观地看出中方账户的资金来源和具体支出明细，只有一个结存余额。虽说业务量并不大，但要提供一张1998年中方人员收入明细表，竟然需要手算3万多个数据。这充分说明原来的基础管理薄弱，也反映了账务处理手段很原始。

中西方管理工作的差异，深刻地揭示了我们管理工作的差距。反映了平时管理工作的薄弱。现在不能停留在“知不足”上，应该研究如何弥补不足！如何完善管理！如何提高办事效率！

秘鲁铁矿的出路在哪里

1999年6月3日

秘鲁铁矿的经营形势日趋严峻，销售不畅，资金紧张，产品质量不稳。中方人员对秘鲁铁矿的前途悲观失望。面对现实，冷静思考，秘鲁铁矿的出路在哪里?

秘鲁铁矿是一个原料生产企业，而且，原料的大部分市场在秘鲁以外。这就决定了秘鲁铁矿的出路在于立足主业，抓好生产和产品质量，组织好市场营销和售后服务，有效控制生产成本和非生产性费用。

首先，抓生产和产品质量。生产要有规模效应，就必须满负荷生产，就必须形成良性循环，做好基础性工作。防止短期行为，不能杀鸡取卵。产品质量的好坏，决定了投入的生产资料能否转变为货币回收。质量应符合有关标准，满足用户要求。抓质量应层层落实责任，层层布置检查，不能有半点麻痹和侥幸。质量是企业生存的基础。

其次，组织好市场营销，培育长期稳定的客户，逐步发展到以销定产。长期客户、代理销售和市场自营形成一个合理的比例，长期客户适当让利，代理商互惠互利，自营随行就市。市场营销以准确及时的信息为基础。营销决策及时果断，信息反馈迅速。

第三，改进完善售后服务，妥善解决责任纠纷。及时处理质量事故，维护用户的合理利益和秘鲁铁矿的商业信誉。

第四，有效控制生产成本和非生产性费用。控制生产成本从工艺环节抓起，以成本中心为单位对标历史最好水平，节约成本奖励。严格生产组织，提高工效、设备台效、作业率和完好率，降低单位材料消耗，严格物资采购、库存管理，消化不活跃物资（库存超过一年）。控制非生产性支出，严格预算管理。

以上四点不能停留在一般的口号上，用制度固化，明确每个部门、每个岗位的职责。

首先，明确领导分工，加强彼此合作。形成集体议事和个人分工的有机结合。做到既有分工，又有合作，遇事不推诿，不扯皮。每个领导必须明白自己应该干什么?自己能干什么和自己干成了什么?通过反思查找不足，取长补短，共同进步。

其次，领导班子不要越级指挥。授予中层干部充分的工作权力，对中层干部实行目标管理，不干预实现目标的过程，考核最终结果。把责权利统一起来，不给中层干部推卸责任的机会，防止养成工作依赖的习惯。培养中层干部独立思考问题的能力，提高独立解决问题的能力。把总目标分解为季度、月目标，月目标细化为工作任务落实。有效监控中层干部，管而不死，放而不乱。领导班子只抓中层干部，一级对一级负责，责任落实到人。

第三，中层干部要放手部下独立工作，严格考核，奖罚严明。及时褒奖称职员工，随时撤换不称职员工。明确每个员工的工作目标和工作标准。按照“零事故、零差错”要求员工，促使员工学知识，钻研技术和管理，提高员工队伍整体素质。

领导率先垂范是前提，秉公办事是基础，奖罚分明是关键，步调一致是保证。

秘鲁铁矿矿区调研工作小结

1999 年 6 月 4 日

在矿区已工作了两个星期，今天下午将返回利马。回顾两周来的工作，整体上了解了秘鲁铁矿的经营现状和员工队伍基本情况，发现了生产经营管理中的一些薄弱环节。基本结论是：管理两张皮，步调不一致，忙于应付，事倍功半。中方管理意志传达不到秘鲁人，传达不到基层。

1952 年美国人投资建设的秘鲁铁矿，当时叫马尔科纳铁矿。1975 年被秘鲁军政府没收，收归国有，更名为秘鲁铁矿。由于国有化期间经营不善，到 1990 年入不敷出，濒临破产。1990 年藤森当选总统，成立私有化委员会，秘鲁铁矿进入私有化程序。1992 年 12 月 1 日首钢以 1.2 亿美元收购秘鲁铁矿 98.48% 的股份。在首钢接管前，秘鲁政府对企业大幅裁员，给首钢秘鲁铁矿以后的经营留下诸多后遗症，通过法律途径起诉首钢秘鲁铁矿，造成了严重的法律诉讼赔偿。首钢接管时留下来的秘鲁员工有相当一部分是老弱病残。

1999 年 5 月调研时，秘鲁铁矿的秘鲁工人 860 多人，职员近 400 人，官员 208 人。首钢接管后聘用的合作社社员近 400 人。中方人员 65 人。合作社社员相当于国内的合同聘用劳务人员。秘鲁铁矿和合作社签订合同，合作社根据秘鲁铁矿的生产需要选派合作社社员。合作社社员中有相当多人是大学毕业生。老秘鲁铁矿工人的工资福利等大约是合作社社员工资的2倍多。秘鲁官员的工资福利比中方高管的工资福利高好多。当时，秘鲁助理总经理Mr.Vera的每月工资是12000多美元，相当于中方总经理一年的实际收入。

秘鲁铁矿的管理，名义上是中国人管理，实际上整个运转体系是秘鲁官员指挥。1992年首钢接管秘鲁铁矿后，在生产经营管理上沿用了原来的西语制度。中方制定的制度基本是管理中方员工的。由于语言障碍，只有少量中文制度翻译成西语。秘鲁铁矿143个西语制度到1999年5月调研时，翻译为中文的不足一半。秘鲁人服从西语制度，对中方官员的要求、命令，多半是阳奉阴违，经常是认认真真扯皮。

在生产、经营管理中秘鲁官员经常投机、打擦边球。中方的要求，经过秘鲁官员贯彻落实，经常是隔靴搔痒。中方基本按照国内的要求，落实质量品种效益要求，在推进中秘鲁官员本能地抵触，甚至敷衍。对国内要求的"转抓练增"（转观念、抓管理、练内功、增效益）活动，秘鲁员工不知所云，其效果是可想而知了。

中方领导和部门领导工作很努力，但因为制度缺陷、语言障碍，经常事倍功半，缺乏有效的管理制度抓手。由于1993年签订了长期有效的《工人集体协议》、《职员集体协议》，规定了超共产主义的福利条款，秘鲁工人即使工作不称职，也无法考核，更谈不上扣工资，而每年涨工资是劳资谈判的首选议题。工人明确讲，经营好坏是中国人的事情，物价上涨了，我们就要求涨工资。

在这样的大环境下，中方领导团队费九牛二虎之力也难以有效拖动秘鲁铁矿这艘旧船。1998年首钢总公司把秘鲁铁矿在中国市场的1900多万美元销售货款用于偿还香港14.2亿港币的可转股债券，秘鲁铁矿的现金流出现了大缺口。进入1999年铁矿市场疲软，再加上产品质量不稳定，销售陷入困境，堆场的球团、细粉、粗粉堆积到天车梁，装船量锐减。由于资金紧张，无法给秘鲁工人正常发工资，只好把中方账户的积蓄转到首钢金地公司（在矿区为秘鲁铁矿进行地质勘探），由金地公司再借给秘鲁铁矿发工资。当时的人力资源部副经理曾找到我，恳求中方账户一定留足中方65位员工回国买单程机票的钱。秘鲁铁矿是危如累卵，朝不保夕，人心浮动，悲观失望。

不能按期还银行借款，美元逾期罚息到36%，索尔逾期罚息高达80%。首钢总公司看在眼里，急在心上。秘鲁铁矿新上任的金董事长重要使命就是转让秘鲁铁矿，或者摊薄股份，以缓减经营压力。经多次磋商，美国克里菲莱、克利菲斯公司和秘鲁铁矿洽商委托管理，也没有信心，更不愿出5000万美元购买秘鲁铁矿。巴西CVRD派人到秘鲁铁矿尽职调查后也无意购买，尽管CVRD矿的领导曾经是原秘鲁铁矿员工，对秘鲁铁矿有感情。但是，面对萧条的市场，破旧的设备，参差不齐的人员和超共产主义、长期有效的《工人集体协议》、《职员集体协议》，所有和秘鲁铁矿接触的公司都望而却步。

每天的调研、谈话都沉浸在压抑之中，有点喘不过气的感觉。走出感性的压抑，回到理性的思考，就秘鲁铁矿本身而言，以下工作仍亟待加强。

一、生产技术管理。完善奖惩制度，明确责任划分。对问题深入调研，找出原因和解决办法，提高产品质量。

二、销售管理。完善销售责任考核、应收账款管理制度，快速敏捷地收集、反馈信息。完善销售计划，严格界定销售合同和销售意向。

三、财务管理。完善成本监督管理，加强成本监督和责任追究。改进、完善成本管理的措施和合理化建议制度。完善预算执行情况的考核制度、经济活动分析制度，遏制指标下滑、成本上升的势头。加强应收账款的管理、催收、监督反馈。对往年已答应的赔偿应及时做账务处理，消除实际的潜亏。

四、人事管理。建立健全岗位职责考核制度、激励奖惩制度，做好人力资源规划。

五、员工队伍。需要提高员工队伍的整体素质和工作热情。

两周的调研是走马观花，总结不够全面，个人认识难免有失偏颇。

物资采购制度有待完善

1999 年 6 月 26 日

今天上午听物资部采购科科长谈了秘鲁铁矿的采购程序，基本印象比较繁琐，尤其对低值、小额采购，效率很低。这一点已引起采购部门的重视。

抓管理，要从基层员工中了解应该改进的地方和改进的对策。因此，要想找出管理中的症结，探索改进管理的途径，必由之路就是深入实际，认真听取一线员工介绍、评价、分析工作，请他们提出具体改进意见和建议。

降成本，必须从采购抓起。因为，每年采购物资 4000 万美元左右，大约占成本的 50% 左右。在采购过程中如果把关不严，多付 2% ~ 5%，则多支付 80 万 ~ 200 万美元，数字惊人。

要想降低采购成本，首要任务是分析现行采购制度的利弊，扬长补短，有针对性地提出改进措施。

精干采购队伍，既降低人工费用，也有助于降低采购成本。因此，物资部门应该有计划、有步骤地更新队伍，优化结构，增加采购队伍的新生力量。这一切有待于现行制度的进一步完善。

群众路线是解决问题的根本途径

1999年6月28日

今天听物资部海关科介绍降成本方面的工作，我想起了毛主席关于群众路线的指示。我想相信群众、依靠群众、发挥群众的首创精神是解决秘鲁铁矿困难的根本途径。

首先，应该就如何走出当前困境的问题认真听取各个阶层群众的意见和建议，请大家出主意想办法，思考解决问题的思路和措施。

其次，请每个人结合本部门工作职责，联系本人工作实际，找出工作中的不足，提出改进意见和工作目标。

第三，把群众提出的意见和建议汇总，归纳出近期公司重点工作和具体工作方针，具体部署，抓落实。

第四，及时检查、反馈重点工作进展情况和执行中出现的问题，有针对性地采取措施。

第五，敢于向群众讲真情、讲困难，不掩盖矛盾和问题，真诚地希望群众和公司站在一起，同呼吸，共命运，同甘苦，共患难。

第六，支持群众工作，保护群众的工作热情。正确对待群众提出的批评意见，认真反思工作中的不足。保持清醒头脑，遇到问题不盲目自信，从群众的意见和建议中找解决问题的办法。

管理工作应该体现人性

1999年7月1日

今天晚上听李秀宏介绍成本科成立以来所做的工作，很受启发。秘鲁铁矿有些青年确实尽职尽责，创造性地工作。这是秘鲁铁矿的希望。但在交流中能感觉到他们在工作中缺乏与领导沟通交流的机会。现行的管理模式中因缺乏应有的人性化沟通，挫伤了员工的工作热情，抑制了员工的创造性。

管理员工应该体现尊重、理解、信任、关心八个字。

尊重是前提。任何人都需要别人尊重。因此，当我们在向下属布置工作、与下属谈话时，首先，要明确站在我们面前的是一个有独立人格的人，一个需要别人尊重的人，不是一个出气筒。

理解是基础。只有彼此互相理解，才能达到有效的沟通。只有经过有效的沟通，才能达成共识，消除误会，减少失误，提高工作效率。

信任是关键。用人不疑，疑人不用。信任是别人竭尽全力工作的动力。信任不是口头的表白，是相互交往中的感觉，是心灵深处的共鸣。

关心是调动员工积极性、做好工作的根本保证。想让鸡下蛋，必须给米吃。不能只关心自己，不关心别人。领导对下属的关心会产生正激励效应，能增强集体的凝聚力和向心力。

管理工作呼唤人性，管理思路突破禁锢。

降成本工作常抓不懈

1999年7月2日

今天上午，秘鲁铁矿领导班子明确了降成本的思路：一是降低消耗，使各项指标达到历史最好水平；二是降低采购成本；三是降低人工成本；四是降低财务费用。

降成本的主题是永恒的，应该常抓不懈。但在不同时期应该有不同的重点和突破口。首先，降成本从员工的思想意识入手，人人有危机感、紧迫感和责任感。从我做起，从现在做起。

其次，降成本作为日常工作抓。从每个环节做起，从点滴小事抓起，形成一种企业文化，全面推开。

第三，降成本从杜绝浪费做起，包括时间浪费、材料浪费。从严格核定标准定额做起，使定额有代表性，有针对性，对具体工作有指导性。科学合理的定额指标是检验生产管理水平的试金石。

第四，降成本要明确责任，落实到人，层层负责，人人把关。每个人对自己工作范围的成本构成、挖掘潜力要了如指掌，如数家珍。有针对性地提出挖潜措施，身体力行地实施。

第五，降成本以优化生产组织、工艺为突破口，简化工作程序，提高工作效率，确保整体成本不升高，各个环节有机协调。

第六，降成本有布置，有检查，有考核，有奖惩。通过抓降成本，提高生产管理水平，完善生产组织，增强部门间的沟通与合作。

当前秘鲁铁矿降成本的重点在于：

1. 降低财务费用。因销售不畅、库存积压严重，导致资金周转不灵、透支增加，财务费用猛升。因此必须降低财务费用，扩大销售量，加快回款速度，降低贷款和透支额度；降低产品库存、半成品的资金占用和库存备品备件的资金占用。调整贷款结构，减少财务费用支出。

2. 降低人工成本。充分利用秘鲁当前经济萧条、就业压力大的形势，精简老秘鲁铁矿员工，吸收新员工，增强员工队伍的工作能力，提高工作效率。工作要有计划、有步骤地循序渐进。

3. 降低采购费用和不必要的管理费用。利用经济不景气的形势，多方比价，择优采购，以降低采购费用。严格控制非生产经营费用支出，严格执行预算。

4. 提高生产工艺技术水平。降低消耗水平，提高作业效率。

以上重点工作，关键在于明确目标抓落实，责任到人抓考核。此外，提高领导决策水平，减少因决策失误造成的浪费。工程浪费、资金沉淀等是降成本不可忽视的主攻方向。加强领导之间的沟通和协调，提高办事效率，也是降低成本的有效措施。提高领导办事效率，减少对部门工作的延误，工作积极主动，是增收节支的突破口。降成本是全员的事情，更是领导的责任。领导随时反思自己的工作是否有效率，是否有效果，是否在增加成本！

谨防劣币淘汰良币

1999年7月5日

今晚与一位熟练运用西语、了解秘鲁员工思想的中方员工谈经营管理问题。他谈到因用人不当，导致中国人在秘鲁人心目中的地位下降，威信扫地。秘鲁人利用中国人在用人问题上的失误，经营自己的小圈子，把忠于职守的秘鲁员工一个一个排挤掉。实际上，中国人对秘鲁人有失控现象。有几个事例可以说明。

1. 采场总管今年初因对秘鲁工人管理严，几个工人一起起诉该总管。人事部没有替这位官员说话，助长了这伙人的气焰。为此这位官员辞职了，使采场管理受到很大影响。

2. 球团厂有一名工人，在1996年秘鲁工人罢工时，他自动坚持上班，平时勤勤恳恳。但是，秘鲁工人对他有意见，总是排挤他。今年初被开除了，该工人很伤心。

3. 经营部信息科一名骨干，中方认为他工作不错，准备提他当科长。秘鲁人得知后，想尽办法，千方百计破坏。最后，公司领导竟然听了秘鲁人的意见，不听中方员工的意见。此事，在秘鲁员工中造成恶劣影响。现在，秘鲁员工一般不敢和中国人接近。

这种风气，助长了秘鲁人算计中国人、给领导骑瞎马的风气。忠臣因诽除于无罪，奸臣以谗赏于无功。悲哉！悲哉！

抓质量关键在落实

1999年7月6日

1998年秘鲁铁矿出口到中国港口的球团，曾因质量问题造成索赔。在到秘鲁调研前，我和前任生产部经理了解，他1997年1月2日提出以下改进球团质量的工作意见：1. 按比例供矿，难磨矿入选比例小于15%。2. 增加皂土、细粉的搅拌混匀设备，更换皂土计量装置。3. 保证采场供矿粒度小于3.5英寸等。这和现任生产部经理的意见很接近。我有点疑惑，1997年的这些意见为什么在工作中没被采纳？

从这件事可以看出，抓质量的关键在于落实措施。既清楚问题原因，又提出解决办法，如果真抓落实，球团的质量不会波动，更不会造成质量事故。其实，1997年、1998年的两起质量事故并非没有迹象，只是存在侥幸心理，最终遭到客户的索赔。

现在抓球团质量，既要抓措施落实，保证供矿比例、供矿粒度，保证皂土均匀混入细粉。又要加强生产管理。加强部门之间的协作。各部门要通力合作，各负其责，抓落实。及时反馈实施中出现的新问题，调整工作方案，逐步摸索出合理的工艺参数。

关键是落实责任人、方案、完成时限以及具体措施和资金等。

如何有效利用人力资源

1999年7月8日

控制是实现计划的保证。实现计划依赖人力资源的综合利用和有效开发。实现有效管理的关键在于有效利用人力资源。

秘鲁铁矿的人力资源由秘鲁员工和中方员工构成。秘鲁员工分为官员、职员、工人和合作社社员。中方员工主要是科级以上的管理人员、公司领导。秘鲁工人是国有化时期聘用的，普遍年龄老化，工作技能差、工作效率低、工资福利高。合作社社员，以年轻人为主，相当多是私有化后毕业的大学生，年富力强，工作效率高，工资福利低。在秘鲁铁矿实际是同工不同酬，中国人工资最低。

摸清人力资源现状是综合利用的前提，是人力资源开发的基础。根据人力资源现状，提出人力资源规划和具体实施方案，则是有效利用人力资源的根本保证。人尽其才，扬长补短是有效利用人力资源的根本途径。

从生产经营的实际出发，结合中方人员的现状，对秘鲁员工的充分利用，一定建立在明确岗位职责的基础上，让每个人知道自己该干什么，该怎么干！中方人员扮演监督检查的角色，评定秘鲁员工的工作业绩、成效，对不足部分提出修正意见和奖罚要求，使员工形成一种自觉按照标准工作的习惯。

不论是工人、职员、官员，还是合作社社员，一定要有明确的岗位职责和具体的工作标准，有些要量化。对每个人的业绩考核进入员工的业绩档案，以此作为评价员工的依据，同时，作为职务晋升的评价标准。在秘鲁人当中引入竞争机制，吸收优秀的员工加入秘鲁铁矿。有计划地淘汰低素质的员工，使员工的年龄结构、知识结构趋于合理。

鉴于中方员工少，应把中方员工放在关键岗位，监督检查生产经营过程，及时反馈执行情况，纠正执行偏差。按照这个功能要求来评估现有的中方员工是否具备应有的素质和专业背景、实践经验。对不能胜任、不具备专业素养的中方员工陆续精简。在关键岗位保留懂业务、懂管理、能够进行有效沟通的中方员工。明确中方员工的岗位职责、工作标准、责权利对等。抓落实，重实效，补短板，堵漏洞，严考核，明奖惩。

每个部门的中国人，要熟悉部门工作的内容、重点、难点、关键环节、薄弱环节。客观评价本部门秘鲁员工的工作能力、工作表现和工作业绩。防止在部门内秘鲁员工形成第二个核心和权力重心。部门工作步调一致，统一指挥。能够熟练运用西语进行工作交流，以此为标准选择人才。

有效使用中方员工的第一个问题是工作期限。一般情况，第一年基本是适应环境，学习西语的过程，发挥不了大的作用。第二年由不熟悉到熟悉，语言交流基本满足日常使用。第三年是发挥作用的一年。如果语言过关，业务精通，他才能在部门发挥应有的作用。实际上，中方员工在秘鲁铁矿，前两年是培养期，第三年是使用奉献期。从第三年起，才能有效发挥作用。如果工作三到四年就回去，造成了很大的浪费。经过两年培养，本该为企业效力了，让员工回国，周而复始地培养、回国，造成巨大的浪费，也不利于提高中方员工控制管理秘鲁员工的能力，更不利于提高企业的国际化管理水平和竞争能力。因此，对有培养前途、关键岗位的年轻人，应该放宽服务年限。

有效使用中方员工的第二个问题是如何调动员工积极性和创造性。关心员工个人生活需求是一个不可忽视的问题。努力创造条件，解决员工的后顾之忧。明确岗位职责，引入激励机制和竞争机制，把员工的职业生涯和企业的发展有机结合，让员工在付出的过程中看到希望和未来。

有效使用中方员工的第三个问题是部门之间的有效沟通、积极合作。提倡实实在在工作，杜绝认认真真扯皮。有效沟通是人尽其才的关键，积极合作是物尽其用的保证。

总之，有效利用人力资源应该从基础做起，摸清现状，明确职责，加强考核，奖惩兑现。领导以身作则，员工积极响应。统一思想，步调一致。形成有凝聚力的企业文化是有效利用中方员工的灵魂。

满招损，谦受益

1999 年 7 月 25 日

7 月 20 日收到首钢总公司的任命文件。7 月 22 日和原总经理进行了简单的工作交接。7 月 23 日和中方中层干部见面。7 月 24 日新班子召开第一次会议。现在，自己是秘鲁铁矿的总经理，肩负着企业生存发展的重任。面对近 2000 名中秘员工，能否胜任工作，不完全取决于自己的主观意愿，也不取决于自己的工作是否努力，在很大程度上取决于自己能否克服缺点，弥补不足，充分调动大家的积极性。

古人云：满招损，谦受益。以此作为座右铭，时刻提醒自己，警告自己。

生产一线的问题和细节，工作在一线的同事更了解。要想全面掌握公司的情况，必须深入实际，放下架子，甘当小学生，向同事请教。敢于承认自己的不足，就可以进步。

取长补短，学习新知识，不断总结经验。组织上信任自己，就要珍惜这个机会，尽最大努力做好本职工作。牢记：戒骄戒躁，克制宽容，谦虚谨慎，勤奋坦诚。兢兢业业工作，认认真真做事。

作为总经理，会听到很多不同意见和建议。对不同意见不能感情用事，更不能偏听偏信。否则，决策就会有片面性，乃至发生脱离实际的情况。因此，主动深入实际，多了解一些不同的声音，加以分析比较，找出主要矛盾和矛盾的主要方面。权衡利弊，两害相权取其轻。

古人曾告诫：兼听则明，偏信则暗。在一个完全陌生的环境下工作，牢记这条古训。广开言路，倾听不同层次的意见和建议，在听取意见时，要有耐心，诚心听，不能表现出不耐烦，更不能有自己的倾向性。否则，别人不会告诉你真实想法。

作为总经理，首要任务是明确公司该干什么，应该由哪些部门干，具体要求是什么，完成任务的时间！在此基础上，落实任务，检查进度，实现有效的管理控制。经营者不能事事亲力亲为，要学会借力。保证工作的顺利推进，重点抓中层干部。部门领导应确立工作标准，客观评价每个人的工作成效，及时纠正工作中的偏差，使局部工作围绕公司的整体目标运行。管理是一级对一级负责，部门领导也要学会借力，调动每个人的积极性和创造性，用别人的手达成自己的工作目标。这就是管理。

当今是一个信息化的社会。要充分利用社会信息和企业的管理信息系统，收集决策必需的信息，保证决策有充足的科学依据。听不同层次的意见仅是决策的一种信息来源，更重要的是社会经济信息，市场供求信息。企业是社会的企业，企业决策不能摆脱社会的限制，不能违背社会经济发展规律。因此，随着企业的发展，市场竞争的加剧，及时获取信息显得尤为重要。

建立和完善管理信息系统、决策支持系统是今后的努力方向。

统揽全局的考验

1999 年 8 月 5 日

明天下午，将在秘方员工中宣布总经理任命，对自己统揽全局能力是一个考验。此时需要冷静思考，缜密分析和勤奋工作。

首先，要抓紧时间了解中秘双方中层干部的基本情况，征求他们对公司工作的意见，从而发现在工作中的沟通情况和管理的薄弱环节。

其次，要深入生产实际，了解具体的操作、管理情况，发现生产现场的具体问题，查明原因，督促其采取有效措施。

第三，监督检查重点工作的进展情况、存在问题、主要原因，研究具体对策。

第四，形成正常的信息反馈渠道，及时了解生产经营动态，国际国内市场信息动态。

第五，虚心倾听班子成员的意见和建议，加强对自己的约束。凡是要求别人做到的，自己首先要做到。

第六，加强学习，不断提高自身素质，尽快适应新岗位的要求，妥善处理好人际关系。

抓大事，抓落实，抓进度，抓协调，为中层干部提高工作效率创造条件。

第一次坐在总经理办公室

1999 年 8 月 7 日

昨天下午金董事长宣布了董事会决议，任命我为秘鲁铁矿总经理 。今天，我第一次走进设在尼古拉斯（选厂、球团厂、码头所在地）的总经理办公室。该办公室平时很少用。原总经理在圣胡安中方经理部办公。

坐在办公桌前，一种责任感、使命感油然而生。办公室因长时间没人用，卫生间水龙头已损坏，墙上的闹钟也停了，桌面上积了厚厚的尘土。那些尘土好似眼下艰难的经营形势压在心头，有一种窒息的感觉。从今天起，我将在这里和秘鲁铁矿同呼吸，共命运。停止的钟摆也将启动……

离开办公室，直奔生产车间，发现 2 号球团生产线有两个造球盘停止作业，其中一个正在更换备件，而另一个则因减速齿轮坏了停产。设备年久失修、带病运转，很难保持稳定的作业率。

回到办公室，让翻译给 Mr.Vera 草拟一份函件，把昨天电话内容写明：“一是让已进入 ACARLI 的两家公司停止作业。二是了解两家公司的资信情况。三是以后关于合作的事情，请合作单位直接和生产部杜经理联系。”

回到圣胡安，阅读了人事部经理的调研报告，觉得有深度，但也有其局限性，言辞在个别地方偏激。这份报告既反映了秘鲁铁矿管理中存在的问题，也反映了中西文化交流上存在的差距。通过阅读报告，更加深刻地认识到在境外经营企业所面临的一些特殊困难——文化差异、法律差异。

作为经营者，利用有效的管理手段，正面引导，降低文化差异对工作产生的消极影响。这是一项艰巨而漫长的任务，也是必须解决的问题。否则，企业内部员工的积极性难以发挥，尤其是高级官员。

从系统论的观点出发，要让系统正常运转，系统内的每个子系统、子系统内每个组成部分都必须正常运转。因此，每个部门的职责要明确，各司其职，各负其责。公司加强监督检查，严格考核履职情况，兑现奖惩。

制定明确的企业发展战略和经营目标，让员工了解企业的努力方向和当前的主要任务，把个人的发展目标和企业的发展目标结合起来，使企业内部各部门都能在企业的总目标下独立运转，不断完善运转方式和规则。

加强员工队伍建设，提高综合素质。更新观念，增强员工的危机感、责任感。提倡不断学习、不断进取，有计划、有步骤地开展员工培训。完善管理信息系统，优化组织机构，精简管理人员，提高办事效率。这些都是今后的重点工作，要统筹开展。

第一次正式参加生产例会

1999年8月9日

今天下午，作为新任总经理第一次正式参加生产例会，中秘双方的部门经理全部出席会议。会上各部门介绍了有关情况，生产部杜经理布置了8月份重点工作。明确了完成时间，责任落实到人。最后，我对参加会议的部门领导提出三点要求：

第一，布置任务要明确工作目标、完成时间、具体责任人。不能笼统地布置，含糊地要求。布置工作一定要清晰、准确。

第二，对承办的工作要主动反馈。一是向主管领导反馈，二是向相关部门反馈。反馈要及时、准确，特别是反馈实施中的问题、困难和制约因素，不能含糊其辞，更不能避重就轻。部门之间加强沟通和合作，简化办事程序，提高办事效率。

第三，认真分析生产、工作中出现问题的原因，提出解决问题的办法和措施。不能把该自己解决的问题上交领导，推诿扯皮。更不能掩盖问题，蒙混误事。

会后，人力资源部高经理汇报了几个棘手的问题，都是付款。一是欠消费合作社 30 万索尔应该马上支付，否则，工会可能煽动合作社起诉公司。二是欠员工养老保险金 101 万索尔，如果 8 月 20 日前不能缴费，将会增加 50% 的罚息。三是其他一些急于付款的事项。生产部杜经理汇报了几个急用钱的项目，一是修复 7B 皮带，二是选铜项目采购，三是 28B 风机备件。

资金紧张，捉襟见肘。市场疲软，入不敷出。当月销售收入 750 万索尔，从银行贷款 1194.4 万索尔，现金流入 1234.33 万索尔，现金流出 543.6 万索尔，还贷 1479.1 万索尔，现金净流入 -244.8 万索尔，当月透支增加 180.3 万美元。官方汇率 1 美元兑换 3.3 索尔，黑市汇率 10 左右。美元紧缺，贷款艰难。透支罚息，恶性循环。美元贷款利率 12%，透支利率 36%，索尔透支罚息最高达 80% 以上。真是当家便知柴米贵，度日如年。

员工渴望交流沟通

1999 年 8 月 15 日

昨晚，我和杜经理去看望姜老师（人力资源部翻译，1934 年生人）。平时见面只是打个招呼，觉得姜老师很严肃，也很少和别人交流，显得很孤僻。

昨晚，在我们的谈话中，我感觉姜老师很高兴，和我们讲起“文革”中在干校的经历，讲工作，讲大跃进，显得很轻松，好像有说不完的话。

本来，我们以为打个招呼，问候平安，顶多 10 分钟就该离开了。在不知不觉中谈了一个半小时，她仍没有结束谈话的意思，意犹未尽……

最后，还是杜经理主动提出告辞。从姜老师宿舍出来，我的脑海里一直回旋着谈话时的情景。我深深地感到中方员工渴望彼此之间的交流和沟通，他们的心灵深处渴望友情，渴求理解和关心，他们需要领导的尊重。

在境外企业当领导，营造和谐的人际关系氛围是做好各项工作的基础。大家心情舒畅了，才能实现有效沟通和积极合作。人与人之间的沟通有时会因琐事影响，领导经过及时疏导，做好部下沟通的纽带。我们应该提倡互相尊重、理解、信任和关心。

上周六，我看望了尼古拉斯、圣胡安两地的员工，今天上午看望了采场的员工。所到之处，秘方员工都很高兴。下午就有秘鲁员工给休病假的姜老师去电话，告诉她，总经理看望他们了。其实，看望员工很平常，只是曾经缺失，大家就觉得珍贵，更有渴望。我去看望员工，他们有点喜出望外的感觉。

这确实是我应该做的。尊重员工是做好各项工作的基础。尊重员工包含多方面的内容，特别是在小事上往往容易疏忽，会在员工的心灵上留下阴影。因此，在和员工的接触交往中不可居高临下，以领导自居。一定要礼贤下士，听取员工的不同意见，尊重员工的劳动，尊重他们的人格。尊重他们的合理诉求。

尊重员工不能停留在口头上，落实到行动上，让员工能实实在在体会到你对他的尊重，让员工能感受到集体的温暖和关怀，从而减轻精神上的孤独感，增强员工的集体凝聚力，激发他们的工作热情和创造性。员工从被动接受工作变为积极主动工作，深入细致研究问题，及时沟通信息，为领导决策提供可靠的信息。这种转变不是通过命令能做到的，而是通过领导的以身作则去引导，渐渐实现的。

为青年成才创造工作条件

1999年8月21日

今天上午，和经营部石经理商量工作。我们都觉得应为年轻人发挥作用创造有利条件。李秀宏、朱振财两位年轻人工作勤奋、熟悉业务，能熟练运用语言，具备了在经营部担当重任的条件。我提出让李秀宏回矿区任经营部副经理、朱振财到利马任税务科科长。

为了稳妥起见，再次和金董事长沟通，他同意我的观点，待25日开会时研究。下一步就是帮助李秀宏解决个人问题。关心个人的生活困难，是领导义不容辞的责任。最近，和到访秘鲁铁矿的领导汇报了我的想法，他们同意我的建议。关键在于政策、制度关，但愿好事能办好！

任人唯贤，知人善任。唯有深入接触、了解，才能发现人才的长处和不足，对其有全面、客观的了解。只有知人，才能谈得上善任。在境外选人用人知人尤为重要。平时，利用各种场合加强和年轻人联系，了解年轻人的想法。只有这样，才会建立起互相信任的关系，工作才能有共同语言。

引入竞争机制、建立激励机制是发现人才、招揽人才的根本保证。这是一项长期、艰苦、细致的工作，不能松懈。人才队伍的壮大离不开人才队伍的培养。人才培养是一项连续的工作，周密考虑，统筹组织，分步实施。

人才竞争是企业竞争的关键。谁如果能争取到人才，并大胆启用，谁就在激烈的竞争中占据主动。相反，过度的论资排辈，流于形式的选人，必然会导致人才流失，削弱可持续发展能力。

十年树木，百年树人。这充分说明培养人才的艰巨。秘鲁铁矿正面对人员老化的严峻形势，我们更应该珍惜现有的人才队伍，为他们发挥专长创造有利条件。人才资源浪费是最大的浪费，改进人力资源管理工作迫在眉睫。

管理创新是秘鲁铁矿的生存之道

1999年8月31日

建立于1952年的秘鲁铁矿，经过四十多年几易其主，无论是设备还是员工队伍，均已老化。机制和体制受制于1993年签订的、永久有效的《工人集体协议》、《职员集体协议》，远远不能适应激烈竞争的市场经济。在全球经济不景气的冲击下，企业缺乏足够的应变能力和生存能力。

要在激烈的市场竞争中生存，在铁矿石价格急速下跌的恶劣形势下，渡过难关的唯一出路就是管理创新。管理创新应做好以下几方面的工作：

1. 调整机构。机构设置要适应市场经济需要，本着精简、高效原则，减少中间环节，提高办事效率。

2. 制度创新。制度以调动员工积极性为出发点，工作制度明确责权利。分配制度奖惩严明。制度体现提高效率、增加效益的基本原则。一切影响办事效率和损害经营效益的制度都应该淘汰。

3. 观念更新。树立质量观、成本观。以质量求生存，降成本求发展。由生产型向市场营销型转变。产品的质量以满足用户要求为前提，不断改进。产品是为用户生产，不是为库存生产。满足不了用户要求的产品，不但不能带来效益，还会占用大量资金。成本高于价格的产品，生产越多，亏损越多。

创新源于生存压力，不进则退。创新激发进取活力，同舟共济。国际化经营，国际歌导航。“从来就没有什么救世主，也不靠神仙皇帝，要创造人类的幸福，全靠我们自己……”

重合同守信誉是经商之本

1999年9月1日

今天下午，生产部副经理 Mr.Valenza 找我谈停产事宜，原因是8月中旬确定的船期，今天突然变了，18 万吨球团的船期取消了。客户不守信誉，把我们置于非常被动的地位：一是因高炉球团库存量大，没有空场堆放直还球团。二是直还球团的船期很近，没有足够的时间生产。三是由于整体销售不畅，堆场产品爆满，不同品种之间没有任何协调的余地。

最可怕的是代理十月份船期仍不确定。如果确实如此，十月份面临全面停产的危险。

作为生产商，客户临时取消船期，简直是雪上加霜。此时此刻，真正体会到重合同、守信誉的重要性。这种代理，不仅使秘鲁铁矿的生产被动，造成严重的损失，而且从长远看，也影响了自己代理的声誉。

尽管如此，因其代理方的特殊身份，对秘鲁铁矿的工作批评指责多，却很少反思代理本身的服务水平、质量。由于市场不景气，所代理客户的生产已受影响，作为代理本应该为生产方多着想，严格履行合同规定的义务。生产方和代理应该是互惠互利的合作，要有起码的义务感、责任心，设身处地替所代理的生产方着想。不然，终有一天生产方会离你而去。市场经济的潮流不可逆转，靠行政命令难以维持客户和市场。

更新员工知识迫在眉睫

1999 年 9 月 2 日

随着社会的发展，技术的进步，市场在变化，竞争在加剧。对于设备老化、员工队伍老化、知识老化的秘鲁铁矿，唯有创新可以渡过难关，求得生存。

对秘鲁铁矿而言，短时间内不可能实现技术创新和员工知识更新，管理创新是必然。 但是，在推进管理创新的同时，不能忽视技术创新和员工的知识更新。没有技术创新，管理创新缺乏载体，没有员工知识更新，管理创新没有活力。没有技术创新和知识更新，单纯提倡管理创新很难达到预期效果。

唯有技术创新，才可以提高产品技术含量和生产效率，才能降低生产成本，增强产品在市场的竞争能力。

唯有员工的知识更新，才能有效利用先进设备、先进的信息系统，加快企业的技术进步，增强企业对市场的应变能力；才可以减少员工人数，提高全员劳动生产率，降低人工成本。

管理创新与技术创新、知识更新互相促进。在资金条件允许的情况下，应该把技术创新、知识更新列入工作的议事日程。否则，企业仍缺乏可持续发展后劲。虽说现在因资金紧张不能更新设备，但管理思路不能停留在维持企业现状上，应该制定明确的发展战略和市场定位。不谋全局者，不足以谋一隅；不谋万世者，不足以谋一时。路漫漫其修远兮，吾艰难地探索，吃力地前行……

用法律保护企业合法权益

1999年9月3日

今天，随手翻看了首钢购买秘鲁铁矿的合同（中文译本），在第六章看到以下内容："卖方以同样方式向买方承诺和保证：自成交日起的五年期间内，买方不会受到因卖方在成交日之前发生的行为或疏忽而承担责任或招致损害，包括任何形式的征税、财政摊派、罚金、其他制裁、迟付利息或税务性质的任何其他类似概念的伤害。"

而秘鲁助理总经理 Mr.Vera 申请给 TINTAYA 铜矿付欠款利息就属于这种情况。真不知他是没看过英文合同，还是从中想做点什么文章。值得警惕其做事的动机。

此前，在我看了 Mr.Vera 的付款申请后，就找英文合同阅读。阅读后我肺都要气炸了。把 Mr.Vera 单独找到我办公室，就其付款申请质问他，让他好好看看合同，究竟该不该付款，他一脸尴尬。我警告他，再有类似损害企业利益的行为就开除他。这一中文翻译内容，印证了我看英文合同时的记忆，没有冤枉 Mr.Vera。

由此，我深深地意识到，对矿区基本情况了解以后，要抓紧时间了解有关法律及有关合同条款。不然，今后还会遇上蒙骗的情形。全面了解购买合同及其附件、集体协议的内容，对下一步的工作有重要的指导意义。用法律保护企业的合法权益。

凡事不能轻易相信别人，也不能草率决定什么，尤其是涉及历史遗留问题，一定要搞清楚是什么，为什么！明明白白工作，认认真真做事。既是对企业负责，也是对自己负责，更是对祖国负责。在境外据理力争的事，本身既有经济价值，还有政治价值。为了企业的利益，为了祖国的尊严，要把好每一关！

从成本结构分析降成本的出路

1999 年 9 月 4 日

今天上午，听成本科长汇报工作。他分析了今年以来的成本结构：人工成本占 31%，电力占 20%，折旧占 16%（1998 年为 10%），仅这三项就达到 66%。其中尚未包括财务费用。

以上的人工成本和折旧直接与产量有关，产量越低，这两项费用在成本中的比例越高。唯有增加产量，提高生产效率，才有望降低这两部分的比例。另外，精减员工也可以降低人工成本。电力的比例实际上是“首电”电费的定价问题。这里有利润转移的问题。

除了以上三项外，财务费用更让人吃惊。7 月份总成本 646.3 万美元中，财务费用占 102.7 万美元，占总成本的 15.89%。降低财务费用的出路在于降低贷款余额和透支利息。这是一项硬指标。就秘鲁铁矿当前的销售量、回款，远远不能满足每月偿还贷款的要求。

但是，至少我们应该清楚，财务费用、人工费用、折旧、电力这几项是降成本主攻的方向。应该抓住主要矛盾，循序渐进。

唯有改善资本结构，加快应收账款回收，减少库存，才有望降低财务费用。这虽不完全取决于我们自身的努力，但我们仍要积极工作。

警惕欲速则不达

1999 年 9 月 5 日

在秘鲁铁矿上任一个月，各项工作已全面开展。从人们侧面的提醒看，值得注意动机和效果的统一，警惕欲速则不达。

首先，要尽可能深入、全面地了解秘鲁铁矿的实际情况，了解员工的呼声和反映。有针对性地开展工作，谨防盲目冒进。凡是布置的工作，一定要检查。

其次，要及时向董事长请示汇报，虚心听取领导班子其他成员的意见，不固执己见。

第三，要及时了解国内对秘鲁铁矿工作的要求，明确自己工作的基本原则，保证各项工作符合上级的要求。在此基础上完善各项工作。

第四，建立正常的信息反馈渠道，及时了解企业生产经营的全貌，重点关注存在的问题。

第五，磨炼意志，克制情绪，注意说话方式和工作方法，增强适应能力。

第六，增强防范意识，做好基础工作，防止误入陷阱。

第七，注意维护中国人的形象和尊严，保证自己的言行经得起时间的考验。

第八，吾日三省吾身，静坐常思己过。

追求知人善任的境界

1999 年 9 月 6 日

自己生就单纯、木讷，本不该成为管理者，也不适合在复杂的社会环境中周旋。可是，阴差阳错地走上了管理岗位。要想在管理岗位少留遗憾，就必须始终不渝地在追求知人善任中前进。否则，别无出路。我深信，只要以诚待人，善于发现人才，启用人才，就能弥补自己单纯、木讷的不足，工作会有起色。只要能用人所长，就会在群众中产生积极影响，整个团队就能扬长补短。只要善于深入群众，放下架子，虚心听取不同意见，就不会孤陋寡闻。只要以身作则，就不怕没有贤能者随行。人以类聚，物以群分。信贤如心腹，使民如四肢。不能尽如人意，但求无愧我心。

本着这个原则，今天下午主持召开了第一次中秘双方部门经理会。会议集思广益，畅所欲言。部门经理既觉得新鲜，也深受鼓舞。

虽说今天的会议时间有点长，因为需要翻译。但是，确实在部门之间起到了沟通信息的作用，了解了彼此的工作情况。利用部门经理会，就部门之间需要协调的工作进行沟通，并提出具体要求。

通过部门经理会，各部门就改进管理、完善制度提出建议，诸如关于简化投资立项审批程序、简化申请采购单审批手续等建议，确实应提到议事日程。对此，我提出制定、修改制度应该本着简化程序、提高效率、明确职责的原则。修订制度不能削弱管理工作。

在部门经理会上，布置了 9 月份的重点工作。要求各部门结合实际，抓落实。下月检查完成情况，没有完成的要说明理由。

为了提高会议质量，会前应充分准备。各部门发言要有重点，言简意赅。

在不断摸索中前进。利用大家的智慧，探索管理的新路，追求知人善任的境界。心似权衡持正直，事如泾渭辨清浑。知人尚需细观察，善任更需苦中寻。以诚取信，坦坦荡荡过此生。

沟通思想

1999年9月9日

今天，召开中秘双方官员大会。借助这个场合，和官员沟通思想，统一认识，认清形势，明确任务，研究对策，狠抓落实。这对调动官员的工作积极性、保证各项工作不偏离公司的目标有重要意义。

首先，要求大家认清形势，坚定信心。随着社会发展和技术进步，市场在变化，同类企业间的竞争在加剧。秘鲁铁矿作为一个老企业，设备老化，员工队伍老化，矿石类型复杂，工艺落后，在同类企业中缺乏竞争能力。这就是我们面对的形势，必须有忧患意识。但是，我们有几十年建立起的客户关系，有稳定的供销渠道，只要在提高产品质量、降低消耗、降低成本上有突破，完全可以在逆境中生存。要克服悲观情绪，坚定发展信心。

其次，明确主要任务，确定主攻目标。落实责任，加强监督，严格考核。我们现在的主要任务是降低消耗，提高效率，改进质量，促进销售，降低库存，加快资金周转，降低财务费用。这是一项艰巨而长期的任务，需要全体员工凝心聚力，尽职尽责。人人都应该承担自己肩负的责任，带动职员、工人和合作社社员努力工作，献计献策，改进管理，改进产品质量，提高工作效率，降低消耗，加快资金周转，扭转当前的被动局面。

第三，采取有效措施，扭转被动局面。身处逆境，唯有改变现状才有出路。处于劣势，唯有调动积极性才有希望。1. 抓管理创新。完善机制，调整机构。改善管理，修订制度。更新观念，居危思变。确立用户至上的质量关，不能满足于曾经的标准，用户的要求就是我们的标准。改进质量永无止境。对标挖潜的成本观。向历史的最低成本看齐，向先进企业的成本看齐。堵漏洞，算细账。低于售价方能生存，降低成本是永恒的主题。满足需要的营销观。用户的需要就是我们的市场，没有市场无法生存。用户的要求就是我们的努力方向。我们不只是推销产品，还在推销服务。服务质量的高低确定用户的忠诚度。知己知彼的信息观。知己知彼百战百胜，了解市场需求，了解竞争对手优势，扬长补短，敏锐地捕捉市场信息、客户需求信息。以自己的优质服务，把需求信息转化为订单、合同、销售收入。2. 抓技术创新。引进新技术，完善工艺，提高效率，降低消耗。改造项目不搞低水平重复。3. 知识更新。管理创新和技术更新的效果直接取决于员工的素质和知识更新程度。员工的知识更新是当务之急，中秘员工有效沟通是最大的短板，管理两张皮是最大的薄弱环节。

以上重点工作能否有效、有序推进，关键在于在座的各位。在于你们能否有效地工作，能否为其他员工做出表率。最近，我在深入调研中发现一些值得注意的迹象，在中方员工中尤为突出，工作不主动，学习不积极，要引起高度重视。每个官员要对照检查本部门是否有类似现象。自己身上是否有懒散的现象，工作是否在状态。请大家认真思考以下问题：自己该干什么？自己能干什么？自己在秘鲁铁矿的工作中干成了什么？扪心自问，自己是否称职？希望大家做称职的官员、称职的员工。为企业走出困境发挥我们的聪明才智，做出我们力所能及的贡献！

惩恶扬善不手软

1999 年 9 月 10 日

近日，有两件事情发人深省。企业经营不能屈服于压力，更不能迁就某些貌合神离的人。在原则问题上以企业利益为重。

一是范老师给我一份译稿《一个应该引起公司领导重视的问题》。阅后，心情十分沉重。该件反映的是首钢购买秘鲁铁矿时，中联部推荐的一位大学教授（秘鲁共产党员）作为企业的高级法律顾问，在公司拿工资，他在大学照样拿工资。中联部每年请他到北京旅游一趟。我们在调研期间，发觉了此件反映的问题，明确向董事会提出对出卖公司利益的行为坚决制止，建议开除这位高级顾问。首钢请示中联部不同意，我百思不得其解。你可以聘他作为国家的政治顾问，但是企业不需要出卖利益的内奸。就这样，每次开会他都参加，他在中国学会了溜须拍马的伎俩，整天围着领导挑拨是非。几次约见我，终于谈了一次。我明确警告他，不要和工会串通，损害公司利益，从中渔利。

第二件事情是三名工会领导人诬告 2 名官员、2 名职员和 4 名工人，把他们的正常工作诬告为非法侵犯人权，用手枪逼迫工人，并擅自打开工人的箱子搜查。

纳斯卡市、伊卡法院分别传唤了被所谓“逼迫”的当事人取证。当事人证明不存在强迫，更没有用手枪逼迫，属于正常检查，箱子是他们自己打开让工作人员检查的。由此伊卡省法院才判3名工会领导人败诉。

鉴于此，公司召开紧急会议研究。我表示，根据人力资源部近日反映的情况和法律咨询意见，应该开除3名工会领导人和公司高级顾问。

这件事引发了我的痛苦沉思：在境外从事经营活动，一定要熟悉当地法律，搞清投资经营环境。在此基础上，明白合同内容，善于运用法律和合同条款保护公司利益。因此，外派人员要具备以下三点：一是熟悉业务和语言。二是具有敏锐的判断能力和果断的决策能力。三是惩恶扬善的魄力。只有这样，才能维护国家的尊严，维护公司的利益，维护公司的正常经营。惩恶扬善，不能手软。

然而，现实令人无奈。开除工会领导人我们可以做主。但是，开除高级法律顾问，我曾向中国驻秘鲁大使汇报，首钢总公司也向上级报告，还是不同意。其实，这个人每年就是混点活动经费，去一趟中国。知人难，知外国人更难。仅凭意识形态为企业选顾问，坑害了业主自己，教训沉痛。

防止此类事件再次发生，要树正气，杀歪风。要深入实际，多接触，多沟通，多了解，防止顾问忽悠，误入歧途。关键时刻要果断，谨防内部发生倒戈行为。

在试验田里培育新希望

1999年9月13日

在秘鲁铁矿工作，工作压力大，困难多，有时觉得喘不过气来。可是，一想到在试验田里孕育新希望时，所有的苦和累都烟消云散了……

记得1994年8月我刚到甘肃进出口公司（兰州）任总经理，业务二部杨建国经理跟我说，王总，您可以把甘肃公司当做试验田，在这里尝试您的管理思路。一年的艰苦工作，既发展了经营业务，又建设了企业文化，确立核心价值观，有了新收获。在人生的记忆里留下难忘的印象，苦中有乐，试验田喜获丰收。

今天，在秘鲁铁矿工作，很像当年在甘肃公司工作。所不同的是，这里更艰难，更复杂，压力更大，难度更大。如果期盼试验田能喜获丰收，就必须按照科学的原理育种、施肥、浇水、培育、管理……

为耕耘好心中的试验田，要有科学合理的工作思路，有计划、有步骤地工作，循序渐进地推进，不能操之过急，也不能优柔寡断。考虑到外界多风霜冰冻，不求小苗长得快，只求它在土壤里生根、发芽，用自己的心血、汗水浇灌它。改变育种方式，精心呵护幼苗，勤施肥、勤浇水、勤松土。但愿在秘鲁铁矿的汗水不白流，用今天的孤寂换取企业今天的生存、明天的发展、未来的可持续发展……用自己奋斗的经历教育下一代。

停产的压力

1999年9月23日

由于客户调整船期，堆场爆满，被迫停产。停产是大事，经请示金董事长，他说，没办法，停吧！立即向国内汇报因代理临时取消客户装船，堆场已经爆满，只能停产。促销未捷先停产，堆场爆满更揪心。

今天，和往常一样，我从球团车间开始察看生产现场，一进球团车间，造球盘停止转动，听不到机器的轰鸣声。此时，我似乎窒息了。散落在造球机上的生球，仿佛是一颗颗子弹击打着我，心脏似乎停止了跳动。从带式焙烧机进料口走向出料口，有两台台车上的球团还没进入料仓，球团顺台车的缝隙流个不停。此时，我觉得这流的不是球团而是美元。

从球团车间出来，看到工人三五成群闲散地站着，一派萧条景象。进入过滤车间，只有1号过滤生产线在生产，2号、3号过滤生产线都停了。平时21台过滤机转动的景象不见了。

从过滤车间进入磁选车间，8台棒磨机只有两台在运转，其他6台静静地躺在那里。停在皮带上的矿石仿佛在告诉我，走入市场如此艰难，以至于它们从采场出来的旅行处处要排队。

从选厂出来，拾台阶而上，进入破碎车间，机器早已停了。环顾右边，是矿石堆场，已堆得满满的；环顾左边，大比重、粗粉、高炉球、直还球都堆得满满的。一堆堆产品犹如大山压在胸口，喘不过气来。

50分钟的现场察看，好似漫漫长夜，心脏仿佛停止了跳动……

造成停产的原因就是销售不畅。完全依靠代理销售已显露出局限性。作为经营者必须思考如何扭转这种被动局面。即使代理，也不能都是FOB价，可以探讨CIF价，在船期上企业应有权协调，不至于如此被动。代理的权利和义务应该对等，不能代而不理，贻误商机。最关键的是销售部门不仅要落实销售合同，更重要的是均衡船期，衔接好产销库存的关系。到年底有效的销售时间只剩两个月，现在如不落实11月、12月的船期，则压库存、促销售将会落空。

在安排2000年销售计划时，一定要注意销售合同和船期的均衡，有效衔接生产、销售、库存之间的关系，杜绝因船期变更而停产的事情再次发生。

五十天工作回顾

1999年9月25日

从8月7日正式上任到今天，已过50天。50天内先后和18位中方员工、32位秘鲁高级官员谈话，并听了有关部门的工作汇报。通过单独谈话和听部门汇报工作，对秘鲁铁矿的基本情况有了粗浅的了解。概括为以下几点：

一是设备老化，使用状况恶化。大部分采选设备投入使用已36年以上，个别设备使用超过40年。再加上近两年因经费紧张，正常的维修保养也取消了。

二是人员老化，观念僵化。全部秘鲁员工1499人，50岁以上851人，占56.78%。老员工知识老化，习惯于过去的东西，不易接受新知识，办事效率低。

三是制度老化，效率淡化。公司的制度几十年不变。尽管不合理，人们也习以为常。宁愿牺牲办事效率，不愿意改变不合理的制度。

简言之，这是一个千疮百孔的企业。年轻人看不到发展前途，有能力者纷纷离开公司。最近不到一个月采场有三人离职。

公司眼下是资金危机，下一步则是人才危机。面对如此的现状，强化管理迫在眉睫。但是，付诸实施也步履维艰。我们必须认清形势，抓住主要矛盾，齐心协力，知难而进，把力量紧紧凝聚在一起，迈向二十一世纪。

深入实际才能了解实情

1999年9月27日

昨天，阅读经营部关于解决2000年问题申请购置的软件清单中，有采场2号破碎站购置控制软件1000美元。我很纳闷。我记得2号破碎站是60年代安装的设备，怎么会有控制软件？为了不犯主观武断的错误，今天特意到采场2号破碎站实地考察，亲眼看到的是一个老式的电子仪表。

从这件事情可以发现，管理中如不深入实际，往往会被假报告蒙蔽，尤其在秘鲁铁矿，这种可能性更大。因此，有必要倡导所有管理人员深入实际，调查了解，不能只听汇报、看报表。

造成这种问题的原因有两点，一是报告者并没有到现场了解，二是现场人员对2000年问题和软件没有清楚的概念，以为有控制仪表的地方都有软件。这说明员工的工作不够深入，员工的知识亟待更新。好在我曾经在有色金属进出口总公司当过信息中心主任，对信息化略知一二，在审查2000年问题的软件投资时，严格把关，没有花不该花的钱。

总之，知识老化、责任心淡化的事情随处可见。究其原因，是缺乏必要的激励机制和竞争机制，人们的积极性和创造性得不到有效发挥。这种局面不能再继续下去，否则，企业就会在这种漫不经心、敷衍塞责的风气下走向衰亡。倡导深入实际调查研究，形成认真负责的工作氛围，多少事，从来急，只争朝夕，刻不容缓。

采购、投资管理亟待加强

1999年10月3日

昨天，金董事长转来美国CPC公司总裁Mr. Carlos Avellaned先生发来的传真（1999年9月27日），披露了“Mr. Valenza、Mr. Chavez、Mr. Nieto等秘鲁官员向该公司索要回扣，不能满足其私欲，拒绝采购他们的产品，转向巴西，并同样索要回扣”。看了对方的传真，心情极其沉重。这些人不仅损害了公司的利益，也损害了公司的形象。如何堵住物资采购中的漏洞，是由来已久的老问题。在秘鲁铁矿极端困难的形势下，再不能任其泛滥，要做好以下工作:

首先，完善物资采购制度，形成有效的监督机制。中方员工介入评标，全面审查入围投标企业，监督投标、评标全过程。

其次，加强内部审计工作，对有疑点的采购要查个水落石出，不能停留在表面的批评上。

第三，对生产部门介入采购、提供备选厂家的建议要重新审视，完善内部招标审批程序。

第四，建立完善的客户档案，经常和客户保持联系，了解我方员工在和客户合作中的表现。

第五，对可疑的利益小团体采取分化瓦解，用掺沙子的办法，以夷制夷。

第六，充分发挥中方员工的监督作用。中方员工具备必要的专业知识，具有强烈的责任感，深入基层了解实际情况，补短板，堵漏洞。不能停留在向秘鲁人要数字和文字，不能浮在上面当传话筒。

今天阅读美国CLEVELAND CLIFFS公司1998年考察秘鲁铁矿的报告时，对其中一些看法感到吃惊。我们曾经为了完成投资承诺，买了很多矿车，致使矿车现在富余，急需的生产指挥调度系统至今没有解决。

完成投资承诺固然重要，但投资应该考虑生产急需、投资的回报如何？金董事长对此也深有感触，明确要求投资要考虑生产急需、企业回报。这应该是秘鲁铁矿今后的投资原则。

在决定投资前，对于可行性研究、投资立项、投资招评标、合作伙伴的筛选、谈判签约等环节，中方部门经理要深度介入，对西文标书、文件，翻译要严格把关，防止审查环节出纰漏。

另外，企业应该对投资项目的效果进行客观评价和总结，逐步规范在境外的投资审批、管理、后评估工作。

最近，小高整理的外围工程、维修报告，也反映了类似问题，投资效果不理想，为投资而投资。

继续完善采购、投资管理工作，汲取以往的教训，堵住管理漏洞。企业的成败取决于决策和用人。科学的决策依赖于科学的决策程序、完善的决策制度和称职尽责的员工。以上三者，不可偏废，都需要加强。

关于秘鲁铁矿企业文化的思考

1999年10月4日

在完成秘鲁铁矿的现场调研后，首钢任命我为秘鲁铁矿总经理（兼），1999年8月6日正式向秘鲁官员宣布我出任总经理，现在任职近两个月了。在这段时间，先后听了32位秘鲁官员、18位中方员工的汇报。给我一个整体感觉是，秘鲁铁矿缺乏一个引领员工的共同价值观、行为准则，员工之间缺乏共识和凝聚力。

秘鲁铁矿现在是资金短缺。但是，我觉得除资金短缺外，秘鲁铁矿急需的是全体员工的共同价值观、行为准则。如果不能把大家的思想统一到共同价值观、行为准则上来，公司的管理不会发生根本变化。在共同的价值观、行为准则引领下，制定明确的发展战略，统一思想，步调一致，凝心聚力，共渡难关。

作为经营者，深感构建秘鲁铁矿的企业文化是当务之急。作为企业文化核心的企业精神是激励员工的重要力量。经过反复思考、认真斟酌，提出秘鲁铁矿的企业精神如下：

“诚信、务实、开拓、创新”。企业精神是主要领导秉承的、经过实践证明是成功的、能为企业员工接受的共同价值观和行为准则。在秘鲁铁矿建设企业文化，首要的是自己以身作则，在工作中做到“诚信、务实、开拓、创新”。

一、诚信是交往、合作的基础。在接待杭钢董事长童云芳、昌兴行的张遂成总经理及西语翻译一行三人短短一天的交往中，客人被我的诚信所感动，给我的评价是：“诚实、可信，没有架子，容易和别人交朋友。”我当时讲了一个基本观点，生意的交往，其实就是人的交往。质量、价格差不多时，能否成交主要取决于彼此的印象和感觉。我坚持对用户负责的观点，对用户负责实际是对自己负责。随后，便和昌兴行的张总谈起通过香港融资、互惠互利的想法。他答应回去和黄总商量，童董事长也表示愿意促成此事。通过一天的交往，我觉得在客人心目中建立了良好的印象，是一个良好的开端。

商务谈判实质上是对自己人格的推销。这种推销如果不成功，随后的产品推销不会有大起色。一个企业，推销是第一位的。要想推销成功，首先，在客户心目中建立良好的形象，增强客户对自己的可信度。第二，形成独特的企业文化，让企业的共同价值取向深入员工的心灵深处。通过他们和客户的交往，把这种价值表现出来，并能让客户认可。第三，提高商务人员的道德素质和业务能力。在商务谈判中，先推销自己的人格和企业价值观。第四，以诚信为第一要义，坦诚相见。本着互惠互利的原则开展业务往来和合作，路一定会越走越宽。

二、务实是企业各项工作的基本原则。企业的中心任务是创造财富、赚取利润，企业的各项工作以效益为中心。要实现这个目标，各项工作必须坚持务实的原则。

务实就是一切从实际出发，说实话，办实事，不搞花架子，不哗众取宠。工作目标的确定要实事求是，不放“卫星”。评价工作业绩实事求是，不沽名钓誉。如实反映问题，客观评价业绩。务实就是倡导科学的工作作风。凡事要深入实际了解情况，掌握真实内容，对问题追根究底，脚踏实地工作。务实就是讲究效率和效益。不追求轰轰烈烈的一时繁荣，注重资本的积累、效率的提高、实力的增强、业务的发展、管理水平的提高。务实立足自身，不抱侥幸心理，不把命运寄托在别人的恩赐或对手的失误上。凭自己的实力战胜困难，战胜对手，战胜自我。务实就是不沾沾自喜，不忘乎所以。深知天外有天，相信山外有山，靠辛勤耕耘、默默奉献，开辟企业的天地，创造企业的未来。务实就是不炫耀成绩，善待所有人，不趾高气扬，不专横跋扈。

三、开拓是企业生存的基础。逆水行舟，不进则退。企业的经营也是如此，没有开拓进取，就会在竞争中被淘汰。

开拓就是不满足于现状，不断进取。只有这样，各项工作才能不断完善，管理水平才能不断提高。开拓就是不故步自封，勇于探索前人没有涉足的领域，勇于开辟市场竞争中尚未开发的处女地。开拓就是善于开动脑筋，解放思想，更新观念，构筑未来。一旦确定了目标，就矢志不渝，百折不挠。开拓就是要敢于面对别人的非议和冷嘲热讽，坚持自己的主张，敢于走自己的路，实现自己的理想。

开拓需要献身精神。事业的发展往往是前人栽树后人乘凉。今天的开拓需要一种奉献精神，甘当人梯，为了事业，自己甘心做铺路石、螺丝钉。开拓精神需要不断注入新的活力。唯有虚心学习，认真工作，开拓才能取得预期效果。唯有不断提高理论水平和工作能力，才能提高开拓过程的成功率。

四、创新是企业追求的永恒主题。创新意味着不墨守陈规。创新是一项系统工程。就企业而言，应该从管理创新、技术创新、观念更新入手。

管理创新是一个系统工程。组织机构、规章制度适应新形势，不能一成不变。在一定时期内，组织机构和规章制度应该相对稳定，关键在于落实，抓执行力。当环境、形势、任务发生了巨大变化，原有机构和制度不适应、制约甚至阻碍工作的开展，就要创新机构和制度。从长远看，管理创新是永恒的主题。通过管理创新给企业注入新的活力，带来新的生机。同时，孕育着新的不适应和新的创新任务。

技术创新是人类社会进步的必然。同一种产品，生产方式的变化就是创新。生产方式的变化带来生产效率的提高、产品功能的增强、用户满意度的提高。谁在技术创新上占有优势，谁就能在竞争中立于不败之地。

观念更新的基础是人力资源整体素质的全面提高。这是一项艰巨的任务。人力资源的开发和利用是一个问题的两个方面，不能有所偏废。没有人力资源的开发，利用的潜力是有限的。没有充分利用，会浪费开发成果。只有把开发和利用有机结合起来，管理创新和技术创新才有赖以存在的基础。由此可见，抓创新，首先要抓好人才的开发和利用。

培育秘鲁铁矿的企业文化，在坚持“诚信、务实、开拓、创新”的企业精神基础上。要秉承“积极进取、认真负责、实事求是”的行为准则。

从事企业经营管理，时刻都充满竞争，凭过去的经验不可靠，消极等待没出路。唯有以积极进取的思想面对一切困难和挑战，才能发现机遇，捕捉机遇。唯有以积极进取的思想面对现实，才能在逆境中崛起，绝处逢生，才能在顺境中发展，从优秀走向卓越。

任何机遇只能提供成功的机会和可能，唯有认真负责的态度，脚踏实地去干，才能抓住机遇，使成功变成现实，才能实现经营目标，企业从优秀走到卓越的彼岸。

现实是复杂的，市场是多变的。仅凭积极进取的思想和认真负责的态度还不足以战胜竞争对手。面对复杂多变的环境、市场，必须养成实事求是的作风，一切从实际出发，不盲目照搬过去的经验，不局限于已有的条条框框。否则，会陷入经验主义的牢笼，掉进教条主义的陷阱，被理论权威、领导权威所禁锢。唯有养成实事求是的作风，客观地面对现实，以实践是检验真理唯一标准的哲学思想指导工作，一切从实际出发，不浮夸，不臆造，才能准确、全面把握企业经营的实际，才能了解员工的真实想法，才能发现经营管理中的问题。实事求是作风是中国革命成功的宝贵经验，是毛泽东思想的精髓。

经营企业，无论顺逆，都要养成实事求是的作风，以积极进取的思想思考未来，开拓市场，拓展业务；以认真负责的态度对待工作和客户，脚踏实地，为企业生产优质产品；真诚热情，为顾客提供优质服务。坚持“诚信、务实、开拓、进取”的企业精神，提倡实事求是的作风，树立积极进取的思想，秉承认真负责的态度，培育秘鲁铁矿的企业文化。

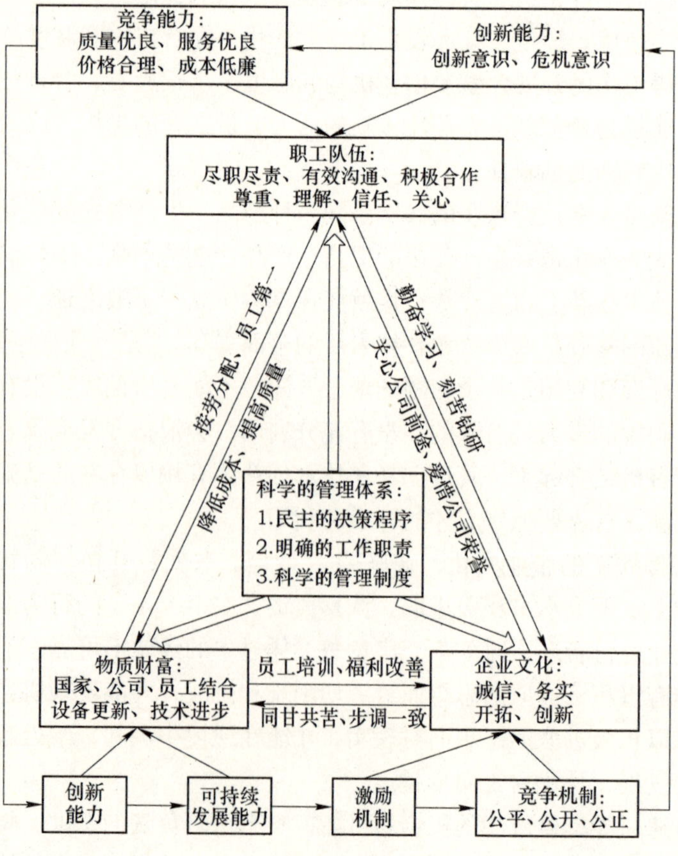

经营理念示意图

境外企业如何开好会

1999 年 10 月 9 日

现代社会的会议越来越频繁，但会议的成功率并不高。对企业来说，会议是必不可少的，如果组织不好，不但达不到预期效果，还会造成人力、物力的浪费。尤其是中外员工一起参加的会议，由于语言翻译的环节准备不好，事倍功半，效果欠佳。领导随意讲话，翻译随便翻译，既意思表达不准，内容也翻译不准。会上人人忙乎，会下人人茫然。听会者不知所云，落实者不知所以。

作为企业的经营者，对会议成功应该引起高度重视，并能汲取别人的教训。会议尽可能少，每次会议尽可能短，会议要解决问题。如何才能实现上述目的呢？根据自己的体会，成功的会议应具备以下几点：

首先，会前有充分的准备。明确会议研究的内容和重点，选择合适的人参加会议，确定合理的规模，让每个与会者事前都有所准备。

其次，会中巧妙安排讨论的进程。正面引导讨论的导向，突出重点，广开言路，各抒己见，兼听各方面的意见，使讨论的问题能够深入，切中要害，直奔主题，不停留在表面上泛泛而谈。

第三，会议要形成明确的结论。作为下一步工作的指导方针或解决问题的依据，会议结论突出重点，有针对性。

第四，认真落实会议形成的决议。抓进度检查，做好效果评价和信息反馈，及时纠正偏差。

第五，定期对过去会议的效果做出评价，对开会的形式、内容和研讨方式不断改进。

第六，作为会议主持人，要不断更新知识，不断积累经验。谦虚谨慎，博采众长。

就中秘双方员工共同参加的会议，还需要做好以下工作：1. 领导会前以中西文方式下发会议主要议题，有关部门准备相应资料。2. 会上领导讲话内容事前准备成提纲式文字。3. 让翻译把领导讲话内容翻译成西语。表述准确，语言简练。4. 会上领导讲一句，翻译译一句。切忌领导讲一段，然后翻译再译。5. 切忌领导即兴讲话，翻译凭记忆翻译。翻译记不全，表达不准确，理解有偏差，要点抓不住，重点难落实。特别是布置工作的会议，领导要充分准备讲话内容，精益求精，内容清晰，用词准确。翻译和领导充分沟通，读懂、理解讲话内容，避免歧义。在此基础上，认真准备西文翻译稿。形成初稿后再请教当地员工从文字上把关，表达规范化，纠正语法错误，语言流畅，文字简练，用词准确，表述精确。防止出现歧义，准确理解具体要求。

充分考虑境外人员的人性需求

1999年10月10日

到秘鲁铁矿工作近5个月了。在和中方员工的接触中深深感受到人性的压抑，情绪低落。

这里环境荒凉，人情淡薄，缺乏业余文化娱乐活动。员工处在一种孤寂难耐的饥渴之中，好比在情感的死亡之海挣扎。克制本能的需求需要毅力，固守单调的生活需要恒心。长时间的压抑，使正常的生理循环受阻，心理变态，大部分员工的精神状态或多或少有点不正常。

对此，我看在眼里，急在心上。自己五个月的亲身体验刻骨铭心。这里需要的不全是钱，需要对人性的尊重，对生理需求的理解，对员工的信任和关心。需要人与人之间的正常沟通，包括和秘鲁人的沟通交流。不要把和秘鲁人的交流视为洪水猛兽，望而却步。

带家属的问题，不是一种特殊待遇。它是人性的基本需求。作为总经理应该努力为大家争取。这一问题的解决有赖于人员的精简、精干。人员的精简和精干有赖于国内有关部门的通力合作。在境外经营企业，需要的是管理人才、技术专家，而非一般工作人员；需要的是能和秘鲁员工有效沟通的合作者，而非孤芳自赏者和刚愎自用者。经营境外企业，领导班子应该有相对的独立性和经营自主权，而非事事请示汇报。否则，难以摆脱困境。

堵管理漏洞刻不容缓

1999年10月12日

近来，生产事故频发，暴露出管理中的漏洞。星期天凌晨1:58码头装船皮带被一块废钢（边角料）划裂，1030英尺皮带报废，影响装船18小时。星期一下午的生产例会上，我要求各部门检查安全隐患，堵住管理漏洞。结果今天（星期二）凌晨4点从矿山到选场的3号皮带被角钢划裂了，3000英尺皮带报废。真是祸不单行。事故原因如下：星期一下午电工作业时把角铁不慎掉入溜矿井，另一名官员将此事告诉了领导。领导转告机修主管，机修主管没能及时取出角铁，也没有通知下一班值班人员。事故发生后也没有第一时间采取措施，使受损皮带范围扩大。凌晨4点皮带被划破，直到上午9点采场主管居然还不知道。工作报告制度在这里发生了梗阻。

今天下午，召集1998年入职的19名大学生座谈，听取他们对秘鲁铁矿工作的意见和建议。每人10分钟的发言道出了他们的担心，指出一些有目共睹的问题和鲜为人知的情况。大学生的意见和建议，对我都是有用的信息，值得我们在今后工作中认真思考。当前，要汲取教训，抓管理，堵漏洞。

首先，文明生产和安全生产思想要深入人心，在员工思想中扎根。人人都要树立安全意识。现场作业一定要清理残留物。

其次，明确的岗位职责要落到实处，领导要监督检查下属的工作，发现偏差及时纠正，看到成绩及时表扬。

第三，建立政令畅通的工作机制，坚持一级对一级负责，及时反馈信息。

第四，各级管理者一定要以身作则，尽职尽责，奖惩分明。

第五，职能管理部门做好监督检查工作。

第六，提高全员素质，尤其是管理人员素质。这是迫在眉睫的问题。增强每个员工的责任心。

第七，完善机制。打破终身制、大锅饭，引入竞争机制，建立激励机制，培养、重用年轻人。

第八，真正发挥中方员工在各部门的作用。尤其是科级以下的工程技术人员，在现场不能发挥作用，就没有多少留下的意义。发挥作用的关键是工作责任心和主动性。

一个40多年的老矿山，人际关系错综复杂，既得利益集团在拼命维护他们的小集团，年轻人看在眼里、恨在心上。作为经营者，通过机构和人员调整，一定要打破这潭死水，引入竞争机制和激励机制。只要我当一天总经理，就要为年轻人的成长创造条件。企业如果放弃了对年轻人的培养和使用，就等于放弃了发展和壮大的机会。

企业永恒的追求

1999年10月21日

10月16日，阅读CLEVELAND CLIFISS公司的介绍材料，有一段话道出了企业家的心声："我们不能控制球团市场，但我们通过生产高质量、低成本的产品，使市场疲软的影响降到最低。我们准备迎接面前的挑战和机遇。我们的共识是，判断我们成功与否最重要的因素就是我们能否为股东带来长期稳定的收益。"

要满足市场需求，就必须增加产品品种，提高产品质量。要给股东带来长期稳定的收益，就必须增加收益，增加收益的前提是降低成本。

由此可见，质量、品种、效益是衡量企业经营状态的一个标准，也是企业的永恒追求。就秘鲁铁矿而言，这三者都不理想，质量低，品种少，效益差。作为经营者，深感压力重大。10月18日—20日在美国参观了NORTHSHORE MINE、TILDEN MINE、EMPIRE MINE三个矿山，所到之处，感触颇深，感觉秘鲁铁矿的差距大，问题多。通过三天的现场参观、交流，试图了解其先进经验，寻求解决质量、品种问题的途径，以期提高秘鲁铁矿的经济效益，扭转当前的被动局面，为今后的生存发展奠定基础。三天的参观紧张、劳累、充实。三天的交流感悟颇深，扭转秘鲁铁矿的被动局面任重道远，多少事，从来急，只争朝夕。

18日参观NORTHSHORE矿，早上八点乘出租车，半个小时到达一个小机场，冒着小雨，四人乘坐一架小飞机。一个小时的行程，阴雨笼罩，似乎有点担心。下飞机后在机场租一辆轿车，陪同我的专家，冒雨雪沿公路开了3小时，中午终于到达此行目的地NORTHSHORE矿。在办公室里一边听介绍一边吃三明治。半小时后，参观机修车间、采场和破碎站。破碎站建于1956年，现由计算机控制。采场长4英里，宽1.5英里，只有1人控制装矿、破碎作业。

下午2点，乘坐汽车在运矿铁轨上走了47英里，下午4点到达SILVER BAY球团厂。阴雨绵绵，格外紧张。平生第一次目睹汽车在铁轨上开。随后，见了球团厂总经理，了解生产情况。

19日在总经理的陪同下，从铁路卸矿处开始，依次参观破碎站、矿仓、棒磨机、球磨机、再磨、过滤、造球、烧结、成品转运、码头堆场、矿仓、装船漏斗。最后，参观了电厂。下午乘飞机抵达密执根。

20 日上午参观了 CLEVELAND CLIFFS 的实验室，从物理、化学性能检验到球团制作的全过程，并听了几位专业工程师介绍了用秘鲁铁矿做自熔球团、过程控制、新型过滤机、破碎机的情况。整整一上午，在直接的英语交流中过去了，感觉有点累。下午参观 TIDEN 矿更是紧张至极。首先参观了地质采矿控制室，接着，到采场实地参观，看介绍选矿、球团工艺的录像，然后，参观了过滤车间、球团车间，最后，参观了质量控制、设备维修标准化系统等。一天下来，收集的资料很多，只能待以后学习消化。

三天的参观，感悟颇深，处处能感受到在 CLEVELAND CLIFFS 基层矿山，质量、品种、效益意识深入人心。公司的服务意识和服务质量让我刻骨铭心。我和美国同行直接交流技术、管理问题，受益匪浅。紧张、充实、效率是三天参观的深深烙印。无论是一直陪同我的 Mr. Harma 先生、高级副总裁 Mr.Sander 先生，还是接待我的专业同行，都让我体会到效率二字。相比之下，在中国、在秘鲁，“效率”二字尚需下工夫。他们按我的要求，安排了所有参观内容，并做了认真充分的准备，对我的问题有问必答，非常坦诚。紧张而有序，充实而愉快。公司为我安排的翻译，是 1949 年出国留学的地质专家。他既感慨又惊讶，没想到祖国变化这么大，企业领导能直接和外国同行交流，更没想到我的行程如此紧张。

质量、品种、效益不是抽象的口号，是具体的工作、可见的行动。企业的差别不在于理念，而在于是否把理念付诸实施，内化于心，外化于行。质量、品种、效益是企业永恒的追求，友好、热忱是建立彼此信任的桥梁，真诚合作是企业成功的基础，互惠互利是企业发展壮大的保证。路漫漫其修远兮，吾辈需上下而求索。

服务意识和服务质量是企业文化的灵魂。一个企业能否在激烈的竞争中生存下来，并立于不败之地，改善服务、提高质量有深远的影响。成功的企业不仅向客户提供优质服务和质量优良的产品，更重要的是企业部门之间、人与人之间，彼此都能身体力行改善自己的服务，提高自己的工作质量，为优秀的企业文化注入活力，为质量、品种、效益做出力所能及的贡献！

作为经营者，启发、培养员工的服务意识是责无旁贷的，要以身作则，率先垂范。经常反思自己的工作是否给别人提供了方便，如果不是，说明自己的工作是多余的，必须重新审视这个工作岗位是否有存在的必要。从培养员工的服务意识入手，逐步改善、提高服务质量，为企业的质量、品种、效益奠定基础。提高服务质量是企业生存的必由之路。

准时、守信是员工的必修课

1999 年 10 月 25 日

在秘鲁铁矿工作五个多月了，对秘鲁员工不守时、不守信感触颇多。这次去美国出差的遭遇，到了无以复加的程度。一是我的司机竟然忘记 9 月 17 日凌晨 4:30 送我到机场一事，好在有中方同事救急，差点耽误了航班，打乱了整个行程。二是说好早 8 点送 CLEVELAND CLIFFS 公司的 Mr. Harma 先生，球团厂厂长 Mr.Nieto 居然 8:05 才下楼。更令人恼火的是生产例会上秘鲁高级经理的肆意撒谎，让我当面戳穿后多少有点尴尬。恼火之余，我深深感到员工队伍缺乏准时、守信的基本素质是侵蚀企业肌体的蛀虫，是企业健康发展的最大障碍。

今天一清早，我到球团厂察看，发现 11 号台车的箅条状况很糟，紧邻的 8 号、57 号、26 号台车也都没有更换受损的箅条。下午生产例会上，我问选矿厂 Mr.Romero 厂长、技术部经理 Mr.Chavez 停产检修更换箅条情况，他俩吞吞吐吐，我问生产部副经理 Mr.Valenza，他自信地介绍检修情况，我问是否都检修了？回答：是。接着问，有人验收了吗？回答：是。我再问，谁验收的？回答：技术部，有验收报告。我告诉他们，11 号、8 号、57 号、26 号台车根本就没修。请他们三人明天早上 8:00 和我一起到现场查看这些台车。

这些拿着高薪的秘鲁高级官员对信口说谎不以为然，助长了欺上瞒下的风气。他们不深入实际，形成了听汇报、看报告的习气，滋长了蒙混过关的习俗。这是领导不深入衍生出来的官僚习气。如此一来，尽职尽责变成尽编尽说。呜呼，哀哉！这和几天前在 CLEVELAND CLIFFS 看到的情景截然不同。这是真正的差距。

培养准时、守信是员工的起码品行，在秘鲁铁矿却是渴望之事。改变现状任重道远，领导必须以身作则。让秘鲁员工准时、守信，中方员工要做表率。因此，从抓中方员工，特别是中方领导的准时、守信开始。唯有中方员工准时、守信了，要求秘鲁员工准时、守信才有力度。

准时、守信是个人修养之事，在秘鲁铁矿却变成了一项艰苦细致的工作，需常抓不懈。一个高效、精干、准时、守信的领导班子，以诚信、务实、开拓、创新的精神带领员工一起工作，有助于逐渐培养员工的危机感、紧迫感，从而增强准时、守信意识，改变拖沓、说谎的习惯。体质虚弱的秘鲁铁矿要起死回生，需动大手术，遵循国际惯例，从体制机制上突破。优胜劣汰业绩把关，减员增效刻不容缓。唯有此，才可以实现首钢一体两翼的国际化战略。

服务精神是企业发展的内在动力

1999年10月28日

这次参观CLEVELAND CLIFFS公司，在MINEAPOLIS入住MARRIOTT宾馆。房间的抽屉里有一本介绍公司经营之道的书——服务精神。静心阅读，眼前豁然一亮。MARRIPOTT的成长性如此好，秘诀就在这本服务精神。书中写道："对一个国家的真正检验就是看这个国家培养出什么样的国民，对一个公司的真正检验就是看培养出什么样的经理。"

由此可见，服务精神不局限于国家、民族和信仰。东方提倡为人民服务精神，西方培育服务意识，MARRIOTT把服务精神送到床边。服务精神不局限于行业，服务业提倡优质服务，工业企业需要优质服务。

作为经营者，以身作则塑造良好服务文化是义不容辞的责任，要率先垂范。西方公司不仅注重培养具有良好服务精神的经理，更注重培养具有服务意识的员工，以塑造良好的公司形象。一名称职的经理，以自己的言行影响员工的行为，秉承公司的价值观、行为准则、服务意识和作风，规范员工行为，潜移默化地塑造公司的服务文化，酝酿、培育良好的服务精神。一名优秀的经理，在不断完善自己的人格，陶冶情操，磨炼性格，丰富经验，积累知识，提高亲和力，增强应变力。

唯有此，经理在公众心目中的威信才会提高，员工的凝聚力才会增强。在经理人格魅力的感染下，会产生千千万万模仿经理人的后起之秀。久而久之，就会把经理倡导的价值观、行为准则、服务规范和作风在员工中发扬光大——形成独特的企业文化，具有良好的服务精神。

形成自己的企业文化，培养独特的企业精神，身体力行推广，是一名合格经理人认真思考的课题和持续实践的任务。实践的态度不同，取得的效果也不同。因此，企业要想生存和发展，必须从改善服务、提高服务质量入手。借鉴别人的先进经验，弥补自己的不足，在实践中提升管理水平。关心别人、为别人提供方便的本质就是服务别人，发展自己。道理浅显易懂，说易行难。

服务精神是企业发展的内在动力。

知耻而后勇，知不足而后精进。当你觉得自己的工作还有不完善之处、需要改进时，说明还有向前发展的动力。当你自以为工作不错了，就会产生自满情绪，服务意识就会淡化。当你对给别人提供服务觉得单调或不耐烦时，你就走向故步自封了，向前发展的动力枯竭了。

保持旺盛的服务意识，仍需吾日三省吾身。为人谋而不忠乎？与客户交而不信乎？待员工真诚乎？经常检查自己的工作，随时反思不足，自觉改进服务，努力为别人创造方便，路就会越走越宽。相反，如果只注重赚钱，忽视对客户服务，就会走上畸形发展的道路，路越走越窄，终将陷入困境。种瓜得瓜，种豆得豆。种下服务，收获真诚。优质服务，魅力无穷。战胜对手，征服员工。造福股东，成就员工。

第一次总经理接待日的体会

1999年11月6日

昨天下午，向各部门下发“总经理每周六下午 2：00—4：00 作为接待时间”的通知。今天中午前已有六位员工预约，今天下午只能接待四位，还有两位预约员工只好安排在下周六接待。这是我始料不及的事情。

第一位谈话的是成本科长 Mr.Angel，他谈到 2000 年预算应该考虑的三个问题：一是确认销售量，二是确认人工成本，三是确认组织机构。言简意明。他还就当前的困难时期成本管理提出具体建议。

第二位谈话的是工业方法科（相当于国内企业管理部）负责 ISO 9000 的分析员，对抓质量、降成本提出了自己的建议。

第三位谈话的是一位老工人。说工资少，要求涨工资。有点语无伦次，也许是紧张。在过去，秘鲁的工人没有机会和官员交流，更无法和总经理面对面谈话。

第四位谈话的是安全科的一位员工。他指出圣胡安（行政办公区）、采矿场对执行公司制度有抵触情绪，对有问题的员工互相包庇。

总经理接待日，开通了和员工沟通信息的渠道。能否利用好这条信息渠道，取决于自己听的艺术、耐心，也取决于员工反映问题的态度、情绪。作为听者，要充分尊重谈话者的关切，不但要仔细倾听，还要正面引导，启发员工深入谈问题、原因，询问其对策等。不能满足于静静的听，还要启发员工讲敏感问题。循循善诱，挖掘其内心深处的关切。也许员工在谈话中持观望态度，试探总经理的喜好。因此，要想办法消除其顾虑，挖掘内心深处的想法，寻找解决问题的真知灼见。

对员工反映的问题，要态度明朗。如果确实存在，影响正常生产和管理，就明确鼓励员工多观察、思考制约生产的问题，多想解决问题的办法。正视存在的问题，在今后的工作中采取有效措施，解决员工反映的问题。

兼听则明，偏信则暗。作为经营者，平时讲话机会多，忌趾高气扬，夸夸其谈；听话机会少，忌闭塞视听，目空一切。唯有主动接触不同层次的人，了解他们的真实想法，才能全面把握员工队伍的脉搏，真正做到知己知彼，百战百胜。

对快准灵的新思考

1999 年 11 月 10 日

1995 年在有色金属进出口信息中心工作时，体会到信息一定要快、准、灵。要及时为领导提供准确、鲜活的信息，作为经营决策的基础。

今天，作为秘鲁铁矿的经营者，负责日常的行政事务、生产、经营管理，对快、准、灵有了新的思考。

生产企业，面对市场和客户。首先，反应要快。市场机遇稍纵即逝，决策一定要快。有了决策，行动一定要快。在实施中发生偏差，纠正偏差一定要快。其次，判断要准。要想抓住市场中的机遇，对市场走势判断要准，对竞争对手的了解要准，对潜在客户的真实需求判断要准，对企业本身的优势和不足把握要准，真正做到知己知彼，决策要准。要想信息准，决策快，信息反馈必须灵。信息传递的渠道可靠，信息可靠。因此，信息筛选、加工的工艺可靠，处理手段可靠，确保经过去粗取精，能够去伪存真。唯有此，企业的应变能力才灵，能够来之能战，战之能胜。

由此可见，不仅信息工作要快、准、灵，企业生产经营管理也必须快、准、灵。企业在市场竞争中情况瞬息万变，唯有快准灵，才能领先别人一步出发，占领先机，才能比别人快半拍决策，掌握主动。

作为经营者，适应激烈的市场竞争，就必须反应灵敏，判断准确，行动快捷。反应灵敏的基础是占有可靠的信息数据，客观全面分析；判断准确的前提是具有丰富的实践经验，兼听各种不同意见；行动快的保证是知己知彼，主动出击。经营企业，快准灵是一生的追求。管理企业，稳准狠是成功的保证。

技术缺陷分析的应用

1999年11月11日

本着知己知彼的原则，对竞争对手进行技术缺陷分析，以找到竞争对手的缺陷，加以攻击，实现超越。这是理想化的逆向思维，攻其不备，出其不意，击短扬长。

其实，我以为把技术缺陷分析用在解剖自己的缺陷上，则有助于完善自己，特别是对秘鲁铁矿这样的老企业，更是如此。下面就缺陷分析的内容逐一对照秘鲁铁矿自身分析，看看我们的缺陷在哪里？有多少？如何弥补？

一是产品。秘鲁铁矿的产品种类少，质量差，质量不稳定。为了增强竞争能力，增加产品品种，提高产品质量迫在眉睫。

二是生产制造。秘鲁铁矿的工艺落后，能耗高，原材料消耗高，生产效率低，生产成本高。完善工艺，降低能耗、原材料消耗，提高生产效率，降低生产成本都是秘鲁铁矿的艰巨任务，也是经营管理的短板。

三是销售和营销。秘鲁铁矿的营销渠道不畅，销售力量不足，营销策略不明。完善销售渠道，增强销售力量，明确营销策略是扭转销售被动局面的关键。就秘鲁铁矿而言，问题之多，差距之大，毋操之过急，需循序渐进。

四是财务。秘鲁铁矿更是难以启齿。拆东墙补西墙墙墙有洞，借新债还旧债债债不清。负债规模大，应收账款多，库存积压严重，资金周转慢，利息支出多。这是企业不健康的综合症，需要综合调理，标本兼治。需要有计划、有步骤地改进财务管理，改善资本结构。

五是经营管理。秘鲁铁矿是一个有46年历史的老企业，几易其主。体制不顺，制度不灵，管理不善，人浮于事，因人设事等问题严重。这和现代企业制度的要求格格不入，需抽丝剥茧，慢慢调理，不可用休克疗法。

六是企业文化。中秘员工混岗生产的秘鲁铁矿，企业文化建设的任务艰巨。以“诚信、务实、开拓、进取”的企业精神为基础，慢慢培育秘鲁铁矿的企业文化。

粗略作技术缺陷分析，在六项指标中，秘鲁铁矿的差距明显。为了生存，正视不足，全面加强基础管理。为了发展，挑战自我，在逆境中百折不挠。生存之路漫漫，多少事，从来急，只争朝夕。

个人良好习惯与企业行为规范

1999年11月14日

最近阅读《 The Sprit to serve 》一书，发现作者的好多观点和自己不谋而合。他们几十年的成功经验，有很多值得我们学习、借鉴的地方。现在艰难推进的修订公司制度、制订部门工作职责等工作就是在规范公司的行为。

有效的体制（制度）和明确的规则可以帮助每个人向客户提供一致的产品和服务，按照标准化作业产生标准化的服务和产品。

要使有效的体制和明确的规则在公司内部顺利推行，并取得预期效果，引导员工培养良好的个人习惯尤为重要。具有良好习惯的员工容易自觉遵守公司的有关制度，并能在自己的岗位上做出成绩。相反，没有良好习惯的员工，在遵守公司制度方面容易出现偏差，工作容易出现失误。这样，不但影响了公司的生产、经营，甚至断送公司的商机和个人的工作。

由此可见，培养员工良好习惯和规范公司业务行为是两件非常重要的事情。二者相辅相成，互相促进。作为经营者，首先，应该为员工树立榜样。养成良好的生活、工作习惯，自觉遵守公司的规章制度，为规范员工行为做表率。其次，建立健全公司的规章制度，严格执行。第三，由总经理倡导，逐步形成公司文化，以引导、规范员工的行为和公司的业务行为。第四，监督检查规章制度的执行情况，发现问题，采取补救措施，及时纠正偏差。第五，完善信息反馈渠道，建立信息反馈制度，提高决策的准确性，减少因决策失误而造成的损失。第六，形成整体工作的系统思路——规划。

没有规划的企业犹如盲人骑瞎马，半夜临深地，遇险而不知。没有良好习惯的领导缺乏感召力，没有行为规范的企业缺乏竞争力。当遇到市场低迷的挑战时穷于应付，无还手之力，节节败退。因此，无论企业多困难，对员工的要求不能降低，执行规范的信心不能动摇。唯有此，才能在优质服务中赢得用户，在规范经营中形成活力，各项工作在规范运作中朝目标前进。

如何缓和劳资关系

1999 年 11 月 15 日

在周六的总经理接待日，工业关系科（相当于企业管理部）的一位女员工指出，公司要和工人多沟通，在工人中应当树立公司和中国人的良好形象。现在工人普遍认为，工业关系科就是惩罚工人，和工人作对，甚至开除工人。这些事情都是中国人命令他们干的，于是工人就恨公司，恨中国人，劳资关系越来越紧张。被公司开除的员工大部分都去起诉公司，几乎都是公司败诉，公司的形象很坏。

一位女员工有如此深入的思考，说明她动脑筋，关心公司的发展。我们必须反思过去的工作，官员究竟扮演了什么角色？他们是在缓和劳资关系？还是在制造劳资矛盾？如何扭转当前的被动局面？如何恢复中国人在秘鲁员工心目中的形象和地位？

反思过去的工作，我们对秘鲁官员的工作需要正面引导，理性疏导，不能把工作中的矛盾都推到公司和中国人身上。秘鲁官员要敢于承担责任，自觉做疏导中秘员工关系的天使，不做人为制造矛盾的罪魁。需要向秘鲁官员提出维护公司形象的要求，正确理解公司的方针政策，扮演好中秘员工关系的桥梁作用，不能过河拆桥。同时，中方员工要主动和秘鲁员工沟通，不能把缓和劳资关系的权柄完全交给秘鲁官员。由于长期形成的误解，再加上个别官员的挑拨离间，中秘员工关系的缓和难度很大，不会一蹴而就。需要做大量艰苦细致的工作。

恢复和改善劳资关系是一项系统工程，需要统筹考虑。提高官员综合素质，实现官员和工人之间的有效沟通，不能人为制造矛盾。尤其是工业关系科直接和工人打交道的官员，一定能够秉公办事，客观反映情况，不能蓄意破坏公司和工人之间的关系。通过艰苦细致的工作，逐步扭转工人对公司的不良印象。

中方员工和秘鲁员工的深入接触是改善对公司和中国人不良印象的最有效途径。首先，中方领导通过各种方式主动和秘鲁员工沟通，充分听取工人中的不同意见。同时，耐心细致地解释公司的政策、制度，增进彼此互信。其次，在现场的中方员工要严格要求自己，做遵守制度、规范的表率，让秘鲁员工打心眼里佩服中国人。第三，利用总经理接待日，系统倾听秘鲁员工的意见和建议。在已接待的八位员工中，有两位工人。能够花时间倾听工人的意见，对他们也是一种尊重，即使满足不了他们的要求，通过倾诉的方式，也能有所安慰。

如果有更多机会和工人接触、交流，一定对缓和劳资关系有积极的促进作用。也许这种探索有荆棘，但为了企业的健康发展，一定要向前走。不能止步不前，不能让彼此不信任的关系不断恶化。和谐的劳资关系是企业克服困难、渡过难关的根本保证。

在沟通中塑造企业的公众形象

1999 年 11 月 30 日

11 月 28—29 日在秘鲁南部城市阿里基巴参加秘鲁第二次矿业安全会议。会后，参观绿山铜矿的生产现场。应我个人要求，我还参观了绿山铜矿的信息中心，全面了解绿山铜矿的管理信息系统运行情况。虽然两天的会议紧张，感冒头疼加重，浑身乏力，但是，有机会和秘鲁矿业的同行一起交流，感觉很充实。首钢秘鲁铁矿总经理能参加此次会议，秘鲁环保部的官员很高兴。这是真正的融入，全面的了解。

虽说，与会代表能说英语的少，接触交流的范围很小，仍觉得收获颇丰。首钢秘鲁铁矿地处马尔科纳矿区，很封闭，和外面交往很少，同行之间的交流更少。既不利于我们了解秘鲁的矿业现状，更不利于秘鲁人了解首钢秘鲁铁矿。

绿山铜矿 12 小时工作制对我的启发很大，如能在秘鲁铁矿推广，有助于减少人员，提高生产效率。绿山铜矿的管理信息系统给我留下了深刻的印象。信息中心主任 Mr. Bedregal 详细介绍有关情况，该信息系统建设于 1996 年，使用智利的 MINCOM INTERNATIONAL LTD 软件，硬件设备是从美国进口，型号为 DELL。该系统包括了生产、维护（修）、物资、财务、人事子系统。通过信息系统可以监测整个生产现场的瞬间状态、物资储备状态、生产成本状态、设备维护状态等。人事软件用 3 分钟就能把全部员工的工资算出来，仅此一项就可以节省很多劳动力。我在参观时边看边提问，秘鲁同行投以赞许的目光。

1995—1997 年我曾在有色金属进出口总公司信息中心工作，对信息系统非常重视。这次参观绿山铜矿发现，秘鲁铁矿的管理信息系统相当落后，建立管理信息系统迫在眉睫。但苦于资金紧张，市场疲软，透支居高不下，维持简单再生产都困难。尽管如此，管理信息系统的建设不能搁浅，按照总体规划、分步实施的原则，循序渐进。通过管理信息系统，加强过程监督，防止管理过程的“跑冒滴漏”。更为重要的是，一个有效的管理信息系统关系到能否提高人员素质？能否提高工作效率和生产效率？能否减少不必要的浪费？能否有效控制生产成本？

管理信息系统是企业指挥生产经营的中枢系统，如果再不抓，就是严重的失职。尽管眼下是巧妇难为无米之炊。完善管理信息系统仍要慎思笃行。

两天的会议，通过接触、交流、参观、提问，让外界对秘鲁铁矿的总经理有了感性认识和客观了解。晚饭聚餐时，有当地歌舞演员在助兴。席间，不知是哪位同行的主意，歌手突然邀请首钢秘鲁铁矿的 Mr.Wang 给大家唱一首歌。这是让同行了解中国人的机会，我欣然答应。先唱了“草原上升起不落的太阳”，并用英文大致解释歌词大意。特别强调：“It is my hometown”，赢得一片掌声。随后，邀请我唱了“小草”，用英文解释了歌词大意。代表们向我投以赞许的目光，竖起大拇指。招待会临结束时，大会主席请下届东道主 PIERINA 矿的总经理和我讲话。我用英文向大家问好，赞美阿里基巴城市，感谢绿山铜矿的接待。短短几句话，赢得了大家的热烈掌声，代表们个个竖起大拇指。

经营境外企业，利用一切机会学习了解同行，同时，以开放自信的心态，展示自己，为企业塑造良好的公众形象。融入从了解开始，了解从接触深入，接触要自信，交流应坦诚。

在改进中坚持原则

1999 年 12 月 1 日

企业经营离不开完善的管理，管理又要随着经营形势的变化不断完善。以经营促管理，以管理保经营，二者相辅相成。

在生产经营中，既要保持管理中好的内涵，又要不断加以改进，以适应发展变化的形势，确保管理在不断完善，产品质量和服务质量在不断提高，满足用户的特殊要求。

成功的企业都把员工的福祉放在第一位。企业关心员工，员工才会关心企业的客户。唯有此，公司、员工和客户都得到了满意的结果。这是三赢策略。

关心员工不能停留在口头上，应该落实在行动上。关心员工应该作为企业文化的重要组成部分，永久保留。关心员工和保护公司利益相辅相成。公司有足够的利润才可以满足员工的福祉。因此，企业必须坚持以利润为中心的经营方针，效率优先，不能养闲人、懒人。优胜劣汰，奖惩严明。

改进工作的重点是关心员工成长，给每位员工成功的机会和走向成功的必要帮助。只有每位员工充分发挥其潜能，他才能为顾客提供良好的服务，为企业创造良好的效益。改进工作应该围绕公司、客户和员工三赢的策略进行。培训员工、保障福利、分享利润、倾听员工呼声和公正的升迁是必不可少的激励措施和保障手段。巡视管理，深入基层，及时解决生产、经营、管理中的各种问题是改进工作的有效途径。

随着社会的进步，市场的变化，企业所面临的环境在变化，企业本身也在变化。然而，企业在发展变化中必须坚持基本原则的稳定。这就是保持企业文化中价值准则、行为规范的相对稳定。

作为原料生产企业，产品面向钢铁厂。随着冶炼技术的进步，钢铁厂对原料的要求也在变化。传统的高炉球团需求逐渐下降，自熔球团的需求上升。面对市场需求的变化，及时调整产品结构，适应市场的需求变化。

在适应市场需求变化中，提高产品质量、服务质量的宗旨不能变，提高工作效率和生产效率的原则不能变,降低定额消耗和相关费用的要求不能变，尊重员工人格、关心员工福利、激励员工的基本原则不能变。

唯有坚持基本原则，企业的调整才不至于打乱秩序，削弱企业的竞争能力。通过充分调动员工的积极性和创造性，在面对变化中能够捕捉商机，争取主动，使企业不断发展壮大。相反，在适应市场变化中，如果丢了企业生存的基本原则，企业会越变越弱，越变越小，最后被市场淘汰。作为经营者，面对瞬息万变的市场，恪守企业的基本原则，改变制约企业发展的环节、制度，增强企业的适应能力和竞争能力。

企业家应学会组织诊断

1999 年 12 月 8 日

企业是以创造财富、提供服务、获取利润为目的的盈利性组织。作为组织，有自身的组织行为特性，如不了解组织行为特性，违反组织行为特性去经营管理，在激烈的竞争中就处于被动，组织的活力下降，竞争力减弱，获利能力消失，甚至出现亏损，最终走向破产。

作为经营者，为了实现企业的不断发展壮大，就应该认真研究组织行为规律，对企业组织进行诊断，及时发现问题，研究对策，纠正偏差，使企业步入健康发展的轨道。

对组织的诊断从以下几方面入手：1. 组织支持。重点分析组织对员工生活和目标，包括职业水平提高等显示出多大兴趣。该组织对成员的关心程度如何。该组织多大程度上认识到对员工的依赖性。2. 成员素质。成员的信息灵通程度、技术熟练程度和辅助能力如何？成员的自学能力和再教育情况。3. 开放透明度。组织成员在多大程度上公开个人目标、缺点和意见，在多大程度上愿意公开谈论自己和他人的目标、缺点。4. 监督方式。管理工作多大程度上面向群众。员工共同承担目标的责任感有多强。监督员工对互相冲突的要求进行平衡的能力如何？ 5. 成员冲突。成员间冲突有多大。成员间竞争程度有多大。成员对组织抱怨的现象有多频繁。6. 成员的自主性。成员得到了多大的自主权。组织在多大程度上接纳成员的设想和建议。组织的权威性如何？组织对成员活动施加多大程度的控制。

作为经营者，如能对以上六方面全面会诊，切实评估，对症下药，则企业定能起死回生。

同舟共济

1999年12月10日

今天是第一次召集中方部门经理开会，研究讨论机构调整、部门工作职责审定、官员评估的排序，为年底的人员调整做准备。

秘鲁铁矿的管理形式比较特别，表面上中国人是部门经理，实际上决定公司各项工作的是秘方副经理。由于语言问题，中方管理人员对公司的实际情况不完全了解，有时秘方官员还提供一些假情报，搪塞中国人。鉴于此，对中方管理人员提出以下要求：

一、正视现实，忍辱负重，同舟共济，走出绝境。秘鲁铁矿好比一条旧船，船漏又遇挡头风。拉船的纤夫们要正视这个现实，忍辱负重，奋力前行，同舟共济，走出绝境。

二、工作有思路。工作积极主动，加强内部沟通。根据公司的奋斗目标，结合部门的工作任务和人员实际，形成本部门的工作思路，深入实际，工作积极主动。做到腿勤、嘴勤、手勤、脑勤。遇到问题不能上交矛盾，分析原因是什么，思考该怎么办，不能跳独脚舞，充分调动下属的工作积极性。给下属适当放权，有效监控，并给以及时的指导和帮助。尤其要研究如何用好秘方员工？如何凝聚秘方员工热爱公司的积极性？

三、虚心学习，积极合作，提高工作能力和工作效率。学习理论联系实际，研究新情况，解决新问题。特别注意和秘方官员的合作。合作的目的在于提高工作效率，学习的目的在于提高工作能力。部门经理以身作则，做下属的表率，为秘鲁铁矿的起死回生做贡献。

四、坚持“尽职尽责、有效沟通、积极合作”的工作原则。该自己干的工作不推诿，尽职尽责。该沟通的事情不扯皮。要实实在在办事，杜绝认认真真扯皮。该合作的事情积极配合，防止表面上合作，实际上作梗。领导要言行一致，表里如一。

应对罢工

1999年12月22日

昨天下午，召开中方人员会议，布置罢工期间的工作和注意事项。从10月份开始申请的罢工，拖延了两个月之后，马上就要变成现实，真是雪上加霜，破船又遇挡头风。

银行信用危机的矛盾没有解决，投资延期的申请已被退回。工人调解谈判处于僵持阶段，很快会进入破裂状态，圣胡安当地的“管涌”时隐时现，真是罢工在即，狼烟四起。

作为经营者，临危不乱、处变不惊是我的使命。现在，除了做好思想准备应付一切意外情况之外，令我深思的有两个问题：一是今年10月份对申请罢工的态度显然有点失策；二是这次工会执著的罢工与官员（特别是高级官员）有着千丝万缕的联系。高级官员很可能是这次罢工的幕后策划者，有可能是各种“管涌”的发源地。对此，董事会必须有清醒的认识，应该调整工作态度，不能盲目相信高级官员的建议，客观分析其真伪和企图。

今天上午9点，召开生产、技术、人事、经营部门主管参加的紧急会议。有关部门汇报了应对罢工、维持生产的准备情况。最后，我提出三点意见：1. 本着组织生产的原则，生产细粉和直接还原球团。这既是满足客户的需求，也是公司生存发展的需要。2. 统筹考虑，周密计划，统一指挥，坚守岗位。在罢工期间，所有官员、职员和合作社社员都由生产部安排调度，人力资源部协助落实。3. 安全第一，深入现场，巡回检查，及时沟通信息。特别强调罢工期间，可能发生意外事件，各位官员要听从指挥，步调一致，临危不乱，遇事不慌。

就在我们布置工作的同时，工会也在召开工人大会，组织罢工委员会。真有两军对垒、战前动员的气氛。明天上午8点，这场酝酿已久的劳资双方的战斗就要打响。我必须挺身而出，站在最前线，随时了解动态，鼓舞员工士气，尽经营者的职责和义务。

工会谈判一年一次，周而复始。谈判讨价还价，罢工事件难免。吸取曾经的教训，改进谈判策略。要未雨而绸缪，毋临渴而掘井。

表彰先进，凝心聚力

1999年12月29日

为期三个月的官员评估工作如期结束，今天下午在官员俱乐部举行了官员评估总结大会。

四十分钟的大会，显得井然有序，官员们都集中精力倾听着，等我讲完话，响起了长时间的掌声。从掌声中可以了解到大部分官员对评估工作的肯定，对讲话内容的认可。会议结束，公共关系科马上索要讲话西文稿。显然，官员评估工作和今天的讲话在官员中引起了共鸣，是一个良好的开端。

良好的开端是成功的一半。作为经营者，接下来将进入改革的实质阶段：机构、人员调整。官员评估总结会实际是改革的动员会，是建设企业文化的宣传会。今天，我第一次系统提出了秘鲁铁矿企业文化的全部内涵。核心价值观：公平、公开、公正的激励机制和竞争机制。企业精神：诚信、务实、开拓、创新。工作原则：尽职尽责、有效沟通、积极合作。员工关系准则：互相尊重、互相理解、互相信任、互相关心。工作作风：准时、守信、优质服务、认真负责。行为准则：积极进取的思想、认真负责的态度、实事求是的作风。

作为经营者，在工作中需潜移默化地传输、贯彻企业文化的内涵，以引导、影响员工行为，调节员工关系，化解内部矛盾，理顺工作关系，提高工作效率。这是一项长期、艰苦、细致的工作，来不得半点虚伪，更不能有半点马虎；必须以顽强的意志和坚韧的精神坚持下去，改变员工队伍的精神面貌，凝聚员工的智慧力量，为秘鲁铁矿的生存和发展奠定基础。

走出官员俱乐部，有一丝如释重负的感觉，工作按计划推进，表彰了先进，彰显了秘鲁铁矿的价值导向；把下一步的工作思路向秘鲁铁矿全部官员和盘托出，作为引导管理工作和企业文化建设的纲领。回到住所，庄严的使命感再次涌向心头，会场的掌声再次在耳边回响，讲话再次浮现在脑海：

女士们，先生们：

为期三个月的官员评估工作已经结束了。刚才人力资源部人力资源报酬科米兰达先生介绍了官员评估的基本情况。这次评估工作比较全面，既有主管领导、秘方经理、组织科的评估意见，也有中方经理的评估意见。根据以上几方面的评估意见，总经理对1999年工作表现优良的20位官员给予表彰，希望这20位官员在今后的工作中做出更大的贡献！除这20位受表彰的官员外，还有不少官员，尤其是一些老官员在工作中兢兢业业，得到了各级主管的好评。在此，我对在1999年工作中尽职尽责的官员们表示衷心的感谢！同时，我们必须指出，有的高级官员虽然工作表现不错，但在和普通官员沟通方面做得不够，甚至有些普通官员对高级官员有畏惧情绪。这种现象很不正常，我们不能允许这种现象长期存在。

官员评估工作作为考评官员业绩的一项基本工作，我们将长期坚持。对表现好的官员提出表扬和鼓励，对表现差的官员提出警告，对不合格者逐步清退。通过官员评估工作，引入激励机制和竞争机制。不论年龄、资历，如果你工作出色，有创新能力、合作精神，我们将大胆提拔使用。衷心希望中青年官员虚心学习，努力工作，勇挑重担。热忱希望有经验的老官员在培养青年官员方面做出表率。同时，要求青年官员尊重老官员，和老官员积极沟通合作，为改进工作献计献策！

任何人，如果不能和其他人实现有效沟通、积极合作，不能尽职尽责，就必须让位。每位官员应该明白自己该干什么？自己能干什么？自己在秘鲁铁矿干成了什么？在任何时候，公司都不能养不称职的官员，尤其是高级官员。

这次官员评估为机构调整做准备。机构调整本着理顺关系、提高效率的原则。这是大部分官员的呼声和要求，也是企业生存和发展的客观需要。为了改善公司的生产、经营、管理工作，提高工作效率，加强官员之间、官员和职员、官员和工人之间的有效沟通，请各位官员多提宝贵意见和建议。以后周六下午作为总经理接待日，将轮流安排在选场、采场和圣胡安行政区接待员工，以方便广大员工。通过机构调整，增强每位官员的责任感、危机感，增强员工队伍的竞争意识和竞争能力。

企业之间的竞争，实质是人才的竞争。秘鲁铁矿的发展必须依靠官员队伍。但是，现在的官员队伍人员老化、知识老化是一个不容忽视的问题，必须尽快改变这种状况。首先，依靠部分有实践经验、年富力强、尽职尽责的官员；其次，大胆启用中青年官员；第三，从社会上吸收优秀官员；第四，加强官员培训工作，努力提高官员的素质和水平；同时，官员要加强自身培训。所有员工都要积极进取，提高自身的竞争能力。实现官员队伍的合理流动，打破一潭死水的现状，改变官员能上不能下、能进不能退的局面。在此，我向大家郑重提出：官员的晋升、去留完全取决于自己的工作，不是取决于你对某些官员的态度。我们要努力造就一支有竞争能力、创新能力的官员队伍。

企业人才队伍的壮大，靠的是企业在实践中形成的良好企业文化。公平、公开、公正的竞争机制和激励机制是增强企业凝聚力的关键，我们将以此作为企业文化的核心，把“诚信、务实、开拓、创新”的企业精神在实践中发扬光大。坚持“尽职尽责、有效沟通、积极合作”的工作原则，倡导“互相尊重、互相理解、互相信任、互相关心”的员工关系准则。以积极进取的思想、认真负责的态度和实事求是的作风作为行为准则，养成“准时、守信”的习惯。禁止“无所作为的思想、人云亦云的态度和推诿扯皮的作风在公司存在和蔓延。每位官员都应该反省自己的思想、态度和作风是否符合公司的行为准则。

所有官员都必须坚持“诚信、务实、开拓、创新”的企业精神和“尽职尽责、有效沟通、积极合作”的工作原则，保持“互相尊重、理解、信任、关心”的员工关系准则。我坚信，只要官员队伍能够秉持公司的“企业精神”“工作原则”和“员工关系准则”，我们一定能造就一支具有竞争能力、创新能力的员工队伍，一定能在激烈的竞争中立于不败之地！

谢谢大家！

基层有真知灼见

2000年1月8日

今天下午，总经理接待安排在采场会议室，预约者五位，实际一共接待了八位。三名官员、三名职员、两名工人。每个人都结合自己的工作，提出改进工作、降低成本、提高效率的建议。我很感动，其中两位工人把自己的建议亲自打印成文，足见其对总经理接待的重视、对公司的关心、对参与管理的重视。

第一位是电修主管助理。他建议把尼古拉斯（选场）的有些备件存放到采场电修车间，有些设备的电修就不用送到尼古拉斯，可提高工效。

第二位是机修工人。他建议准备一台大一点的机床，可以自己加工一些备件，加快设备维修进度。

第三位是机修总监工。他建议将破碎站送料器的机械传动改为液压传动，以提高送矿效率。

第四位是职员。他建议改善公司和员工的关系，缓和劳资矛盾。

第五位是工人。他把自己的建议亲自打印成文。建议设一个专门的清洗空气滤清器的房子，改变现在的清洗、更换滤清器的方式。

第六位是职员。他建议注意矿区路面维护，减少矿车的损坏，延长轮胎寿命。

第七位是职员。他建议工作服应该分冬夏装。夏天做短袖，既省布料，又安全。

第八位是官员，生产计划室主任。他建议生产应该使用计算机自动控制。

他们的话很简练，但字字都流露出对改进公司经营业绩的关心，句句饱含了他们认真思考的心血。虽然，他们的建议不会马上被采纳，但在今后的工作中会统筹考虑。和基层员工沟通，能发现真知灼见。此时，我体会到群众是真正英雄的深刻含义，似乎找到了共产党成功的真谛。相信群众，依靠群众。

浅析人尽其才

2000 年 2 月 15 日

今天阅读管理新书《精明的雇佣》一书，眼前豁然一亮："最容易被忽视的财产是你所雇佣的人。一个企业成功的唯一出路在于其雇员都能在顶级效率水平上工作……企业市场份额的扩大、销售额的增加、利润的增加可以归功于雇员的低流失率和高生产率。你和你的顾客所依赖的、创造高生产率的雇员是企业成功最重要的因素。"

由此可见，西方工业发达国家之所以发达，不仅依赖货币资本、技术资本，而且更主要的是依赖人力资本。这正是我们所欠缺的、需要以实际行动去弥补的管理短板，需要以出色业绩证明制度的优越性。发掘雇员的潜能，最大限度利用雇员的潜能，是社会主义制度下企业应该追寻的目标。然而，现实的情况多少有点让人失望，雇员的工作热情亟待提高，把员工潜能发挥到极致的路途依然遥远。这可谓“路漫漫其修远兮，吾辈需上下而求索”。

人尽其才是全社会的共性问题，是企业管理的难题，并非所有制和意识形态决定。需要从人的需求和组织行为的有机协调去探寻解决之道，《精明的雇佣》以浅显易懂的道理说明了缘由。我不由得想起了马斯洛的需求理论，它研究的是人性。企业是组织，有其自身的行为规律，企业经营者应该研究组织行为和人性，使二者的结合达到最佳状态。这是企业健康运行的基础，是《精明的雇佣》所探索的关键。仔细回顾现实，不难发现人力资源浪费的现象，强调主人翁精神，可主人翁并没有热情；强调质量品种效益，可影响质量品种效益的生产者并非全身心投入。究其因，我们忽视了人的本性，人需要激励，人需要肯定。组织需要活力，活力来自于组织中的人，而不是上级任命的领导和几项制度。这是我们需要认真反思的沉重话题。

随着改革开放的深入发展，经济全球化、市场一体化趋势加剧。国内市场国际化，国际竞争国内化。政府、企业对人才的使用越来越重视，核心竞争力也提到议事日程。然而，在实际的管理实践和企业运行中，并没有真正抓住影响企业核心竞争力的关键要素，只是停留在理论的肯定，缺乏制度保障和及时的奖励兑现。缺少人尽其才、物尽其用的氛围。《精明的雇佣》值得我们学习，员工激励需要兑现，我们不能无动于衷。这是直接影响企业核心竞争力的关键。我相信，随着改革的不断深化，人才脱颖而出的条件逐渐完善，人尽其才的氛围逐步形成。企业的成功不仅需要优秀员工的创造性贡献，更需要普通员工对企业的忠诚。培养员工忠诚度是激发员工热情的不竭动力。《精明的雇佣》是企业经营者永恒探索的课题，路漫漫其修远兮，吾将上下而求索。

关于秘鲁铁矿战略管理的思考

2000 年 2 月 16 日

企业在激烈的市场竞争中生存、发展，并立于不败之地，必须实现有效的管理。企业经营战略的策划、制定、实施，直接决定着企业发展的动力，关系到企业的成败。实现企业的有效管理，战略管理是高层领导不可忽视的主要任务。

有效的战略和战略管理应包含以下内容：1. 增加价值；2. 核心竞争力；3. 战略能力；4. 战略结构（内部和外部联系）；5. 协同作用。从管理控制系统的角度考虑以上内容，不能孤立地分析。从任务控制入手，从单元抓起。战略管理通过管理控制、组织结构、人力资源和企业文化来实现。

战略规划是决定战略的过程。它决定组织的目标和实现目标的战略过程。战略的提出立足于企业自身条件。落实战略的过程，必须依赖管理控制的有效运行。管理控制的全面推进和健康运转建立在各项任务的有效控制上。对任务的有效控制是保证任务能有效完成。对管理的有效控制，确保组织系统内部有效运转、功能正常发挥、战略目标合理推进。这是战略管理的高级阶段，必须抓住企业、竞争和功能三个方面，系统思考，整体策划，协调运行。

通过有效的战略管理，使企业能够在多变的环境中成功地制定和保持战略的适应性，企业领导能够增强战略意识、重视战略制定和实施。21 世纪的企业经营者，既要抓日常生产经营管理，更要抓战略管理，二者统筹考虑。

就秘鲁铁矿而言，战略管理工作重点抓好以下几方面：

一、经营战略定位。产品升级，品种多样，长期客户，长期合同。股权多元，股本结构调整，降低自有股份比例。生产、开发有计划推进，改造、更新分步骤实施。实现以上战略定位，产品升级、品种多样、长期客户、长期合同是基础。这必须建立在有效的管理控制和任务控制之上。股权多元化、降低自有股份比例是根本保证。这完全取决于我们的合作态度、合作诚意和合作方式，互惠互利是基础、发展壮大是目标。生产开发有计划推进、改造更新有步骤实施是走出困境的动力。切忌好高骛远，防止悲观失望。

二、管理战略定位。优化组织机构，提高工作效率。简化管理环节，强化基础管理，适当放权，必要监控。明确岗位职责，严格考核业绩，奖惩严明，公平公正。完善决策程序，健全管理制度，减少失误，堵住漏洞。

三、任务控制定位。全面实行目标管理。一是生产保证低成本、高质量。二是销售保证及时回收货款。三是财务保证债务合理、资金到位。四是人事保证人尽其才、有效合作。五是科研保证进度、结果、效果。

以上三项是管理控制系统的三个层次，由低级到高级互为条件，互相促进。作为经营者要统筹考虑，全面推进。落实资源，保障供给。优化流程，激发活力。运筹于帷幄之中，决胜于千里之外。

留住人才迫在眉睫

2000年3月16日

今天下午，人力资源部副经理汇报给几位秘鲁官员涨工资事宜，并谈到一位青年大学生辞职。我深感留住人才紧迫、艰难。

企业要生存，图发展，必须依靠人才。秘鲁铁矿现在的经营形势、管理体制和员工队伍现状，无论从哪方面讲，都不利于留住人才。因此，首先应该从改变体制入手，建立公平、公正的激励机制和竞争机制，真正做到能者上、平者让、庸者下，打破平均主义和大锅饭，实现多劳多得。唯有突破《工人集体协议》，彻底改变不合理的分配制度，才能从根本上解决制约企业发展的矛盾。抓好销售和生产，扩大市场占有率，加快资金周转，逐步扭转经营局面。通过有计划的无理解雇，逐步调整员工队伍结构。有计划地培养人才，大胆使用年轻人才。形成融洽的企业文化氛围和良好的人际关系。关心员工的生活，解决员工的后顾之忧。

对一个有46年历史的老企业，实现员工队伍年轻化迫在眉睫，形成有效的激励约束机制难上加难。作为经营者，不能熟视无睹，更不能一筹莫展。在不能解除《工人集体协议》之前，通过逐步完善管理制度，形成一定的正激励机制。把个人的薪酬和业绩直接挂钩，打破现在大锅饭的局面。对于业绩突出的员工，尽管不能涨工资，但可以发业绩奖金，彻底摆脱工会对涨工资的纠缠。对新聘用的大学生，实行新的工资制度，给年轻人以脱颖而出的机会。总之，在有限的范围内做有效的微调，增强老员工的危机感和责任感，激发年轻员工的积极性和创造性。理顺关系任重道远，激发活力意志弥坚。

留住人才，转换机制是关键，融洽关系是基础，改善经营是根本。作为经营者必须研究彼此关系，探寻改革之路，寻求制胜之道。雄关漫道真如铁，而今迈步从头越。

因势利导

2000年3月28日

苦心、实干是立身之本。造势、蓄势是登堂入室的旅程。势，力量、能量、走向也。造势就是创造力量、能量，形成一种声势，让外界了解认识，逐渐相信并依赖。造势是一个漫长的过程，不能急功近利，要稳扎稳打，步步为营。蓄势是引而不发，韬光养晦。在自己的势能还没有准备充足，不足以与对手抗衡，没有必胜把握之前，就要蓄势，卧薪尝胆。要明修栈道暗度陈仓，甚至要示弱，以假乱真。

就企业而言，造势和蓄势互为表里，共同促进。就秘鲁铁矿目前的处境、地位而言，目前，只能蓄势待发。首要任务是加强内部管理，提高工作效率和产品质量，改善服务，降低成本，积蓄在市场竞争中的力量。这是蓄势。同时，搞好公共关系，创造良好的企业形象，维持和谐的合作关系，扩大对外影响。这是造势。蓄势为造势积蓄能量，打基础。造势展示蓄势的能量，扩大影响。离开蓄势单纯造势，在竞争中会昙花一现，被市场淘汰。秦池酒就是造势的失败者。不去造势的蓄势很难引起外界的注意，有可能被市场遗忘。蓄势和造势有机结合，统筹考虑，相辅相成，相得益彰。

蓄势是内因，造势是外因。外因通过内因起作用。造势千万别忘记蓄势。无论蓄势，还是造势，一定懂得借势、顺势。不能巧妙地借势，在激烈的市场竞争中会遭遇失败和挫折，很可能陷入漫长的挣扎和徘徊之中，错失成就大事之机。

识时务者为俊杰。借势者，首先要识势。准确判断影响企业经营的主要因素，内部因素为主，外部因素为辅。借内部势，就是充分调动广大员工的聪明才智，发挥他们的积极性和创造性，优化内部结构，强化自身竞争力。作为经营者，应牢记：尽己之力乃下君之策，尽人之力乃中君之策，尽人之智乃上君之策。借外部势，包括借官势，借鸡下蛋，借船出海。利用政府的力量，创造良好的外部经营环境，利用政府的力量，灵通的信息渠道为经营、决策创造条件。借鸡下蛋，需要慧眼识鸡。心胸豁达，互惠互利，以诚信赢得主人，下蛋共享。借船出海需要有搏击风浪的能力和以智取胜的计谋。否则，会冰海沉船，血本无归。

无论如何，借势是建立在苦心实干、蓄势造势的基础之上，自身没有比较优势，借什么也不会形成竞争能力。内因是变化的根据，外因是变化的条件，外因通过内因起作用。打铁本身要硬。

理想与信念

2000 年 3 月 30 日

人的一生不可能一帆风顺。遇到困难和逆境毫不气馁，以不屈不挠的精神与命运抗争，靠的就是理想和信念产生的巨大动力，磨炼意志，攻坚克难。

理想是成功的秘诀，信念是成功的先导。任何人都不会满足于现状，都曾有过不同的理想。但是，经过逆境和挫折后仍能坚持理想、矢志不渝追求理想的人并不多。任何企业都有辉煌的过去，都为之不懈奋斗过。但是，经过市场萧条、经济低迷打击后仍能健康成长的并不多。因此，真正实现人生理想的人是少数，真正从优秀走向卓越的企业也是少数。

能百折不挠奋进，坚持攀登理想巅峰的人，靠的是扎根心中的必胜信念。能战胜低迷萧条打击，从优秀走向卓越的企业，靠的是融入血液的必胜文化。缺乏信心和信念者，心中的理想是短暂的，热情是瞬间的。缺乏必胜文化的企业，凝聚的力量是暂时的，汇聚的智慧是有限的。想打造百年老店，就要在企业成长之初根植必胜文化，培育必胜信念。信念萌芽就会产生自信，相信企业一定能为客户提供优质服务，一定能在竞争中发展壮大。自信孕育企业成长的信念。一个企业一旦形成必胜的信念，萌发从优秀走向卓越的理想，在员工的心灵深处就会汇聚成难以置信的力量。它可以引领员工运筹于帷幄之中，决胜于千里之外。

有必胜信念和远大理想的激励，就会形成超乎常人的毅力。这样的员工团队有超乎常人的抱负，为实现企业从优秀到卓越而愈挫愈奋，勇往直前，驾驭企业的航船驶向成功的彼岸。

员工培训，首要任务是培育必胜信念，树立远大理想。寓教于经营管理，潜移默化，必胜的信念在员工心中生根、发芽，弘扬勇挑重担、敢于担当的精神，崇尚素质、效率、责任、纪律。以快半怕的节奏赶超别人，以永不满足的危机意识创新发展，以敏锐的竞争意识占据主动，凝聚成必胜的企业文化。

已有47年历史的秘鲁铁矿虽然落后，但是，只要不甘居人后，就会发奋图强。只要不安于现状，就能穷则思变。等靠要的思想会耽误大好时光，浪费青春年华。到头来别人是日新月异，我们是山河依旧。我们的设备、技术落后，产品质量差，产品品种少，如不增强危机意识，必然处于被淘汰的处境。因此，我们必须保持清醒的头脑，居危思变，增强竞争意识，培育服务意识，不能傲慢、无理，以优质服务赢得客户信任，互惠互利，共同发展。居危思变，增强自信心。适者生存是永恒的法则，要在激烈的竞争中立于不败，就要充满自信，敢于迎接挑战，化危机为转机，主动出击，争取先机。卧薪尝胆，扬长补短。

客户至上的服务

2000年4月3日

今天，我和刘罕参观CVRD公司。我们一天行程的安排，对CVRD公司难以忘记。热情周到的接待和客户至上的态度值得我们永远学习。感触之多，感慨至深，引发些许思考，发现诸多差距。知耻而后勇，知不足方可精进。

一清早，Mrs. Daniela在Dument机场等候我们，和我们一起乘飞机到Viteria城市。一下飞机，公司负责接待的Mrs. Daiehi在机场门口迎接。走出机场，乘工作商务车，前往港口参观。负责接待我们的是经理Mr .Jose先生，他向我们介绍了码头的基本情况，从办公楼上俯瞰了整个码头区域、球团厂区。然后，驱车直接到码头参观。随后参观了卸车装置。参观完码头，两位陪同人员带我们到了球团车间，球团工程师Mr. Joao先向我们介绍了球团生产情况，之后实地参观了球团生产线。从车间出来，已近下午三点，CVRD的三位员工陪我们在车间食堂用餐，典型的巴西海鲜风味，给我们留下了难忘的印象。

午餐后，送我们到机场。就在我们参观车间时，他们已经帮我们办好了登机牌，到机场后，我们直接到贵宾室休息。这里的接待真是热情周到，关怀备至，充分体现了CVRD客户至上的思想。更令人难以忘怀的是介绍CVRD的视频资料用中文配音，厂门口新树立了“欢迎首钢”的标语牌。以上安排，打印成接待小册子，在我们刚到机场时就发到手中，手册上写明每一项活动内容、陪同人员、活动时间，令人赞叹不已。这就是CVRD的服务，热情周到、客户至上令参观者刻骨铭心，终生难忘。

有比较才能鉴别，知差距方可进步。CVRD不仅是生产经营的榜样，也是服务客户的楷模。我们需要脚踏实地学习，勇往直前追赶……

完善信息渠道

2000年4月4日

为期两天的第二届拉美钢材与铁矿会议结束了，会上接触到的市场信息在脑海掀起了阵阵波澜，深深感受到市场信息的重要和秘鲁铁矿信息的封闭。完善信息系统，利用信息经营是摆在面前的首要任务。

以前，秘鲁铁矿由于缺乏及时准确的信息，曾经错过商机，致使现在的销售艰难。依靠传统的销售渠道，其价格之低令人难以置信。究其因，就是缺乏完善、畅通的信息渠道，经营主要依靠所谓的“代理”，决策信息不对称。

铁矿市场复苏，价格变化频率加快，及时了解信息变化显得尤为重要。从秘鲁铁矿的实际出发，首先，要完善信息渠道，保证有效信息畅通；其次，加强销售队伍，增强市场开拓能力；第三，重新拟定销售策略，从以代理为主转变成自营、代理有机结合，把握销售话语权。第四，主管领导参与销售谈判，直接感受用户的需求信息，了解市场走势。

这是理想状态，如能全方位突破，必将对扩大营销有积极的作用。然而，工作不能脱离实际，必须立足现实。首先，改变现在的代理机制，需要首钢总公司领导的首肯。因此，从矿山的健康发展出发，陈词利弊，得到领导的理解、支持。其次，调整销售队伍结构，优化人员结构，提高市场营销能力。矿山自己培养懂生产技术、懂外语的营销人员，充实营销队伍，主导营销工作。

改变现状非一蹴而就，完善渠道仍困难重重。但是，认识到信息的重要，就要不遗余力去完善信息渠道，及时捕捉市场真实信息，准确判断需求变化走势，有效调整营销策略。唯有此，产销才能形成互动，有的放矢；才能减少库存，压缩资金占用。学习通用总裁杰克·韦尔奇的治企理念，面对现实，改变现状，革除时弊，加强沟通。正如毛主席指示：“不破不立，破字当头，立也就在其中了。”要有改变现状的勇气，敢于担当的信心，心系矿山发展，优化管理流程。给下属充分授权，让员工主动参与。有效沟通，减少扯皮。齐心协力，共渡难关。要有共同发展的蓝图，人尽其才的措施，心系员工成长，完善激励机制。激发灵感，用活人才，奖罚分明，善待员工。要有涅槃重生的勇气，脱胎换骨的信念。明确发展目标，路径清晰，措施到位，真抓实干。驾驭秘鲁铁矿驶向远方，谱写境外经营新的篇章。

关于改变现状的思索

2000 年 4 月 7 日

阅毕通用公司总裁杰克·韦尔奇的《Get Better Or Get Beaten》一书，感触颇深。杰克·韦尔奇的 31 个领导秘诀，自己在工作中不同程度的都有应用和探索，只是在员工中的影响还没有扩大。因此，给每位中方管理人员发一本《Get Better Or Get Beaten》，要求大家认真学习，结合自己的工作岗位，领悟管理真谛，改进自己的工作。这是改变现状的曲线救国之路。唯有让中方员工了解、认可一流的企业管理理念、经营实践，在管理层扩大共识，凝聚人心，为在秘鲁铁矿有效推行杰克·韦尔奇的管理理念创造条件，更新中方员工的观念，开阔管理人员的视野。但愿我的送书行动能引起大家的思考，增强忧患意识，坚定追赶信念。

就企业管理而言，改变现状是经营者的使命。想改变现状，首先要彻底摸清现状是什么（What）；其次，通过解剖现状，找出影响发展、成长的主要问题和产生原因(Why)；第三，把对现状的剖析、对未来的判断上升到决策阶段，提出改变现状、解决问题的思路、方案，并付诸实施(How)。

摸清现状是基础，找出问题及其原因是关键，提出解决方案、并立即付诸实施是根本保证。改变现状是经营者的神圣使命。改变和守旧二者不可兼得，绝对不能有任何幻想。作为秘鲁铁矿的经营者，大胆改变现状，减少管理层次，简化办事程序，明确岗位职责。把严格奖惩考核作为突破口，矢志不移地坚持下去。

改变现状会遇到习惯势力的阻碍，也会遇到新的困难和问题。因此，工作宜稳妥推进，教育循序渐进。改变现状的原则是理顺关系。减少管理层级，适当放权；减少管理人员，认真履职考核。对秘鲁铁矿而言，改变要适度，确保工作的连续性；改变要稳妥，不能激化内部矛盾。

从长远考虑，管理层级越少越好，实现扁平化管理。管理人员越少越好，实现合理的管理幅度。管理制度宜简不宜繁，管理层级宜少不宜多。制度不在多，关键在落实，管理人员不在多，关键在称职。管理的多少，不是片面强调某一方面，应该从系统的协调运转出发，统筹考虑，立足长远，抓好当前。明确管理目标和管理思路，简化管理层次，提高决策和办事效率。

管理越少越好，对人员素质要求越来越高。唯有此，才能实现有效管理。在秘鲁铁矿的有效探索，为国企深化改革做有益的尝试。正确处理改革中出现的问题，防止重新回到机构重叠，人浮于事的老路上。

知己知彼，掌握主动

2000年4月10日

经营企业既要全面了解自身情况，也要了解竞争对手情况。这是知己知彼。商场犹如战场，只有知己知彼，才能百战百胜。

知己就是要彻底解剖自己的优势、劣势，诊断企业存在的问题、困难，研究如何扬长补短。知彼就是全面了解竞争对手的优势、弱点，掌握市场供求现状信息，准确判断市场份额的结构，避实就虚，寻找突破口，在竞争中获胜。

知己知彼的关键是“知”。一定要真知，只有真知，才能有灼见。切忌一知半解，不懂装懂。只知皮毛，夸夸其谈。牢记学无止境，天外有天。一知半解会误入歧途，夸夸其谈会盲目乐观。只知皮毛导致决策失误。

真知灼见来源于周密的调查，全面的分析，客观的判断。对信息进行去粗取精、去伪存真的加工，形成战略决策和竞争对策。建立快、准、灵的信息反馈系统是真知的根本保证。只有知的是真实情况，不是虚假表象，才会形成灼见。由此可见，完善的信息反馈系统、科学的决策系统和健全的营销系统是经营者知己知彼的基础。经营者具有丰富的知识、敏锐的市场意识和果断的决策能力是百战百胜的根本保证。

企业对外要知己知彼，对内也需知己知彼。唯有对不同岗位的管理者了如指掌，才能合理分工，有效利用每个管理者的长处，实现系统元素的最优组合。不同层级的管理者要正确评估自己的长处和不足，有效利用职务授权调动下属积极性，发挥人格魅力，树立个人权威。职务授权是履行职责的权利，要慎用、善用，切忌滥用。职务授权应该受到约束，接受制度程序的监督，保证生产经营的合规合法。个人权威是人格魅力在实际工作中的累积，是员工对你人格、行为准则、价值观的认可，是大家愿意同甘共苦的精神引领，表现为感召力和凝聚力。

作为经营者，既要用好权力，保证企业的规范运行，建立有序有效的工作流程；又要树立权威，启发员工积极进取，形成奋发向上的企业文化。权威是在实际工作中形成的，并非组织授予的行政权力。权威是领导内在实力从人格中自然流露出来，为员工接受、认可的进取精神。权威的核心是人格、经验、能力的综合体现。权威是超群的感召力、果断的决策力、力挽狂澜的魄力。磨炼意志品质是形成权威的基础，冰冻三尺非一日之寒。树立经营者权威是企业走向成熟的客观要求。因此，经营者必须严于律己，宽以待人。虚心学习，平易近人，培养超群的感召力和组织力。经营者必须培养敏锐的市场意识和应变能力，锤炼果断的决策能力，铸就力挽狂澜的魄力。经营者要勤奋学习，不断进取。唯有此，才可以知己知彼，掌握主动。

创新是秘鲁铁矿走出困境之路

2000年4月12日

经济全球化、市场一体化使企业之间的竞争日益加剧，在激烈的竞争中，有的企业陷入困境，有的企业破产，而有的企业则发展壮大。创新让企业在竞争中尝到甜头，展开了广泛的创新竞争。人们已体会到创新是企业走出困境的根本出路。

观念创新是企业起死回生的关键。人们习惯于传统的经营思想，被以往的经营实践禁锢，在市场面前一筹莫展，在竞争中处于被动。因此，处于困境中的秘鲁铁矿，首先要突破传统观念束缚，敢于改变现状，开辟创新的领域，勇于创造新的机制。坚持实践是检验真理的唯一标准，以是否有利于企业发展、增强企业凝聚力和竞争力为标准，衡量所有的决策和行动方案，突破禁区，不能唯上。同时，要统筹考虑创新风险，企业生存发展的基本任务，不能逃避风险和责任，盲目创新，要有的放矢。

企业不是政府，是自主经营、自负盈亏、自我约束、自我发展的为股东创造经济效益的经济实体。作为经营者，要有和其使命一致的思想观念：1. 企业要靠市场，不能靠市长。企业管理不能比照政府，不能以政府的运作方式经营。企业应该以经济效益为中心，经营决策应立足于市场需求，以满足市场需求为最高使命。2. 企业的生存要靠人才。不但要培养、启用人才，更重要的是形成让人才脱颖而出的机制：即公平、公开和公正的激励机制和竞争机制。3. 企业形成凝聚员工力量、激发员工创造性的企业文化。培育企业文化是经营者的神圣使命。4. 企业依靠不断探索，发现成功的机会，不能墨守过去的经验。在企业成功之时，就要考虑未来的发展方向。要未雨而绸缪，勿临渴而掘井。敢于自我否定，自我否定是不断进取的内生动力，是打破墨守陈规的唯一出路。5. 企业的发展不是孤立的，要和客户、公众团体保持协调的关系。企业在创造利润的同时，要肩负起自己的社会责任。6. 客户至上、员工第一、股东满意是企业永恒的主题。竭力为员工创造成才、致富的条件，向客户提供优质服务是市场经济条件下企业不断发展壮大的经营理念。谁奉行这一理念，谁就能成功。

组织创新是企业起死回生的根本保证。只有新的组织才可以灌输新的观念，实施新的方针、政策。组织以简单、高效为原则，简化层次，提高效率，减少扯皮，加强沟通是组织创新的起码要求。

组织机构要根据企业经营规模、业务性质、市场等条件适当变化。组织变化应坚持以下原则：1. 简化层次。克服传统官僚机构的弊端，每个层次有明确的决策权和具体的责任，责权利对等。2. 提高效率。杜绝部门之间的业务交叉和互相制约，实行目标管理。3. 降低成本。提高工作效率、生产效率，降低材料消耗，降低管理费用，完善工艺组织和生产管理。4. 有效沟通。部门之间及时沟通，加强横向联系，信息共享并及时传输。5. 职责明确。岗位职责设计科学合理，管理幅度恰当，杜绝推诿扯皮。6. 决策快，指挥灵。形成科学的决策程序，决策要快。要有健全的管理制度，指挥要灵。

技术创新是企业起死回生的内在动力。没有观念创新和组织创新，技术创新难以发挥作用。加强学习，建设学习型组织，为技术创新创造条件，营造氛围。增强员工的创新意识，培养善于思考的习惯，不断自我完善，为技术创新奠定基础。

企业的观念创新、组织创新和技术创新为管理创新奠定基础。观念创新引领经营者以身作则，率先垂范。组织创新体现效率，从根本上解决非生产人员过多、管理人员制约业务开展的问题。技术创新增强核心竞争能力。管理创新激活组织、激发员工的创造性。因此，秉持以人为中心的组织原则是管理创新的突破口。尊重、理解、关心、信任是以人为中心的基本要求。以观念创新为先导，组织创新为动力，以技术创新为依托，全面推进企业的管理创新，充分发挥员工的聪明才智，充分调动员工的积极性和创造性。

完善管理

2000 年 4 月 19 日

最近，法律科两位律师的工作令人不满，引发了人力资源部副经理的愤慨。有事找不到人，甚至在办公室连秘书都找不到。律师呈给人力资源部的案子都是让公司付款，并不说明理由。秘鲁铁矿的法律诉讼案件大部分是劳工案件，几乎所有的劳工案件都以公司败诉告终。这样的结果，我对两名秘鲁律师的工作有点疑虑。

鉴于律师的状态和秘鲁的司法腐败，中国人很难控制劳工起诉案件的真实情况。律师所谓的用钱疏通关系，也很难判定其用途。因此，完善公司内部管理制度刻不容缓。

跨国经营，学习了解当地法律是当务之急。依法经营、依法保护公司合法权益是我们必须遵循的基本原则。我们不能稀里糊涂地给告状的员工赔偿，应该赔在明处，究竟为什么要赔？不明不白的冤枉钱真令人心痛，也丧失了中国人的尊严。

熟悉当地法律，用好当地律师和官员是一个复杂的问题，亟待认真思索，妥善处理。应以完善管理为突破口。

由法律诉讼推而广之，公司必须尽快扭转当前工作的被动局面。从宏观上讲，通过完善管理在创新、用人和行动上有新变化，产生鲶鱼效应，打破过去的一潭死水，让所有员工有压力、有动力。

就用人而言，应该做到知人善任。知人就是了解人的长处、不足，善任就是任其所长，人尽其才。就组织而言，知人善任还应考虑人才的互补，扬长补短，形成良好的人际关系、健康向上的企业文化和融洽的外部环境。用人的关键是形成一种公平、公正、公开的激励机制和竞争机制，为人才的脱颖而出创造条件、提供机会。

在用人上防止出现两种偏差，一是防止被假象迷惑，把夸夸其谈的人当人才。二是对真正人才枝节不足的偏见。人无完人，真正的人才往往个性突出，缺点明显。用其所长，避其所短，不能求全责备。

育才是保证后继有人的重要途径。育才肯投入时间、精力，为年轻人的成长创造条件，给他们以各种锻炼机会，鼓励他们创新，激发其创新意识和敢于尝试的勇气。鼓励青年成为搏击风浪的海燕，不做留恋温室的小鸟。

用人问题突破了，创新和行动才有保障。用人的成败与否决定企业的成败。完善管理从理顺用人关系入手，营造人尽其才的氛围，树立追求卓越的正气。

与股东代表沟通

（总经理使命的陈述）

2000年4月25日

今天上午，一年一度的股东大会在利马办公楼召开，出席股东大会的代表是秘鲁员工。1992年首钢购买了秘鲁铁矿98.48%的股份，员工股份为1.52%。首先，金董事长向各位股东汇报了1999年秘鲁铁矿的生产经营情况，各位股东就个人关心的问题提问。他们关注企业的生存问题，首钢完成投资承诺的问题等。金董事长对问题一一作答。最后，让我和股东代表交流。

自1999年7月任秘鲁铁矿总经理以来，是第一次参加股东代表大会。首先，感谢各位股东对公司未来的关心。大家对公司寄予厚望，作为总经理，深感责任重大。就总经理的使命、对股东的承诺和公司的长期目标三点，和股东代表进行交流。

作为总经理，我一定履行自己的职责：1. 利用现有资源，组织好企业的生产经营管理；2. 生产满足用户要求、适销对路的产品；3. 保护股东的合法权益，努力为股东创造更多的回报，改善员工待遇。

作为总经理，为实现我肩负的使命，向各位股东承诺：1. 我有改变现状的勇气。秘鲁铁矿的现状：一是人员老化，二是设备老化，三是资源条件复杂，四是产品在市场缺乏竞争力，五是国际市场铁矿企业的竞争加剧，秘鲁铁矿面临严峻的竞争和生存压力。作为总经理，在组织生产经营中重点抓好以下工作。努力降低成本，提高产品质量，改善对客户的服务，完善生产组织和管理，不断创新。这将是我追求的永恒主题。2. 我有改变现状的决心。一是在改进产品质量的同时，研制新产品，以适应市场竞争的要求。二是在利用现有资源的同时，努力探索资源的综合利用途径，以寻求新的经济增长点。三是在保证生产经营正常运行的同时，修订制度，使企业的机构适应市场竞争的要求。四是吸收新的大学生加盟公司，以增强员工队伍的竞争能力和创新能力。3. 我有现在行动的魄力。无论多么好的决策、方案，如果不付诸行动，也只能是方案而已，对改变现状没有任何现实意义。对秘鲁铁矿现在存在的问题，认真分析其原因，寻求解决途径，一旦形成决策方案，我们将马上付诸实施。因此，要求各部门领导工作有思路，工作有进度，工作有成效。每个人必须遵循“尽职尽责、有效沟通、积极合作”的工作原则。每个人必须明白自己该干什么？自己能干什么以及自己干成了什么？

作为总经理，我的长期目标是：1. 为企业形成创利能力和可持续发展能力。企业的创利能力是所有股东和员工关注的焦点，企业的可持续发展能力则是总经理关注的焦点。如果没有可持续发展能力，今天赚钱的企业，明天可能不赚钱，后天可能会破产。2. 形成一支有竞争能力和创新能力的员工队伍。企业可持续发展能力主要依赖有创新能力、竞争能力的员工队伍，充分发挥他们的聪明才智，实现企业与员工的共同发展。3. 形成规范员工行为、凝聚员工智慧的企业文化。良好的企业文化是保持企业竞争能力和创新能力的根本保证。有竞争能力和创新能力的员工队伍是企业实现创利能力和可持续发展能力的关键。

这三者是一个系统工程，统筹规划，统一部署，统一指挥，团结全体员工共同实施。

谢谢大家！

潜移默化

2000年5月3日

我一直关注学习型组织的建设，总想让员工做好自我修炼。在阅读完通用公司总裁杰克·韦尔奇的31个领导秘诀《Get Better Or Get Beaten》后，觉得这是领导应该坚持、倡导的经营哲学，于是萌发了给秘鲁铁矿中方员工送书的念头。从国内买了30本《Get Better Or Get Beaten》带到秘鲁，送给公司领导、科处级管理人员、青年大学生。

今天上午先送书给四位公司领导，希望他们能够在百忙中浏览此书，也许对改变观念、工作作风有帮助。

下午，把剩余的书送给了部门经理、副经理、科长和青年大学生，希望他们能够汲取一些经营管理的科学养料，从沉闷的窒息空气中走出来，真正思索自己该干什么？公司该干什么？二者的目标如何协调？如何把个人的职业生涯和公司的发展有机结合，在公司成长中个人进步？

我深知，对员工读书习惯的培养非一日之功，需要领导以身作则，潜移默化。平时深入基层了解学习情况，交流学习体会，慢慢引导中方员工，逐渐养成读书、学习、思考的习惯。凡事问是什么？为什么？怎么办？培养读书习惯是建设企业文化的重要组成部分，也是凝聚共识的有效途径。

改变企业文化是一件艰难、曲折的事情，需要润物细无声地感染。书是影响员工思维最好的媒介，共同学习，凝聚共识。作为经营者，有义务培养员工的学习习惯，形成良好的企业文化。因此，从转变观念入手，寻求观念创新，探索组织创新，推进技术创新。员工知识更新是各项创新的基础，是企业成熟、进步的关键。在员工队伍中逐渐形成一种浓厚的读书学习氛围，养成分析问题、研究对策、实事求是解决问题的习惯，是自己的最大心愿。但愿今天的送书是一个良好的开端。良好的开端是成功的一半，书为媒，启发引导员工养成读书、学习、思考的习惯，有更多的员工对科学管理产生兴趣，为改变秘鲁铁矿的现状提出真知灼见。

企业文化的渗透作用

2000 年 5 月 13 日

今天下午是总经理接待日，我听了工业关系科科长 Mr.Delado 的工作汇报。他说：工业关系科在全体员工中灌输“诚信、务实、开拓、创新”企业精神，努力缓和劳资矛盾，融洽员工关系，受到员工家属的好评。采场有一名电工被电灼伤，工业关系科的员工主动到医院安排住院事宜，并关心受伤员工的家属。此举受到员工家属的肯定。Mr.Delado 还告诉我，他们对那些不尊重员工的主管进行教育。听了他的汇报，感觉到“互相尊重、互相理解、互相信任、互相关心”的员工关系准则已经为员工接受，润物细无声地正在员工中渗透、传播，正在互相感染着，彼此熏陶着，出现蔚然新风。

企业精神的宣传、培育是一件艰苦细致的事情，不能操之过急。在实际工作中出现了蔚然新风，要积极引导，正面宣传，循循善诱。作为经营者，在传播企业精神、形成企业文化中要善于做耐心细致的工作，以身作则。引导员工学习新知识、更新观念是灌输企业文化的前提。调整员工队伍结构，精干一线，精简二线，促进员工学习知识和技能，有利于企业文化的传播。

看到 Mr.Delado 在工作上的转变很欣慰。他从工作方式简单粗暴向善待员工的转变，企业精神发挥了作用。他的进步更加坚定了我全面推进企业文化建设的信心。通过积极的企业文化建设，发掘蕴藏在员工内部的积极性和创造性，为秘鲁铁矿的发展做出新的贡献。

学习秘鲁法律的体会

2000 年 5 月 17 日

最近，我先后抄写了首钢秘鲁铁矿和工人、职员分别签订的《工人集体协议》、《职员集体协议》、728 法、650 法、《公司法》、《矿业法》等有关法律，发现在签订集体协议之前，并没有阅读相关法律的有关条款，以至于上当受骗，签订了永久有效的集体协议，给生产经营者套上永久的紧箍咒。在日常生产经营中的劳工诉讼案件，我们习惯于听秘鲁律师的意见，中方员工没有自己查阅法律条款的习惯，往往会被当地律师蒙骗，公司蒙受了很大的损失。教训沉痛，学费昂贵。

通过学习有关秘鲁法律，发现境外经营的误区很多。缺少法律尽职调查，不明当地政治、法律、金融、人文环境，一旦进入，就陷入法律诉讼的陷阱，坠入劳工纠纷的泥潭。以中国人的思维方式对待外籍员工，引发冲突，激化矛盾，使生产经营环境恶化。凡此种种，不胜枚举。

在进入境外投资所在地之前，一定要进行详细的尽职调查，全面了解当地的政治、法律、金融、人文、外汇管制、宗教信仰、劳工政策、公司法、当地的劳动力状况、受教育程度、物资供应条件等，以确定将来生产经营环境，分析投资风险，为投资决策提供科学依据。

在签订有关协议之前，特别是劳资协议，一定要逐条分析其权利和义务，分析是否有陷阱条款。对于外文为基础的协议，一定以中文翻译稿作为附件，便于我们准确理解协议的内容，明确双方的权利和义务，防止陷入“永久有效”条款的陷阱饮恨终身。

在境外经营中，一定依法经营。根据当地的法律法规，结合企业的特点，制定公司的规章制度。建立有效的生产经营组织，建立有效的激励机制和竞争机制。严格按照法律法规经营，做守法的模范。严格按照规章制度管理企业，奖优罚劣，形成积极向上的企业文化，凝聚员工的智慧，发挥员工的聪明才智，培育企业的创新能力和可持续发展能力。

在经营管理中，一定依法依规妥善处理劳资矛盾和法律纠纷。以积极的态度应对任何法律诉讼、员工诉求，对员工不能不理不睬，防止小诉求酿成大纠纷，大纠纷演变成法律诉讼。坚持“尽职尽责、有效沟通、积极合作”的工作原则，防止认认真真扯皮，做到实实在在合作。要善于倾听员工的诉求，及时解释，说明理由。虚心倾听员工建议，按照规定严格管理，经营不触犯法律，员工不违反制度。

在经营管理中，合理有效利用当地官员。不能不依靠，也不能全依靠，关键时刻、关键环节一定依靠自己。依靠当地官员摸清政府的政策导向，身先士卒和政府官员沟通，建立密切联系和融洽的合作关系。外圆内方，心照不宣。进退有据，依靠有度。

在境外经营管理中，中方员工要少而精。以懂经营、懂专业、善管理的领导牵头，懂专业、懂语言的中层干部把关。优秀的大学生在生产一线锻炼，逐步熟悉经营管理、当地法律环境、宗教人文背景等，培养国际化视野和管理能力，为属地化管理培养接班人。

改变现状非一日之功

2000 年 5 月 18 日

今天上午去现场检查了采场、选场的所有小仓库。正如内审报告反映，生产车间备件小仓库遍地都是，甚至在办公室都存放备件。这种状况令人吃惊。按照规定，现场维修领用备件未用的要及时退库，然而，好多师傅领用后把剩余的备件一般都自己留起来，放在小仓库里，形成虚假消耗，甚至有的工人带走备件卖掉。这种状况反映了监工以下的员工管理意识之差，为个别员工损公肥私提供了方便，明显的管理漏洞；也反映了监工及其他高级官员的官僚意识之强，对现场的管理疏漏一无所知。这种现状必须改变，但不能操之过急。需要从完善制度，规范管理，严格监督检查抓起，落实责任。

检查完所有小仓库后，召开了现场办公会，对整改工作提出以下要求：

一、物资控制科修改物资控制制度，派人对领用物资的使用情况监督检查。

二、生产部研究如何加强领用物资的管理，对短期不用的物资及时退库，物资部配合。充分利用闲置的物资，控制新增采购同类物资。

三、内审科跟踪检查采矿、选矿车间闲置物资利用整改情况。在日常检查中发现问题要及时和生产部沟通。

治理企业，重在执行。发现问题及时解决，解决问题不留死角。对以上迫在眉睫的问题，治理整改要落实到位。强化现场管理，加强监督检查；完善制度，监督制度执行情况。建设企业文化，提高员工素质，增强执行制度的自觉性。

决策要准，要求要狠

2000 年 5 月 25 日

如何带领秘鲁铁矿摆脱绝境的困扰，走出逆境的纠缠以及理顺经营管理、凝聚员工智慧是摆在自己面前的首要任务。经过一年多的现场工作，虽然各方面的工作有了起色，但真要做到位，还有很大空间。尤其是企业文化建设的深入，需要领导示范，以身作则。深化改革，决策要准，考虑承受能力。落实任务，要求要狠，激发员工潜能。

为了完成秘鲁铁矿今年的预算任务，做到决策准，就要摸清现状，以盈亏临界点为目标，进行成本倒逼。分解运营成本和三项费用，把目标分解落实到各部门负责人，制定奖惩措施。严格要求，严明奖惩。保证完成任务，要求要狠，挤出管理中的利润。

做到决策准，每个人都应做到“尽职尽责、有效沟通、积极合作”。领导以身作则是关键。领导带了头，群众跟着走。多听部属的意见，多研究具体问题，多探索可能的措施，寻求走出绝境的必由之路。切忌犯颠覆性错误，拒绝做独裁性决策，汇集员工智慧，运筹帷幄；集聚大家力量，决胜千里。

选准目标，要求要狠，重在落实。落实重在快，对部属要求一定要狠。市场机遇稍纵即逝，重在快。左顾右盼会错失良机。唯有快，才能在竞争中占据主动。一切工作都以是否有利于扭转被动局面、走出困境、带来生机为标准。凡是符合这一标准的工作，积极推进。

明确目标，分解目标，要求要狠。目标管理是自己多年来信奉的基本原则。关键是目标要准，不能偏离首钢总公司的要求，不能偏离企业自身健康发展的轨道。作为经营者，需要做好二者之间的平衡，不偏不倚。在明确目标的基础上，分解任务，落实责任。责任到部门，考核到个人。真抓实干，要求要狠。咬住目标不放松，逆水行舟用力撑。

学会自我批评

2000 年 6 月 5 日

在今天下午的生产例会上，就 28 号风机维修过程中出现的管理问题，我首先做了自我批评，承认自己有领导责任。同时，要求生产部对具体负责的电修主管提出批评。要求所有主管在今后的维修中，不能犯类似的错误。对存在的问题要全面检讨，及时落实整改措施。

我的自我批评，让生产部杜经理和副经理 Mr. Valenza 有点不好意思。这样的效果就达到了预期的目的。我可以在会上公开批评生产部经理和副经理，但是，效果不一定好。于是，我选择了自我批评的方式来提醒生产部经理。

作为管理者，首先，要考虑办事效果。为了实现预想的效果，认真研究应采取的措施和实现路径，不能感情用事。其次，一定要深入实际，了解真实情况，切记浮夸空谈。所言之事一定有针对性，切中要害，不能隔靴搔痒。第三，精通业务，吃透问题，不懂不要装懂。宁愿当学生多一个老师，也不要自以为是多一个嘲笑者。第四，放下架子，主动和下属交朋友，了解他们的酸甜苦辣和冷暖需求，努力为员工办实事。第五，自己错了，敢于承认错误。第六，发现部下错了，及时指出来，不能姑息迁就。

总之，作为经营者，要学会批评和自我批评。勇于检讨，反思自己的不足。以身作则，严于律己。

对法律工作的意见

2000年6月9日

今天下午听取了法律科和人力资源部关于法律诉讼案件的现状及对策分析。针对法律工作中存在的问题，对法律工作提出以下要求：

一、法律科要及时对公司所有诉讼案件进行分类，对每个案件进行分析研究，提出相应对策。法律科长应集中精力研究重大案件的诉讼、答辩，对重要案件的应诉方案，要及时向人力资源部经理室汇报，听取他们的指导意见。

二、每月根据诉讼案件情况提出当月的工作计划，明确重点和具体工作目标，责任落实到具体律师。根据工作计划，人力资源部检查工作进展情况。

三、法律科在研究重要案件的应诉时，充分听取技术组的意见和建议，充分准备答辩状。律师自身要把案件涉及的有关细节吃透，据理力争。

四、注意疏通、协调秘鲁铁矿和NASCA市、ICA省和LIMA法律界有关部门的工作关系，增进了解，不能坐在家里被动地等待判决结果，对重要案件要和处理案件的具体当事人沟通，多反映情况，争取主动。

五、律师要提高自身素质，不仅熟悉案件涉及的细节，而且要准确掌握案件涉及的法律、法规。

六、有关重点案件向专人汇报，普通案件例行处理，及时向人力资源部汇报有关情况。

两眼盯住市场

2000年6月15日

由于市场低迷、产品质量不稳定等因素制约，秘鲁铁矿的销售工作尤为艰难。因此，促销、开拓市场是首要任务。两眼盯住市场，一手抓内部管理，一手构筑外部良好关系。首先，要解放思想，转变观念，增强市场意识、竞争意识和服务意识。其次，建立公平、公开、公正的激励机制和竞争机制，吸引人才、留住人才，让人才脱颖而出。第三，增强员工队伍的竞争能力，实现以人为中心的管理，尊重人才的创造性，打破平均主义的分配体制，论功行赏，奖优罚劣。第四，健全决策程序，提高决策水平。第五，明确岗位职责，加强有效沟通，促进积极合作。第六，完善管理制度，提高工作效率和生产效率。第七，融洽外部关系，改善公众形象。第八，拓宽业务渠道，巩固客户的长期合作关系。

作为经营者，需要对以上工作统筹考虑，全面部署，在推进中不断完善、改进、提高，充分调动主管领导、销售部门和销售人员的积极性。九层之台起于垒土，千里之行始于足下。以西天取经的顽强毅力，百折不挠地朝着既定目标、脚踏实地前进。

两眼盯住市场，有效开拓市场。一手抓内部管理出成效，一手抓外部关系出业绩。重点在准、快、狠上下工夫。

准，就是有准确的信息，知己知彼。对问题的判断要准，决策要准。健全决策程序是决策准的保证。掌握信息、分析问题、做出决策是一个系统工程，一环扣一环，不能有半点差错。

快，就是一旦形成决策，要立即付诸实施。行动要快，及时了解实施进度，把握要准，反应要快。对实施中出现的问题，及时诊断，果断处理，解决要快。

狠，就是对工作抓得要狠。在激烈的市场竞争中意想不到的事情随时会发生，迅速实施决策，咬住目标不放松，只要有一线希望，就要做百分之百的努力。对机构、制度中存在的不合理现象，整治要狠。对机构中的不健康细胞，敢于开刀，不姑息迁就，下手要狠，置之死地而后生。

心底无私是实施准快狠的心灵保证。良好的内部环境、明确的岗位职责和严格的奖惩制度是实施准快狠的客观保证。渊博的知识、丰富的经验、果断的魄力和良好的人际关系是实施准快狠的主观保证。

破釜沉舟的呐喊

2000年6月26日

最近首钢总公司朱总经理、罗董事长先后视察秘鲁铁矿，分别听取了秘鲁铁矿的工作汇报，对秘鲁铁矿的工作提出了明确的要求。今天下午4:30分，召集全体中方员工传达罗董事长视察时的讲话和朱总的讲话精神。会上，作为经营者，深感责任重大，对贯彻领导讲话精神，提出具体要求，是破釜沉舟的呐喊。

一、认清形势，统一思想。当前的销售、经营形势有所好转，但生产形势依然严峻，设备状况恶化有加剧之势，备品备件依然不能及时到位。大家一定要珍惜来之不易的销售形势，统一思想，在非常时期确保生产稳定，产品质量稳定，满足销售装船的进度要求。

二、明确任务，统一指挥。现在的任务是今年盈亏持平。要保证不亏损，必须保证兑现销售合同，降低生产成本。因此，生产部门的全体员工要听从杜经理的统一指挥，充分发挥主观能动性，监督检查秘鲁员工的工作，确保设备正常运转，生产持续稳定。

三、行动起来，统一步伐。大家必须立即行动起来，朝着共同的目标前进，为荣誉而战。只要我们有必胜的信念，我们一定把不可能的事情变为可能。

只要大家齐心协力，实现工作目标，一定给大家兑现。关键是我们必须有成绩，有利润。

每个人的工作都要有思路、有进度、有成效，坚持“尽职尽责、有效沟通、积极合作”的工作原则，有面对现实的勇气、改变现状的决心和现在行动的魄力，为秘鲁铁矿渡过难关齐心协力，奋力拼搏！

新大学生是企业的希望

2000年7月5日

今天下午召开18名新大学生座谈会。在会上18名大学生就他们所在单位的情况谈了自己的看法，虽然，只有两个多小时，每个人发言不足10分钟，但是，他们提出的问题确实值得注意，且大部分问题也是自己非常熟悉的，只是当前的经济现状不能很快解决。这些年轻人和老员工相比，确实有不同之处。他们善于思考，勇于提出问题。留住这些大学生对改变员工队伍状况有帮助。经过一段时间的实践锻炼，在不同岗位上可以逐渐取代那些年事已高、知识老化、体质衰弱的员工。他们是企业的希望，想办法留住这批学生。

座谈会结束前，我谈了自己的体会和感想，和新大学生共勉。首先肯定他们积极思考问题的认真态度，并希望他们能够以自己的实际行动促进有关问题早日解决，通过他们的努力带动其他老员工转变观念，共同为企业发展集思广益，献计献策。最后，对新大学生提出以下希望：

一、在今后的工作中，不但要发现企业存在的问题，更要仔细分析问题的原因，并提出解决问题的办法和具体建议。用他们的新知识、新观念影响员工的思想行为，改变公司的现状，以适应市场竞争的需要。

二、在发挥自己聪明才智的同时，要虚心学习老员工的优良品质，与老员工友好相处，努力做好本职工作。言行一致，脚踏实地。

三、应该在公司企业文化指引下携手合作，为公司的发展做出自己的贡献。奉行“诚信、务实、开拓、创新”的企业精神，坚持“尽职尽责、有效沟通、积极合作”的工作原则，做“互相尊重、互相理解、互相信任、互相关心”员工的表率。

在困境中凝心聚力

2000年7月8日

这几天先后听了人力资源部、生产技术部、财务部上半年工作汇报，各部门在困境中凝心聚力，工作有起色、有成效。下半年的工作有思路、有目标。但是，由于秘鲁铁矿的特殊性，制约有些重点工作的全面推进，诸如整个矿区的无偿用电用水户，既包括矿区员工、也包括学校、医院、渔村、教堂、警察、青年村自由商人等。这种待遇恐怕是举世无双的事情，令人啼笑皆非。

在秘鲁铁矿陷入经营困境、正常生产经营难以为继的情况下，仍在当地扮演慈善机构角色，反差太大，令人难以置信，也难以忍受。作为经营者真是不甘心，迫于《工人集体协议》长期有效的限制，彻底改变似乎有点蜀道难的感觉，只能从强化公司内部管理入手。

今年下半年的目标是给矿区所有住户装水表、电表，对用水、用电定量管理。根据公司和员工签订的住房合同，在定额之内公司继续无偿提供水电。对于消费超过定额的部分，要有偿使用。在安装水表、电表之前提倡节水、节电。尽管我在大会、小会上强调无数次，但多年来形成的“无偿使用”浪费现象短时间难以改变。安装水表、电表的工作遇到重重阻力，会上支持，会下抵触。抽象的支持，具体的反对。

生产技术部上半年在备件严重短缺、设备状况严重恶化的情况下，生产勉强维持，销售略有好转。下半年组织生产的难度越来越大。主要有以下制约因素：一是检修球磨机的备件不能及时到位，二是新过滤机还不能及时形成生产能力，三是海水淡化设备有两台因缺备件长期趴窝，严重影响畅销产品直接还原球团的生产。因此，生产技术部在发扬上半年成绩的基础上，下半年集中精力抓好三件事情：

一、增产。由于产品的生产能力不足。满足销售合同是当前的主要矛盾。生产技术部必须精心组织，在现有条件下，想办法增产，保证产销平衡。

二、降耗。今年上半年，生产技术部的34项定额消耗指标，有16项低于消耗定额，有18项高于消耗定额。下半年要集中精力降低这18项的定额消耗。

三、增效。今年以来的矿车、电铲、球磨机、过滤机效率由于缺备品备件，都有不同程度下降。下半年要加强设备维护、保养，想办法提高设备的作业效率。

增产、降耗、增效是全体员工共同的任务。不但需要生产技术部全体员工勤奋工作，而且也需要其他部门的大力支持和积极配合。作为经营者，对部门工作适当放权，以提高工作效率；并采取必要的监控，及时解决生产中出现的偏差和问题，使系统运行达到最优。

财务部上半年在沟通银行关系、疏通供应商付款等方面取得可喜进展，财务管理挖潜工作有成效。下半年在巩固成绩的基础上重点做好以下工作：

一、在拓宽融资渠道、降低财务费用上下工夫。重点要降低银行费用、供应商的货款利息和银行透支利息。

二、在加强内部管理上下工夫，提高工作效率和部门之间的协作、沟通。

三、加强催收应收账款，尤其是账龄超过一年应收账款的催收。

四、严格控制进入“五号库”的不活跃物资数量。对新形成的不活跃物资，要严格考核物资部和生产技术部。

五、加快公司计算机联网进度。完善现有网络，尽快使网络在生产经营中发挥作用。

六、加强对公司经营活动、成本构成的定期分析，重点找出存在的问题，提出解决问题的办法。

七、对库存物资的清查、核实和不活跃物资的有效利用。物资部负责，内审部审计，财务部参加，对库存物资进行清理、盘点、核实，做到账物相符。把库存物资中属于为首电购买的部分划转到首电。

八、加强人员培训，提高业务素质。当务之急是更新员工知识。

慎用开除，减少隐患

2000年7月12日

今天下午，法律科长 Mr. Seminario 汇报法律工作，其中一个民事案件引发我深刻的思考。这里有沉痛的教训，有做工作的空间。过去对秘鲁员工的盲目开除，往往引发无穷的法律诉讼案件。在应诉时又缺乏充分的准备和必要的据理力争，致使大部分案件都以失败告终。今后，应慎用开除手段，以减少生产经营中的隐患。

劳资矛盾应以协商、沟通方式缓和，通过坦诚的接触、谈判妥善解决。把矛盾化解在萌芽之中，应作为工业关系科工作的目标。

秘鲁铁矿劳资矛盾是表面现象，其实质是有些资深官员做工会的后台，怂恿工人和公司对峙，要求无度。这个问题并没有引起中方领导足够的重视，甚至对个别高级官员还过分依赖，误入对方设计的陷阱，往往使工作陷入被动。

有鉴于以往民事法律诉讼的教训和沉痛的代价，在处理劳工矛盾、借鉴秘鲁官员意见方面需要认真反思，做出准确判断，果断决策。有效处理违法、违纪、违规问题，必要时借助法律手段。加强中方人员对劳资谈判指导、控制是缓和劳资矛盾的根本途径。

中方领导对谈判的局外指导方式容易被个别官员误导，致使我们的谈判工作进入对方预设的轨道而处处被动。吃一堑，长一智。用心思考劳资矛盾，上心化解劳资矛盾，专心研究劳资谈判是避免重蹈覆辙的根本。

深入实际，掌握实情

2000年7月15日

昨天到圣胡安生活区六个污水排放区实地考察。考察后，大家一致认为原来选的污水处理厂厂址不理想。最后，同意我的建议，最理想的厂址是青年村旁边的大坑，是一个天然的大沉淀池。同时，做适当设计、施工，把所有生活污水泵到这里，按照污水处理要求，挖一些沉淀池，安装泵送装置，把处理后的污水泵到尼古拉斯球团生产厂。现场办公，现场决策，贴近实际，避免了按照原方案处理污水的投资问题。

今天下午，在采场接待了三位一线员工。三人的岗位不同，但是，所反映的问题都是与生产有关，在正常会议上听不到。

Mr.Prieto 反映了采场爆破效果不好，作业台阶不平，增加了轮胎的磨损。他还反映了采场有不按设计施工的现象，导致爆破作业后采场不规则的问题。

Mr.Valenzuela 建议由现在的 2 号矿用柴油改为 1 号与 2 号各占 50% 的混用方案。经他测算，每月消耗 3000 桶，少用 1500 桶 2 号柴油，约合 63000 加仑，每加仑节约 0.43 美元，每月可节约 27090 美元。

Mr. Salazar 反映最近采场以总经理名义下发的文件，文字表述不清楚，没有说明问题，也没有起到预想的效果。

这两天现场办公的收获很大，一是现场查看了原先上报的环保治理方案，实施有困难，厂址不理想，也实现不了综合利用污水。二是三位现场员工的建议有利于改进工作，降低成本，提高工作效率，使发文更有针对性。

作为经营者，兼听则明，偏信则暗。深入实际，多听多看，可以弥补传统信息渠道的不足。放下架子，平易近人，可以和基层员工融洽关系，增进理解和彼此的信任。启发员工的参与意识，培养他们的钻研精神，可以完善生产管理工作，减少人为浪费，提高作业效率。宣传公司的目标、方针，统一思想，激发员工的创造性，可以增强企业的创新能力和竞争能力。总之，接触基层员工是了解真实情况的有效途径，现场办公是保证决策贴近实际的必由之路。

管理与管理统御

2000 年 7 月 20 日

现代企业管理理论和实践使更多的企业管理者体会到，在以人为中心的管理成为主流的新形势下，管理统御和管理之间的差别也日益明显。培养管理统御能力已成为大部分管理者的必修课。

管理意味着“控制、安排、处理和限制”，在科学管理的初级阶段，这是规范行为、理顺关系所必需的，也发挥过积极的作用，功不可没。但是，随着行为科学理论引入管理领域，以人为中心的管理日渐盛行。这就是管理统御的雏形。管理统御表示“解放、建立、发动、授权”，其中最重要的是培养。

管理者希望员工对他有信心，管理统御者则鼓励员工对自己有信心。管理强调“要我干”，管理统御强调“我要干”。

由此可见，从一个传统的管理者成长为一个管理统御者，一方面要实现角色定位的转变，另一方面要培养自己的人格魅力，提高自己在员工中的威信，使和他一起工作的人感觉良好。一个士气高涨的人才能充满活力，团结向上，忘我工作，面对逆境泰然处之。作为管理者，应该知道提高员工的士气比自己勤奋工作更重要。这完全符合毛泽东思想的精髓，即充分调动广大群众的积极性和创造性，发挥他们的聪明才智。这正是中国革命胜利的经验。再次证明毛泽东思想体系是一个巨大的管理智慧宝库。

管理统御的实质是以系统论观点为核心，统筹考虑，系统运行。因此，管理统御的起码要求就是团队协作。因为无论多么完善的制度和方案，如果在一起工作的人员不能服从统一指挥，各自为政，很难达到预期的效果。

团队协作的首要条件是有效沟通。人与人之间的有效沟通会减少失误，凝结智慧，加强了解、增进友谊和团队的战斗力和竞争能力。有效沟通既有组织的优化，但更多的是人与人之间的友好交流，坦诚相待。否则，即使有沟通的形式，也不会产生良好的效果，只会出现认认真真的扯皮。

团队协作的好坏直接关系到企业的前途和命运。领导自身的素质、能力对团队协作有极其重要的影响。领导以身作则是实现团队协作的关键。领导豁达宽容的气度会增强员工的凝聚力。领导百折不挠的精神会激发员工的创造性。

明确的岗位职责和科学的管理制度为团队协作提供有力的保证。岗位职责和团队协作互为表里，互相补充完善。没有明确的岗位职责，单纯的所谓协作也不会到达理想的彼岸，充其量只是一个快乐俱乐部。因此，企业明确的战略目标是管理统御和团队协作的领航灯，没有它，企业就会迷失航向，甚至会陷入漩涡之中。

深入基层的感受

2000 年 7 月 22 日

昨天下午在尼古拉斯选厂接待一线员工，今天下午在圣胡安行政区接待一线员工。两个下午的直接交流，感受颇多。一线员工不乏真知灼见。如果不深入到基层，永远也听不到这种真实的声音。

感受之一是一线员工的坦诚。他们可以毫不掩饰地讲普通员工的苦衷、追求和精神。虽然，他们的语言并不精炼，但内容很深刻，能揭露管理中鲜为人知的漏洞、有些官员的霸道、仗势欺人行为。

感受之二是管理部门的经理并不重视一线员工的意见，有效沟通还有很大差距，有的管理人员把不听员工意见视为自己的特权。

感受之三是员工能和总经理交流，有一种满足感。说明员工确实需要“互相尊重、互相理解、互相信任、互相关心”的员工关系准则。作为总经理，要做践行员工关系准则的表率。

感受之四是一线员工的知识落后，观念落后，员工队伍老化的问题是制约秘鲁铁矿发展的主要矛盾。

感受之五是在秘鲁铁矿构建良好的企业文化既紧迫又艰难。矢志不渝、循序渐进是基本出发点。任何操之过急或畏难情绪都不能拯救秘鲁铁矿于绝境之中。

感受之六是地位越高越应该贴近基层生活，贴近基层员工。否则，你会被假消息毁灭。企业会渐渐地断送在投其所好的谣言中。领导一定要放下架子，深入基层，才能“眼观六路、耳听八方”。

制约秘鲁铁矿诸因素浅析

2000年7月25日

在秘鲁铁矿工作一年多，对秘鲁铁矿的处境感悟颇深。尽管全球铁矿市场低迷是秘鲁铁矿经营困难的直接原因，但一些特殊制约因素和市场低迷交织在一起，致使经营更加被动。仔细分析这些特殊制约因素，目的在于汲取教训，采取有效措施化解矛盾，以使企业走出绝境，涅槃重生。知耻而后勇，知不足而精进。

一、沉重的历史包袱压得秘鲁铁矿喘不过气。1992年首钢购买秘鲁铁矿时承诺购买后三年投资1.5亿美元。自1993年开始，企业就被1.5亿美元的投资承诺所困扰，借贷投资、融资投资使资金紧张的形势雪上加霜。到1995年底没有完成投资承诺，引发秘鲁政府私有化委员会的没收警告。中国派出五部委代表和秘鲁政府谈判，主动放弃2650万美元的出口退税收益，从 1996 年起，三年再投资 1.37 亿美元。到 1999 年底延期三年仍没有完成投资承诺，被迫于 2000 年 3 月 1 日缴罚款 1224 万美元。1996—1999 年除了举债投资外，以融资租赁等方式完成投资，导致企业的损失高达 3800 万美元。这些历史包袱是一般境外企业所没有的。在市场低迷的形势下，企业的经营举步维艰。

二、由于1993年秘鲁铁矿和工人工会、职员工会签订的《工人集体协议》、《职员集体协议》永久有效，且有很多不合理的福利条款，致使企业用人受到很大限制，用工成本上升，企业无法调整不称职员工。1993 年、1994 年、1995 年连续三年涨工资，人工成本的重赋到了不堪忍受的地步。老弱病员工减不了，工作效率低。

三、由于语言问题，中方员工很难深入了解秘鲁铁矿生产经营的实际。业务能力参差不齐，把关不严，不能及时解决生产中存在的问题。

四、首钢购买秘鲁铁矿前遗留的劳资诉讼问题、法律纠纷是一口填不满的枯井。秘鲁铁矿是秘鲁的第一家矿山企业，也是第一家私有化企业。在首钢购买秘鲁铁矿前，政府曾开除 1500 名员工。随后，秘鲁政府修订法律条款，引发诸多福利索赔案件。再加上司法腐败，所有诉讼案件基本上都是企业败诉，以赔款告终。

五、设备老化、状态恶化，严重制约生产正常运行。拥有 47 年历史的秘鲁铁矿，大部分设备都到了报废期，还在带病运转，作业效率低，完好率低，消耗指标高，跑冒滴漏随处可见，意外事故频频发生。

六、产品品种单一，缺乏竞争能力。秘鲁铁矿只能生产高炉球团、直接还原球团、粗粉、细粉。相反，巴西的 CVRD 可以根据用户需求生产十几种产品。由于环保要求，粗粉的市场已经严重萎缩，被迫停产。现在生产细粉赔本。整个产品系列缺乏竞争能力。

七、信息封闭，致使决策缺乏及时的有效信息，市场反应慢半拍。秘鲁铁矿没有商情信息系统，主要靠代理销售。销售力量薄弱，对全球铁矿市场的需求、供给、价格走势反应慢，销售被动。

八、体制落后，人浮于事又无可奈何。秘鲁铁矿的体制已有 47 年历史，分工过细，岗位太多，层级过多，效率太低，文牍主义盛行，扯皮现象严重。秘书泛滥，官僚横行。制度陈旧，墨守陈规。工资能升不能降，干好干坏一个样。

扭转秘鲁铁矿的被动局面，必须有效解决制约其发展的突出问题。改变现状迫在眉睫，需要凝心聚力，团结全体员工一道真抓实干，明确目标，落实责任，严格考核，奖惩兑现。

决策与用人的思考

2000年7月31日

作为经营者的主要任务是决策与用人。实现决策目标，增强企业竞争力的关键还是用人。因此，经营者的首要任务是知人善任。知人先知己。知人难，知己更难。古往今来，凡成就大业者，在知人、用人上都有独到之处，但是，很少有人介绍自己的诀窍。作为经营者，既要知人，更要知己，以有效统御管理企业。知人知己，融会贯通，因势利导，争取主动。

就知人而言，诸葛亮的精辟论述值得借鉴："夫知人难，莫难察焉。美恶既殊，情貌不一。有温良而为诈者，有外恭而内欺者，有外勇而内怯者，有尽力而不忠者。然知人之道有七焉：一曰，间之以是非而观其志；二曰，穷之以辞而观其变；三曰，咨之以计谋而观其识；四曰，苦之以祸难而观其勇；五曰，醉之以酒而观其性；六曰，临之以利而观其廉；七曰，期之以事而观其信。"

就知己而言，一要知能力，即1.统御能力，2.应变能力，3.协调能力，4.语言表达能力，5.技术能力，6.创新能力。二要知不足，即1.遇事动怒，2.遇财动心，3.遇色动情，4.管理失控，5.承诺失信，6.酒后失态。三要知潜力，即1.毅力，2.记忆力，3.亲和力，4.体力。知己要做到培养能力，弥补不足，挖掘潜力。

知人难，学无止境。知己难，循序渐进。知己知彼，百战百胜。

就决策而言，不但要有对信息的敏锐性，对风险的理智性，还要有敢于决策的果断性。无论何时，任何决策都有一定的风险。因此，控制风险是决策前认真考虑的首要任务。作为经营者，用人和决策不可分，领导的决策水平、风险控制能力从不同程度反映了领导的管理统御能力。

企业是以经济效益为中心的市场主体。利用自有的资源，为社会创造财富，提供服务。如果对市场的定位不准，决策失误，就会坐失良机。因此，对企业面临的基本风险应有起码的知识和必要的防范措施。

首先，是经营风险。它是由于企业经营情况的不确定性引起盈利能力的变化，造成投资收益的变动。影响经营风险的主要因素有：1.需求变化，2.售价变化，3.投入成本变化，4.固定成本变化，5.当投入成本变化时，企业调整产品价格的能力。经营风险的控制能力取决于对市场走势的判断，对竞争对手的了解，对自身营销能力的判断，对市场营销机会的把握。

其次，是财务风险。它是企业负债融资而引起的企业盈余变动。控制财务风险取决于企业财务管理水平高低，取决于对不同资金结构的均衡和有机结合，也取决于对国际金融市场的了解，对其走势的判断等。

第三，是市场风险。它是由一些不可控制因素引起的投资收益不确定的风险。诸如，经济衰退，通货膨胀，以及汇率、利率变动等，使投资者可能遭受的投资损失。控制市场风险取决于企业的信息渠道是否畅通，决策是否及时果断。控制市场风险的关键就在于快半拍的行动。通过及时的行动，转移、化解风险。

商场犹如战场，知己知彼，百战百胜。随着经济全球化、市场一体化的推进和知识经济的兴起，信息的作用日益凸显。作为经营者，提高决策水平和降低经营风险是关系企业成败的核心问题。唯有知人善任，及时占有准确的信息，果断决策，才能知己知彼，提高决策水平；才能掌握主动，降低经营风险；才能防患于未然，有效控制风险。因此，建立畅通的信息渠道，形成有效的信息反馈机制，完善决策程序，全面控制风险是企业的当务之急。提高领导知识素养、管理能力和对市场的敏锐性是控制风险的关键。良好的企业文化，领导高尚的道德情操是提高决策水平、有效控制风险的内生动力。

假舟楫，绝江河

2000 年 8 月 28 日

秘鲁铁矿的经营形势严峻，真可谓“内忧外患，山穷水尽”。但我坚信，只要“诚信先”，就会“路延伸”。因此，在困难的当下，自己必须肩负起把秘鲁铁矿生存之路向前延伸的重任。面对人心浮动、市场异动的现状，诚信是行为准则，务实是现实选择。开拓和创新必须建立在诚信、务实的基础之上。否则，开拓和创新可能会虎头蛇尾，功亏一篑。

对秘鲁铁矿而言，当务之急是生存，从绝境中走出来，在逆境中跋涉。两眼盯住市场，一手抓内部管理，一手构筑良好的外部关系。从改善服务、提高质量、降低成本入手，培育自身的生存能力、竞争能力。最忌讳的是坐而论道，空谈目标。

把经营企业的理念变成企业行动的指南，需要做很多工作，承受诸多压力，克服无数困难。但是，秘鲁铁矿要生存，诚信面对客户、务实开展工作是唯一选择。所有影响企业生存发展的问题，一定要有计划、有步骤地妥善解决，一切苟且偷安、回避责任的投机只能换来领导短暂的欢欣，不能把秘鲁铁矿带出困境。相反，会使企业在困境中越陷越深，走向深渊的歧途。面对艰难处境，宁为玉碎，不为瓦全，宁愿自己作为秘鲁铁矿走出困境的铺路石。

我坚信，诚信作为秘鲁铁矿行为准则之日，就是秘鲁铁矿生存之路延伸之时。

古语云："假舆马者，非利足也，而致千里；假舟楫者，非能水也，而绝江河。君子生非异也，善假于物也"。秘鲁铁矿要走出困境，既要靠自己的努力，也必须充分利用外界的支持和帮助。依靠自己的努力，在于积跬步之功，至千里之行。利用外力在于假舟楫之力，绝江河之障。

作为经营者，既要有"积跬步之功、至千里之行"的毅力，又要有"假舟楫、绝江河"的魄力。二者缺一不可，积跬步是内因，假舟楫是外因。就企业而言，舟，企业资源、员工队伍也；楫，内部管理、外部环境也。外部环境包括客户、银行、政府部门、利益相关者等，有效利用这些因素，促进企业生产经营的健康发展。假舟楫就是充分依靠员工，发挥他们的创造能力，利用外部的有利条件，克服生产经营中自身难以克服的困难，二者相辅相成。内因是变化的根据，外因是变化的条件，外因通过内因起作用。因此，必须从挖掘内部潜能、完善管理、提高质量、降低成本入手，营造良好的外部环境，改善服务，赢得用户和银行的信任。

归根结底，还是建立在"诚信、务实、开拓、创新"的企业精神之上，以"卧薪尝胆"之志，图"秘鲁铁矿生存"之业。天道酬勤，勤能补拙。没有自身的不懈努力，难有假舟楫之力，无绝江河之功，甚至会卷入漩涡而沉没。作为经营者，既要充分调动员工的积极性，充分利用外部的有利条件，妥善处理内外矛盾，也要加强自身修养，磨炼意志品质，以提高自身的决策水平和适应能力。

勤补拙，天不负。遵循"天道酬勤，勤能补拙"的轨迹前进，不受一番冰霜苦，哪得梅花放清香。不能依靠小聪明，要下一番苦工夫。不能怨天尤人，立志于修身养性。不能患得患失，学会统揽全局。不能忘乎所以、自恃聪明，牢记天外有天、人上有人。不懈努力是成功假舟楫的基础，不懈追求是绝江河的保证。

不懈努力在于统揽全局，不懈追求保证抓住重点。针对秘鲁铁矿的实际，今后的努力方向是：1. 把首钢总公司领导的要求和当前的实际有机结合，抓落实；2. 协调好生产和销售的矛盾，确保兑现销售计划；3. 利用首钢总公司的支持，努力降低财务费用和银行透资。4. 加快流动资金周转，减少库存物资沉淀。5. 利用无理解雇，增加秘鲁员工的危机意识和责任感。6. 统筹安排，扩大过滤、磨矿能力，加强地质勘探和剥离工作，确保资源可靠，生产正常，满足销售增长的要求。7.有计划、有步骤地解决设备维修欠账的问题。8.加强自身思维训练，增强危机意识，提高业务素质。总之，要学会扬长补短，谦虚谨慎；勤奋学习，努力工作。培养统揽全局的能力，抓住工作重点；循序渐进，解决主要矛盾。提高假舟楫的能力，不急不躁。培养绝江河的本领，勇往直前。

融洽员工关系，有效组织生产

2000年9月15日

在秘鲁铁矿已工作一年多，在和一线工人的接触交流中发现监工和工人的关系不够融洽，生产组织不理想。于是，我萌发了召集所有监工开座谈会的想法，想和监工们面对面交流沟通。在充分听取监工们交流的基础上，我谈了我的想法，和大家分享。

座谈会对监工们的触动很大，一是觉得领导对他们工作的重视，二是感觉监工的责任重大，三是觉得自己的工作还有不足之处，四是监工第一次近距离和总经理交流，了解了公司的经营思想、理念，特别是企业文化的内涵，他们感觉新鲜，也在憧憬秘鲁铁矿的未来。

座谈会时间虽短，只有半天，但是，我也听到监工们不少真实的想法，其中不乏好的建议和意见。尽管有些建议暂时还不具备采纳条件，但对改进管理有一定的启发。会后，我再次感悟到群众路线的重要。相信群众、依靠群众是管理企业的思想基础，永远不能偏离。面对秘鲁铁矿的艰难现状，一定要调动全体员工的积极性，发挥大家的聪明才智，为扭转当前的困难、被动局面做出应有的贡献。

座谈会后，很多监工向翻译毛老师索要西文稿，足见他们对我讲话内容的重视，引起了他们的共鸣。为了发挥座谈会的作用，要趁热打铁。今后，自己要在现场检查中主动和监工交流，听取他们对生产管理的意见，形成良性的交流互动，强化巡视管理，让所有员工警觉起来，上班不能偷懒，上班不能闲聊。

夜深了，思绪万千。监工们的形象浮现在眼前，生产的场景映入眼帘，下午的发言在脑海萦绕……

各位监工先生：

你们肩负着组织日常生产的重任。你们工作的好坏，直接影响到公司的生产能否正常运转，生产效率能否提高，生产成本能否降低和损失浪费现象能否避免。从公司经营管理的角度讲，你们具有承上启下的作用。一方面要听从公司高层领导的指挥，明确和理解公司的经营方针和奋斗目标，不折不扣地传达到员工中去，变成员工的有效行动，朝着公司的经营目标前进，带领全体员工齐心协力，共度难关。另一方面，要认真听取一线员工的意见和建议，改进生产组织和管理，提高作业效率和时间利用率。要代表一线员工向高层官员反映公司经营管理中存在的问题，并提出改进措施。从信息管理的角度讲，你们是沟通一线员工和公司领导信息的纽带和桥梁，也是公司领导得到生产组织真实信息的有效途径。在过去的生产组织中，你们辛勤工作，做出了贡献。在此，我代表公司领导向你们表示衷心的感谢！并致以崇高的敬意！

进入今年以来，生产依然面临着严峻的形势。设备老化，设备状况恶化，生产组织受到严重影响。一线员工年龄老化、知识老化的问题非常突出，在改进管理、提高工效、适应新技术、掌握新知识方面缺乏竞争力。电力、重油、柴油大幅涨价，导致生产成本急剧上升。矿石性质复杂，受海水杂质影响，产品质量不稳定，在市场上缺乏竞争力。码头没有堆取料机，致使球团从生产车间到装船，必须被推土机反复碾压，碎球增加，客户异议和索赔增加。公司的产品品种少，和其他铁矿相比（CVRD）缺乏竞争力。销售困难，产品售价低。所有这些，制约了秘鲁铁矿的发展，影响到秘鲁铁矿的生存。

为了使公司走出困境，为了全体员工和家属的切身利益，为了全面完成今年的生产任务，我们必须团结一致，齐心协力，努力做好本职工作，为公司的生产、经营、管理献计献策，以提高公司生产、经营、管理水平，提高工作效率，降低损失浪费，提高产品质量，降低生产成本，提高产品的竞争力和员工队伍的竞争力。为此，对各位监工的工作提出以下要求：

一、融洽员工关系

据我了解，个别监工在组织生产时，工作方法简单，对工人缺乏必要的理解和尊重，导致工人在生产中有抵触情绪，严重影响了工人的工作积极性和生产效率。这种现象不能再继续下去了，谁在这方面做得不好，一定要认真反思，尽快改进。我们要坚持“互相尊重、互相理解、互相信任、互相关心”的员工关系准则。如果哪位监工在今后的生产组织中不能融洽员工关系，影响到正常生产，不但会受到批评、警告，甚至有可能丢失工作。在这里，我强调指出，公司领导、部门经理、副经理、总管、主管，不但要尊重监工，而且要尊重生产一线的所有员工，每个人必须做融洽员工关系的表率。同样，如果谁不能融洽员工关系，谁就会失去自己的位置乃至工作。因此，我们要奉行“尽职尽责、有效沟通、积极合作”的工作原则。

二、有效组织生产

今年1—8月份，我们只生产了265万吨产品，其中球团151万吨，粗粉30万吨，细粉82万吨。今后4个月必须生产155万吨产品，才能实现预算目标。扣除2号球团线检修的时间，球团的有效生产时间只有三个半月。从现在起，我们每天必需超额完成日计划，才有可能完成全年的生产任务。因此，有效组织生产，是完成全年生产任务的根本保证。各位监工一定要做好自己的本职工作，有效组织本班的生产，不能对其他环节产生消极影响。生产组织要科学、合理，不能出现窝工现象。要提高时间利用率，要求工人准时进入作业现场，不能提前离岗。明确岗位作业标准，严禁违章作业，巡视生产现场，发现问题及时处理。保持作业现场整洁有序，备品备件领用管理合理，防止出现偷盗备品备件的现象。提高设备的利用率，提高作业效率，降低原料、燃料、电的消耗，严格控制作业成本。交接班要及时，现场的问题讲清楚，交接班记录齐全。总之，作为监工，既要保证本班的生产作业正常有序，又要为下一班的正常作业创造条件。

三、提高业务能力

随着技术的进步和新设备的投入使用，对监工业务能力提出新的要求。为了适应这种要求，做一名合格的监工，提高业务能力已是迫在眉睫的事情，希望引起各位监工的高度重视。未来企业的竞争是人才的竞争，也是产品质量、成本、服务和效益的竞争。我们要想在竞争中不被淘汰，就必须有一支精干的员工队伍，必须能提供品质好、成本低的产品，并能提供优质服务。各位监工想一想，现在你们具备这种竞争能力吗？如果还有差距，就要加倍努力。不但要提高专业技能，而且，要提高业务管理水平。不但自己掌握先进工艺技术，而且，还能指导下属学习、掌握先进的工艺技术。此外，还要提高协作能力、创新能力。知识更新是一个永恒的主题，每位监工应该有危机感，充分利用各种机会学习新知识，新技能，使自己在激烈的竞争中立于不败之地。

企业的发展离不开员工的努力和支持，员工的幸福生活也有赖于企业的健康发展。为了企业走出困境，员工有稳定的工作和收入，要求大家在“诚信、务实、开拓、创新”的企业精神指引下，在“互相尊重、互相理解、互相信任、互相关心”的融洽氛围中，“尽职尽责、有效沟通、积极合作”，为全面完成今年的生产任务而努力工作！

敬人者人恒敬之

2000年9月19日

今天，我专程从矿区乘车530公里赶到利马，为张副董事长送行。他将于明晚单程回国。这件事的意义不仅仅是为他送行，说明秘鲁铁矿尊重曾为公司努力工作的每一个人，尊重个人的感情需求和自尊满足。

古人云："敬人者，人恒敬之。"礼遇单程回国的同志，既让即将离开的同志有一种精神满足，也让留在公司工作的同志有一种精神安慰。让大家感觉到这个大家庭有一种融洽的合作氛围。

虽说专程送行很辛苦，但一想到企业的成败关键在于激发员工的力量和才智，作为经营者，凡是能激发员工力量和才智的举措，自己都应该尝试，不辞辛苦。只要对公司的发展有利，自己再辛苦也心甘情愿。

尊重员工的人格，重视员工的个人需求，会激发员工的工作热情，增强员工的满足感和责任感。从而有助于改善员工的工作，提高工作质量，改善对客户的服务，增强客户对企业的信赖，形成公司、客户、员工三赢的良性循环。

这实际是中国古代军事思想的发扬光大。兵书云："将者，不可以不仁；不仁则军不可，军不可则军无功；古仁者，兵之腹也。""仁则视卒如子，不忍伤也。"孔子曰：仁者爱人。孟子曰：爱人者，人恒爱之；敬人者，人恒敬之。

从中国古代优秀文化的宝藏中汲取营养，运用在企业管理中，不断丰富和发展企业管理理论，指导生产经营实践。

人尽其才之我见

2000年9月22日

自信是人生战胜一切困难的强大动力，也是企业走出困境的关键。领导对企业走出困境要充满自信，否则，员工就会士气消沉。但是，随着经济全球化、市场一体化进程的加快，世界变小了，人与人的联系增多了。领导单纯的自信难以把企业带出困境，无法实现其目标。那么，自信人生成功、企业走出困境的真谛是什么？是善用人才，择人任事。

大凡想成就大业者，必须和人打交道。如何处理好人与人的关系，就成了必须面对、妥善解决的难题。此时，若过度自信，信不过别人，就会走向自负。相反，若能激发别人的自信，为我所用，凝聚成合力，事业才能成功。

人人都有自信，但并非人人都能成功。成功的关键在于自信者发现人才，使用人才。这就是择人任事，其关键在于：爱才。善于识才，用才，容才，育才。爱才是识才之根，用才之本，容才之魄，育才之魂。钟爱人才者渴求人才，渴求人才者挽留人才，他们把人才视为自己的生命。识才要知人识人，知人善任。若不识其才能，不知其品行，就不可能善任，只能是滥任而已。

用才要量才而用，用其所长，不求全责备。用才建立在识才之上。《三略》指出："使智，使勇，使贪，使愚。智者乐立其功，勇者好行其志，贪者邀趋其利，愚者不顾其死。因其至情而用之，此军之微权也。"用人不疑，任之必专，信之必笃。只有这样，才能人尽其才，成就大业。现实中的教训是知而不用，用而不信。士为知己者死，信任是激发员工热情和创造性的关键。因事用人，形成良好的人才结构，扬长避短，互相促进，共同发展。用人唯贤不唯亲，以德才为标准、工作需要为原则用人，不能假公济私，更不能拉帮结派。

容才是领导起码的胸怀。领导有容人的气魄，宽宏大量，不计前嫌。领导能容忍别人超过自己，宽容他人的缺点，用其所长，抑其所短。谨言慎行、豁达宽容是容才的根本保证。刘邦能容才，会用才，成就其霸业。"夫运筹帷幄之中，决胜千里之外，吾不如子房；镇国家，抚百姓，给饷馈，不绝粮道，吾不如萧何；连百万之众，战必胜，攻必取，吾不如韩信。三者皆人杰，吾能用之，此吾所以取天下者也。"

育才是竞争成功的基础。21 世纪企业之间、国家之间的竞争是人才的竞争。人才之争会达到白热化程度。要想事业兴旺发达，除了识才、用才之外，育才是根本保证。人才的培育是一项艰巨的系统工程，不但要有完善的规划、明确的目标，更要有资金保障和领导重视。一个成功的领导应该是成功的教育者和培训者。否则，人力资源就会枯竭，在激烈的竞争中会束手无策。

对处于艰难境地的秘鲁铁矿而言，育才更加迫切。员工队伍老化，人才青黄不接。没有持续不断的人才出现，企业的发展就成为无源之水、无本之木。没有勤奋学习的员工队伍，难以有人才不断涌现。建立学习型组织，领导带头学习，实现知识共享，增强团队的协作精神。这是人尽其才的有效措施，是企业走出困境的必由之路。

《孙子兵法·行军篇》中有“故令之以文，齐之以武，是谓必取”。《孙子兵法》的思想为企业管理人尽其才提供了借鉴。“令之以文”包含了“施以仁爱，关心人，尊重人”的哲理和统御理念。“齐之以武”包含了“用法令、纪律、制度”整肃队伍，规范士卒的行为。

从科学管理角度解析，“令之以文”就是企业文化建设，“齐之以武”就是企业制度建设。一个健康成长的企业，企业文化建设和制度建设相得益彰，互为表里，互相促进。一个称职的经营者，既是优秀企业文化的倡导者，又是制度建设的模范执行者。

企业文化建设中“施以仁爱，关心人，尊重人”的哲理应分解为：1. 激励下属，提高士气；2. 加强教育，统一思想。提高士气的作用在于增强员工的战斗力和凝聚力，所向披靡，无往而不胜。如何才能提高士气呢？物质激励是激励士气的基本手段。军无财，士不来；军无赏，士不往。物质奖励体现个人的价值，也是普遍的心理需求。道义激励是增强凝聚力，培养人生观、价值观的催化剂，是形成企业精神和共同价值观的根本动力。荣誉激励可以满足个人成就感和精神需求，吸引员工为共同的事业、共同的价值观而努力奋斗。危机激励是置之死地而后生，哀兵必胜的燃烧剂。在激烈的竞争中，应该有效运用荣誉激励和危机激励，以凝心聚力，共度难关。

加强教育，统一思想是企业文化建设的目标之一。统一思想、步调一致是企业战胜困难、走出困境的根本保证。领导以身作则是统一思想的突破口。空洞的说教难以统一思想，无法实现步调一致。

企业的制度建设是永恒的主题。健康的企业文化可以促进制度建设，但不能取代制度建设。为使企业顺利发展，纪律是绝对必要的。没有纪律，任何一个企业都不能兴旺繁荣。同样，即使有纪律，领导如果不能以身作则、模范执行纪律，企业也不会走向成功、持续发展。因此，一方面，加强企业的制度建设，使制度科学合理；另一方面，企业的经营者应该是制度的模范执行者。领导执行制度要一视同仁，纪律严明。建立科学、严明、合理、有序的组织制度是保证管理制度顺利实施、达到预期目标的根本保证。

作为经营者，既要倡导企业文化，贯彻企业精神；又要带头执行企业制度，规范企业行为。奖惩严明。既要体现仁爱之心，又要铁面无私，在法律制度面前人人平等。既要完善企业文化，尽量体现企业的意志和员工的意愿，又要完善组织结构、规章制度，为贯彻落实提供依据，为人尽其才提供保障。

明修栈道暗度陈仓

2000年9月28日

楚汉相争有“明修栈道暗度陈仓”的典故，今天，在秘鲁经营企业，也有“明修栈道暗度陈仓”的必要。

自去年到秘鲁铁矿工作以来，发现很多令人啼笑皆非的事情和令人气愤的悲剧。随着时间的推移，渐渐从简单的气愤中平静下来，一直思考如何改变这种现状？自然想到了明修栈道暗度陈仓。

听了几次律师对案情的汇报，总是说这些案子不该输，但秘鲁的律师、法官见利忘义，我们无奈。反复听这种解释，简直能让你发疯。但是，只有气愤不是总经理应有的气度，应该通过正当渠道揭露这种黑暗。于是，2000年8月5日给利马最高法院院长写了一封信，表达了我对案件判决中不公正现象的焦虑。本来是投石问路，没想到真引起他的重视，院长把我的信转到ICA省高法。ICA高法的院长给我来信，要详细说明。按要求准备了以前的一些判决案例送给ICA高法，ICA省和NASCA市的法官看了我的信和判决案例，有些紧张。这就达到了我预期的目的，让秘鲁人知道中国人的忍耐是有限度的。

同时，从秘鲁司法实际出发，和NASCA法官接触，暗度陈仓。聘请法官做秘鲁铁矿的法律顾问，咨询劳工案件，以缓和案件判决中的紧张矛盾，争取法官能用良知判案，尽可能真实一点，让企业的损失尽可能少。最后的实践是成功的。自从聘请NASCA法官和秘书当公司的法律顾问，扭转了以前的被动局面，案件起诉前，公司积极应诉，向法官解释案件的前因后果，便于法官客观审查案件。

第一次与工会领导人座谈

2000年9月29日

去年这个时候，工会领导人约见我，我准备见，有关领导不同意。今年，工会领导人又提出要约见我，我答应见面，并和有关领导沟通。经过一年多的工作，我有信心掌控局面。今天上午在尼古拉斯会议室和职员工会领导座谈。座谈会上，我简要介绍了公司的基本情况：

一、历史遗留问题：1. 设备老化、设备状况恶化，严重影响正常生产。2. 一线员工年龄大，知识老化，在提高工效、掌握新知识、运用新技术方面缺乏竞争力。3. 矿石性质复杂，产品质量不稳定，缺乏竞争力。4. 码头装船没有堆取料机，推土机反复碾压球团，导致碎球多，客户提出的索赔多。5. 装船效率低，滞期罚款多。6. 产品品种少，含硫高、钾钠含量高，销售困难，销售价格低。

二、生产现状：今年 1—8 月生产 265 万吨，比去年同期的 280 万吨少 15 万吨。9 月计划生产 39.3 万吨，预计只能生产 32 万吨，完成全年 410 万吨产量的难度很大。

三、备品备件供应问题：1. 缺资金，采购周期长，普遍在 200~400 天范围。2. 有的备件滞留海关。一方面影响生产，另一方面占用资金，增加了仓储等费用。

四、债务情况：1. 短期应付款 2390 万美元，其中欠电费 1511 万美元。2. 应付票据 372 万美元。3. 租赁费 698 万美元。4.C.T.S（养老保险）113 万美元。短期债务合计 4489 万美元。长期债务 2244 万美元，债务合计 6733 万美元。

五、银行贷款情况：1. 贷款余额从 1999 年底的 5447.2 万美元缩减到 2000 年 8 月 31 日的 3349.3 万美元，减少 2092 万美元。但实际资金需求并没减少，致使透支增加，透支利息增加。2. 财务费用高。1999 年财务费用高达 1541.5 万美元。占销售收入的 20.62%。2000 年 1—8 月的财务费用 709.4 万美元，占销售收入的 13.49%。

六、人工费用高。1999 年人工成本 2129.8 万美元，占运营成本的 31.88%，2000 年 1—8 月的人工成本 1341.3 万美元，占运营成本的 29.48%，高出同类矿业企业一倍以上。导致成本比例高有三方面原因，一是产量低，二是效率低，三是人员多。

面对上述问题和困难，公司坚持了以下原则：在保证工人工资的前提下，努力维持简单再生产。有时，是通过在银行透支发工资，足见公司对工人的关心程度。要改变这种困难局面和艰难处境，全体员工必须在公司的统一领导下，团结一致，努力工作，不断提高工作效率、生产效率，降低消耗指标，控制成本，减少、杜绝浪费。员工应该提高自身素质，增强公司在市场的竞争能力，扭转目前的被动局面。

为了公司的美好明天，我们要携手并肩，共同奋斗。翔实的数据，客观的分析，化解了职员工会领导对公司的误解，起到了增进了解的初步作用，为缓和劳资紧张关系迈出了可喜的一步。

关于企业谋略的思考

2000年10月2日

面对秘鲁铁矿的处境，想到孙子兵法的“变胜”。《孙子兵法·谋攻篇》中说：“知己知彼者，百战不殆。”在《孙子兵法·地形篇》中强调：“知彼知己，胜乃不殆，知天知地，胜乃不穷。”

一个有47年生产经营历史的老企业，想“变胜”，首先，是知变，明确变什么。其次，是善变。因势利导，抓住时机而变，不错失良机。第三，是速度，就是变革要快，一旦决定，果断执行，不拖泥带水。

所谓变，不墨守陈规，一切从实际出发。变不是心血来潮，一时冲动；而是审时度势，果断决策。变不是为变而变，哗众取宠；变是为了争取主动，顺应潮流。变是前进、探索，因势利导。这符合唯物辩证法的发展变化基本原则。秘鲁铁矿的变，一定要立足现实，着眼未来。统筹考虑，循序渐进。切忌操之过急，防止半途而废。一旦实施，一鼓作气，凝心聚力，不达目标不罢休。

《孙子兵法·势篇》中说：“凡战者，以正合，以奇胜。故善出奇者，无穷如天地，不竭如江河。”今天的商业竞争也有奇正之术的巧妙应用与推陈出新。“奇正相生，德智相融，治乱相宜，破立相协。”在激烈的商业竞争中，奇以正为基础，没有正的基础，奇就是空中楼阁。就企业而言，正就是管理规范化，经营决策制度化。奇是应对时势的经营谋略。奇正相生的基础是完善的管理、良好的生产组织，先进的工艺技术、优良的产品、优质服务等。奇在扬长补短、出奇制胜上独树一帜。没有完善的管理和竞争能力，奇不会产生奇效，更不会产生奇迹。一厢情愿、闭门造车的“奇”，只能是无源之水，无本之木，最后昙花一现。

市场变幻莫测，但企业的核心竞争力是相对稳定的。积累并加强核心竞争力是正的坚实基础。建立在核心竞争力基础上的奇才能适应变幻莫测的市场，以此为基础的营销策略才是奇的巧妙应用，才会产生奇效，才能创造奇迹。

奇的妙用会促进正的基础扩大、实力增强，才能捕捉到稍纵即逝的机遇，在激烈的竞争中把握先机，增强竞争能力和实力。正以奇为催化剂，奇以正为动力。巧用奇术，扩大正果。

奇正二字相辅相成，但根本还是增强正的基础，扩大正的优势，巩固正的成果。以正为基础，巧用奇术要抓住关键。首先，攻其无备，出其不意；其次，避实而击虚；第三，以迂为直，以退为进，不战而屈人之兵是也。攻其无备、出其不意的根本保证是知己知彼。重点是知其所长，攻其所短；避其锋芒，击其虚弱。以迂为直、以退为进是具体策略。三者不可分割，构成策略的统一整体。

企业如何在经营上做到出其不意攻其不备呢？1. 经营决策出奇招，打破常规，逆向思维。2. 经营目标出奇点，在正常的市场目标之外，寻找未开发的处女地，填补空白。3. 产品创新出奇葩，以满足用户特殊需要为出发点，以方便客户、提供优质服务为努力方向，不断推出新产品。4. 分销渠道出奇道，打破常规方式，探索新的途径。5. 促销策略出奇思，不墨守陈规，不随大流。以上的奇招能否奏效，关键在于正的基础、正的实力。没有正的强大后盾，再奇的营销策略也不会扩大正果。秦池酒的销声匿迹就是最好的见证。

作为经营者，既要培养奇思，形成妙想，更要脚踏实地，加强正的基本功，增强正的竞争力，培育正的凝聚力。不哗众取宠，不急功近利，不做表面文章。

精诚所至金石为开

2000 年 10 月 3 日

今天下午我和工人工会的十二名领导见面，人力资源部副经理 Mr. Mendiburu 和工业关系科长 Mr.Delado，中方有人力资源部张副经理、小吴参加，毛老师当翻译。

两个小时的会议，虽然紧张，但气氛越来越好。工会领导人真正被我说服了，被我的真诚打动了。真可谓精诚所至，金石为开。

首先，我介绍了公司的历史包袱，接着介绍了公司当前的生产、资金、债务、备品备件供应情况。最后强调，公司在极其困难的条件下，首先保证给工人发工资，努力维持简单再生产。有时为了发工资，只好从银行透支，支付额外的透支利息。

谈到投资罚款，不是我们没有投资，是没有完成政府规定的投资数额，结果给政府缴了 1224 万美元的罚款。如果不缴罚款，把这笔钱用于秘鲁铁矿的生产经营，公司的生产经营形势会好转。一番话使工会领导人认可了我的观点，认为确实如此。

谈到投资，我强调一要考虑市场需求，二要考虑自身能力，量力而行。企业的投资行为应该根据自身经营发展需要而定，不是按照政府规定的数额投资。

谈到对秘鲁铁矿未来的信心，我说，只要各位对我有信心，我对公司的未来充满信心。企业赖以生存的基础是提供高质量、低成本的产品和优质服务。归根到底，要靠人。因此，我们每个人应该坚持“尽职尽责、有效沟通、积极合作”的工作原则，为秘鲁铁矿走出困境而努力工作。

第一次和工会领导人见面，收到了意想不到的效果。去年我刚到秘鲁铁矿不久，工会领导曾约见我，我已经同意；但组织上认为不可以，于是就婉言拒绝了。

从今天的谈话结果看，早该和工会领导人见面。坦诚交流可以减少误会，加深理解。今天谈话效果好的直接原因是我用大量翔实的数据说明了公司当前的经营状况，有针对性地回答了他们提出的所有问题，晓之以理，动之以情。人力资源部张副经理会后说，今天工会领导人被总经理镇住了，一句话都没有了。

今天和工会领导人的见面，再次提醒自己要做正确的事情，用称职的人，从大局出发，不断丰富知识，积累企业的经营资料。坦诚交流，以理服人，以情感人。唯有此，才能真正调动全体员工的积极性，才能化干戈为玉帛。因为文化差异，以往视工会问题如洪水猛兽，不敢正面接触工会领导。今天的尝试，感慨颇多。

不怕苦，无难事

2000年10月6日

前两天，浏览了《秘鲁资产重组法》译稿，共80多页。起初还真有点望而生畏。昨晚，拿起笔一字一句地抄写，到今天晚上已经抄写了20页，将近四分之一。这个速度和结果出乎意料。这种笨办法再次说明，不怕苦，无难事。

抄法律如此，做其他事情也一样。不怕慢，就怕站。只要不停步，就会一步一步地走近目标，走向成功。首先，要有目标，知道往哪儿去？其次，是行动。不怕苦，动手做。不高谈阔论，埋头苦干，一定有收获。

这件事的启发坚定了苦干的信念。无论前面的道路有多么曲折，勇往直前。无论周围的环境多么险恶，泰然处之。不盼天上掉馅饼，不等上帝有恩赐。牢记干比不干好，多干比少干好。要求别人做到的，自己一定做到。不想位之不尊，只恐不能胜任。

只要肯做牛，就会有田耕。以老黄牛的精神，兢兢业业地工作，报效祖国，报答股东。以老黄牛精神带领员工耕耘秘鲁铁矿，用心血和汗水浇灌，走出经营的困境，实现秘鲁铁矿的涅槃重生。

健全决策程序的要求

2000年10月10日

今天下午召开秘鲁铁矿董事会，研究2001年的生产、销售、投资计划，确定基本原则。这是秘鲁铁矿明年的基本经营原则，是总经理组织生产经营的基本纲领。这次会议非常重要，充分听取各位董事的意见。在“形成会议制度、健全决策程序”的道路上迈出可喜的一步。

如何健全决策程序？就自己的工作体会和秘鲁铁矿的实际，应做好以下几方面的工作。

一、开会之前，应将会议议题告诉与会的董事，让他们有足够的时间阅读文件，研究问题，以便在会上充分发表意见。

二、开会之中，应该明确主题，突出重点。研究问题对事不对人，一切从工作出发，不掺杂个人感情好恶。耐心听取不同意见，不能被事前的务虚会左右，出现一边倒现象。重视不同意见，冷静分析倾向性意见的不足之处。

三、开会之后，认真整理会议纪要，抓住重点，直接处理问题。不回避矛盾，不欺上瞒下，客观真实记录会议情况。

四、有关议题，除会前让有关人员了解外，还必须有专门小组做可行性论证。分析不同方案的优劣，比较权衡，确定技术上可行、经济上合理的方案。

五、善于虚心听取一线员工的意见，尤其是不同意见。

六、提高决策者业务能力、道德修养和合作精神。

在现有工作基础上，健全决策程序，避免独断专行。实现科学决策，避免偏听偏信。防止感情用事决策造成消极后果。

同心同德，凝聚人心

2000 年 10 月 14 日

今天下午是总经理接待日，听了采场三位老工人的意见和建议。其中两位是库房保管员，一位是机修技术人员。他们反映的共同主题是控制成本，反对浪费，并有针对性地提出建议。听了他们的意见，我深受感动。三位工人能和我面对面交流，反映情况，他们很激动。他们觉得我是为公司最操心的总经理，也是第一位深入实际向工人了解公司生产管理情况的总经理。虽说刚开始他们还有点拘谨，似乎有些顾虑，在我的启发引导下，他们主动向我反映问题，提出建议。通过和他们交谈，了解了很多从正常渠道无法了解的情况。

谈话结束了，送走了老工人，独自思量员工同心同德的意义和作用在一个企业是多么重要！企业今天如此困难，既有外部原因，也有内部原因，特别是员工和企业离心离德的问题，始终没有解决，致使生产中出现库存物资闲置，导致资金沉淀，成本升高。

通过今天的谈话，更加坚定了自己的管理理念："诚信、务实、开拓、创新"。深刻认识到构筑良好外部环境的重要性，有利于员工增强凝聚力。良好的外部环境为企业创利、形成可持续发展能力有积极的促进作用。作为经营者，一方面，构建有竞争能力和创新能力的员工队伍，另一方面，构建良好的外部环境，二者相辅相成。这是经营者的神圣使命。不断改进工作方法，提高决策水平，培养员工同心同德意识，引导员工为企业奉献聪明才智，修炼个人品行。这是企业长治久安的永恒课题。企业的根本出路在于员工的同心同德意识、凝心聚力行动和百折不挠的精神。正是：人心齐，泰山移。

在关键时刻做出正确的选择

（致全体员工的公开信）

2000 年 10 月 17 日

今日，工人工会企图联合职员工会发动罢工，作为经营者有强烈的使命感化解这种危险，保持企业的正常生产。为此，今天准备了一封告全体员工公开信，以沟通信息、缓和紧张的劳资关系，促进彼此的进一步对话，避免矛盾升级诱发罢工。公开信如下：

全体员工：

大家好！

政局稳定、经济繁荣是国民安居乐业的基础。企业稳定、生产经营顺利是全体员工幸福生活的保证。当前秘鲁政局的动荡已经给居民正常生活带来消极影响，特别是卡车司机罢工致使公司急需的物资不能运到，对公司的正常生产产生了严重影响，生产处于停工待料状态，公司的生产经营形势犹如雪上加霜。

只有靠全体员工的共同努力，克服当前的各种困难，保证生产、销售的正常进行，我们才有望走出困境，员工才有稳定的工作和收入。

如果我们不能正确对待当前的形势，不能齐心协力、共度难关，企业的生产经营就会停顿，经营就受到威胁。形势如真发展到那种地步，大家就失去稳定的工作，家庭就失去了稳定的收入。

企业面临的各种问题，只有通过友好协商，以务实的态度，坦诚沟通解决。无休止的争论只能使企业的严峻形势恶化。因为，这种争论不但不能增加企业的收益，相反，还增加了企业的运营成本。这对全体员工极为不利。

为了企业走出困境，为了员工家庭的幸福，请每位员工在这关键时刻，做出正确的选择。

谢谢大家！

坦诚交流，受益无穷

2000年10月18日

今天晚上，在总经理官邸约见工人工会总书记、保卫书记、组织书记座谈交流，气氛友好融洽，彼此直截了当地沟通。这是一次新的尝试，终于走出了和工会领导直接接触的误区。

工会领导也是人，人与人的沟通重在坦诚、尊重。正是基于这一点，我们才谈得如此投机。通过交谈，了解了很多鲜为人知的东西。工会领导讲：“公司谈判委员会讲话含糊其辞，不透明，在谈判过程中故意拖延。”实际，工会领导人希望早点结束谈判。公司谈判委员会不说清楚谈判的底数，一步一步往后退，工人不知道究竟能退多远，于是层层加码，最后形成了马拉松式的谈判，劳民伤财。

本来找我要谈涨工资、罢工的事情。我和他们讲，企业未来的竞争是高质量、低成本、优质服务的竞争，我们应该共同努力，朝着这个方向前进。请三位领导提出自己的具体建议。这样，就把他们的思路引导到我的思维轨迹，他们很快进入我提问的轨道，都积极提建议。之所以会这样，是他们感到总经理的尊重，体会到他们在公司的发展中可以献计献策。三个人都积极提建议，比如物资采购中的漏洞，市场上一美元可以买到的物品，公司却花二美元采购。这些细节如果不是和工会领导直接接触，永远也不会知道。

通过和工会领导人的三次接触，我觉得现行的谈判策略值得反思、调整。送走三位工会领导人，脑海浮现几个字："不入虎穴，焉得虎子"。真是"坦诚交流，受益无穷"，在谈判中缺乏信任的拖延，加剧了彼此的隔阂，增加了谈判成本，不利于凝聚员工的力量，更不利于解决企业面对的诸多矛盾。

多云见晴又起风

2000 年 10 月 23 日

今晚在总经理官邸再次约见工人工会领导人，有公司负责谈判的领导、人力资源部秘方副经理 Mr. Mendiburu、中方秘书小王、翻译毛老师。为了阻止罢工的发生，在工人工会已递交罢工文件的情况下，再次约见工会领导人沟通情况，请公司谈判小组一起参加。在沟通中我向工会领导人提出三点建议：

一、取消罢工的决定。因为罢工解决不了你们提出的要求，罢工只能断送发工资的资金来源，而不能给工人带来任何好处。原因如下：1. 生产停止，完不成全年生产销售计划，使企业亏损加剧。2. 兑现不了销售合同，发生违约索赔，使公司损失增加，亏损增加。3. 销售计划落空，银行抽贷，公司发工资也会出问题。

二、我们应该以务实的态度回到一次性补贴的谈判桌上。公司的生产经营形势正在恶化。1. 自 10 月 2 日和工会领导人第一次见面后，10 月 9

日 1 号球磨机因端盖破裂，维修停产两个月，减产 15 万吨，影响销售收入月 360 万美元。2. 自 9 月 16 日秘鲁总统决定提前大选以来，银行紧缩银根，提高了利率，公司支付困难的形势更加严峻，罚款罚息增加。9 月的罚息高达 25 万美元。3. 今年初计划生产 467 万吨产品。由于 1 号球团生产线没有及时恢复生产，影响产量 57 万吨。6 月份修改预算，产量计划下调到 410 万吨。由于最近 1 号球磨机端盖破裂影响生产 2 个月，减产 15 万吨。今年最多只能生产 395 万吨，比去年的 401 万吨还要少，形势更加严峻。

三、企业在最困难的时候，我们必须齐心协力，组织好生产销售工作。否则，企业的处境越来越艰难。如果因劳资谈判矛盾解决不了而导致生产停顿，企业会因亏损严重而破产。我想大家谁也不想看到企业破产。

我作为经营者，对公司负责，也对全体员工和他们的家庭负责。在现在这个关键时刻，不希望工人做出错误的决定，请工会领导人认真考虑我的建议。

总书记说，19 日工人大会投票赞成罢工，23 日把罢工文件已经交到 ICA 省劳工局，从明天开始进入罢工倒计时，8 月 31 日开始罢工。刚才听了总经理的话，我们在 8 月 31 日前认真探讨避免罢工，已达成一致。我们来之前，已经开会，对原来的要求可以做一些调整。

真是多云见晴。我随即说，双方从实际出发，尽快把问题解决。谈话气氛很融洽，很友好。就在这个节骨眼上，负责工会谈判的同志，讲了一些话，引起工会总书记的恼火。抓住两点，极力反驳。一是他刚才说工人大会有 60 人不同意罢工，意思是，此次罢工申请非法。二是他承诺不减人。工会总书记要求把这句话记录在册，作为今天谈判的结果。这些话，不但惹恼了工会领导，又捅出一个窟窿。首钢总公司要求秘鲁铁矿减人，他说不减人的话被抓了把柄。这几句话把我苦心营造的友好氛围给破坏了。真是多云见晴又起风，形势逆转祸所生。呜呼，哀哉！

营造良好的外部环境

2000 年 10 月 26 日

今天上午 10 点拜会了秘鲁最高法院院长 Mr. Raul Castiilo 先生，感谢他对我来信的重视和安排此次见面机会。随后，简单介绍了劳工案件对企业的消极影响，给企业造成极大的经济损失。院长 Mr. Raul Castiilo 先生认同我的说法，希望法官应该秉公执法，作为院长不能偏袒哪一方，法官可以有自己独立的审判标准。我告诉他，我们已经和法官进行了沟通和交流，增进了了解。

从最高法院院长 Mr. Raul Castiilo 办公室出来，秘鲁助理总经理 Mr. Vera 建议应保持经常性的接触。同时，应和法官沟通。我告诉他，我们正在做这方面的工作，以营造良好的外部环境。

作为一个外资企业，一方面，要抓好内部管理；另一方面，需营造良好的外部环境，以保证生产经营的正常进行。以前，自己侧重抓内部管理，在营造外部环境方面仅局限于马尔科纳矿区、Nascar 市及 Ica 省，现在看远远不够，应该做利马方面高层的工作，加强沟通。自己曾有过这方面的建议，但分工是董事长负责利马的外交事务，唯恐越位。

通过这次和最高法院院长的沟通，继续做董事长的工作，公司应该加强这方面的工作，进一步营造良好的外部环境。作为经营者，在营造良好外部经营环境时，既不越位，又要适时补位，不让对外交往缺位。唯有此，才能尽职尽责，做自己该做的。营造良好外部经营环境是自己义不容辞的责任，只能做好，不能观望。

箭在弦上，危在旦夕

2000 年 10 月 31 日

昨晚是确定工人是否罢工的最后期限，直到夜里 8：00 点劳工部才做出一个令人啼笑皆非的决定：“暂停罢工至 11 月 3 日。”这并非秘鲁铁矿的要求，也超出工人罢工的时间诉求。秘鲁铁矿认为工人工会的罢工文件不符合法律程序，此次罢工属于非法。劳工部的这种态度表明他们并没有完全站在企业立场。由此可见，劳工关系箭在弦上，罢工问题一触即发。转眼就是 11 月 3 日，到时候劳工部又会卖什么药呢?

福无双至，祸不单行。劳工关系紧张使严峻的生产形势更加紧张，而不断恶化的秘鲁政局形势引发了全国大范围的罢工，对秘鲁铁矿的正常原材料供应产生了严重影响，使生产雪上加霜。内忧外患日趋严重，企业命运危在旦夕。

作为经营者，正在经受着前所未有的考验，临危不乱、处变不惊是自己的主观愿望，但是，日趋恶化的形势造成的压力有增无减。唯有把全部精力投入到生产的正常进行中，才能忘记眼下阴云密布、山雨欲来风满楼的恶劣形势。昨天下午的生产例会已经对有关部门布置了罢工后的各项工作，力争把罢工对公司生产、生活的影响降到最低。罢工究竟能否被制止已超出了自己的控制范围，只能顺其自然。维持正常生产、销售是摆脱公司困境的根本出路，也是自己的神圣使命。不管外界风云如何变幻，坚守岗位，尽职尽责，努力保持生产、销售正常进行。这是每个员工的首要任务，也是自己的指挥原则。

发展、调整、创新

2000 年 11 月 8 日

今天接待以贾志杰省委书记为团长的湖北省代表团一行 10 人。在接待中，通过贾志杰书记了解到，中央十五届五中全会的精神要点是：发展、调整、创新。

发展是硬道理。经济发展是中心任务，不能再错过发展经济的机会。调整是手段，化解矛盾，理顺关系。通过调整产业结构、资本结构、产品结构，推进企业重组，解决国企面临的共性问题。创新是解决问题的动力，是促进发展的活力。通过调整，实现体制、机制创新，以提高人民生活水平为目标，全面推进技术创新，努力追赶发达国家，逐步缩小和发达国家的差距，不断增强国家的竞争能力。　　就秘鲁铁矿而言，同样面临“发展、调整、创新”的任务，而且更迫切、更艰巨。通过调整产品结构，适应客户需求。通过调整员工队伍，提高整体素质。通过调整机构，理顺管理关系。调整需要循序渐进，顺势而为。通过有序调整，实现有效发展。在有效发展的基础上推动机制创新，实现技术创新，提高产品质量。

就个人而言，作为经营者，应该遵循“发展、调整、创新”的思路，思考五年规划，谋划五年工作。明确任务，落实责任，真抓实干，奖惩严明。首先，应该统一思想，把员工思想统一到“发展、调整、创新”目标。明确调整任务，坚定发展目标，促进创新工作，提升生产经营管理水平。其次，理清头绪，总结经验，汲取教训。立足当前实际，选择调整突破口。理顺管理关系，解决制约效率的瓶颈问题。第三，设定工作目标，完善工作方案。明确任务，落实责任，强化过程控制，严明奖惩考核。第四，以知识创新为先导，观念创新为动力。调整发展方向，捕捉发展机遇，选准创新突破口，真抓实干，迎难而上。

未来五年对秘鲁铁矿而言，首先，立足生存；其次，谋求发展；再次，实现创新。因此，各项工作一定要从实际出发，脚踏实地，调整产品结构，实现产品升级，满足用户的需求。提高产品质量，减少销售索赔，提升企业信誉。提高生产效率，降低生产成本，实现扭亏为盈。唯有此，才可以朝着五年目标前进。作为经营者，深感责任重大，不敢有丝毫的懈怠，不能有点滴的闪失。牢记“发展、调整、创新”的工作思路，凝心聚力，不懈努力。

沟通、理解、合作

2000 年 11 月 10 日

今天上午拜见了能矿部矿业总局局长 Mr.Fernado 先生，简单汇报了秘鲁铁矿重新提出的环保治理计划，特别是对老尾矿滩的治理，经过邀请环保总局局长和矿业部工程师到矿区实地察看后，对我们的建议有了新的理解，并在一定程度上认可。今天拜见的主要任务是继续推进此项工作，以使能矿部接受我们治理老尾矿滩的新建议方案。

矿业总局局长 Mr.Fernado 先生听了我的汇报，又提出几个问题，我和 Mr. Vera 做了相应的解释，局长 Mr. Fernado 脸上露出了笑容，并建议到：“你们是该督促早点批准你们的修改计划方案。以前有很多企业把报告送到能矿部就不管了，结果能矿部没批准，超过期限就被罚款”。局长 Mr. Fernado 的一席话使我再次感受到工作中有效沟通的重要性。有效、高质量的沟通有助于彼此理解。双方理解程度的加深有助于建立良好的合作关系。

晚上和环保总局局长 Mr. Julio 和矿业局工程师共进晚餐。饭前，我简单介绍了上午和矿业总局 Mr. Fernado 会谈的情况，环保总局局长 Mr. Julio 说，他刚出差回来，没来得及看秘鲁铁矿递交的新治理方案，下周和矿业总局局长一起讨论首钢秘鲁铁矿的文件，有消息和助理总经理 Mr. Vera 联系。

经过和环保总局局长的两次接触、交流、沟通，对老尾矿滩的治理有了更多的共识，为化解巨额治理方案的矛盾找到一线希望，还需继续努力。通过彼此的交流，对企业的实际情况有了真实的了解，对中方领导人有了新的认识，为今后的合作奠定了基础。正如毛老师和杜经理所说，这种公关很有必要。确实如此，通过面对面的沟通，加深了理解，促进了合作。这是构筑良好外部关系的重要组成部分。

赢得外部良好环境和加强内部管理是企业领导永恒的主题。要想使企业在竞争中不断发展壮大，就应该不遗余力地做实实在在的工作。

秘鲁铁矿应抓好以下工作

2000年11月11日

今天凌晨，新任苑董事长安全顺利抵达利马。这是一年之内赴任的第二位董事长。他约我明天谈谈工作。董事长抓宏观战略，我有必要向董事长汇报在宏观战略指导下的微观工作，以便于他统揽全局，运筹帷幄。同时，有必要提醒董事长注意有关问题，防患于未然。

从现在起，秘鲁铁矿应该抓好以下工作：

一、资源接替问题。2号矿体、3号矿体勘探，4号矿体扩帮。这三项工作统筹安排，不能再拖延。

二、设备状况的改善问题。确定一个合理规模，想办法使各个环节匹配，正常运转。保证磨矿、过滤、辅助设备的备品备件供应。

三、增加品种，提高质量，扩大市场，巩固客户。这是关系公司生存的根本问题。

四、资金紧缺、支付困难的问题。控制成本，加快应收货款回收，减少库存，拓宽融资渠道。

五、组织机构调整问题。重点是员工队伍建设，完善基础管理，理顺工作关系，提高办事效率。

六、分配体制问题。真正贯彻按劳分配原则，打破平均主义的分配方式。改变干好干坏一个样的现状。

七、外部关系协调和劳资法律纠纷问题。主动沟通，因势利导。

八、发展战略问题。

九、企业文化建设问题。价值准则，行为规范，发展愿景，人际关系等。

这九项工作是一个系统工程，应该统筹考虑，整体推进，坚持不懈，协调发展，形成良好的企业文化，增强员工的凝聚能力，培育员工队伍的创新能力和竞争能力，提升秘鲁铁矿的创新能力和可持续发展能力。

愿景与成功

2000年11月26日

最近，刚读完《成功在望，建立愿景》一书，对愿景与成功有了进一步的理解。没有愿景的企业不会成功，就好比没有目标的船不会到达终点。但是，有了愿景的企业，也不一定都能成功。把愿景束之高阁，愿景只能对员工有短暂的鼓舞作用。只有把愿景付诸行动，脚踏实地走向目标，企业才有望成功。

愿景是企业长远目标和企业文化的有机结合，是赋予企业文化内涵的发展规划。它反映了核心信仰和价值观，集中体现了对未来组织使命的设定，勾画未来企业的发展轨迹。它是企业行为准则、价值观、发展战略和具体目标的和谐统一。随着环境的变化，愿景增加新内容，赋予新内涵。

愿景能否实现，与对企业自身优劣的分析判断有关，与对外界机遇与威胁的评估有关。客观评价自身的优势和不足，准确判断外界的机遇和威胁。知己知彼、扬长补短是形成符合实际的愿景基础。理解愿景、分解目标、细化方案是实现愿景的必由之路。落实责任、齐心协力是实现愿景的根本保证。

愿景水平与领导水平有关，与领导之间的有效沟通有关。愿景水平的提高既有赖于企业领导素质的提高、作风的改进、管理的完善，尤其对员工管理的优化；也依赖于领导之间的高质量交流对话。领导之间应该有效沟通、积极合作，不是认认真真扯皮。领导工作质量直接影响企业工作质量，企业工作质量直接决定了企业能否形成经过努力可以实现的愿景，更决定了能否经过努力实现已确定的愿景。企业领导之间缺乏高质量的对话，不会形成真正指导企业走向成功的愿景，更不会在实现愿景过程中朝一个方向前进。

由此可见，形成可行的愿景需要注意以下几点：1. 领导之间的有效对话是形成愿景的关键。领导如果抑制对话，对企业是一个严重的、毁灭性的问题，不利于企业形成符合实际的愿景，更不利于实现愿景。2. 企业内部，尤其是高层领导之间形成一种共同语言、共同的价值观和行为准则，实际就形成了良好的企业文化。这项工作应该由主要领导倡导，并以身作则，得到全体员工的认可。经过实践检验是成功的行为准则，激发员工的创造性和热情，能增强企业团队精神。3. 企业领导应注意及时解决内部不协调的问题，尤其是领导班子之间的协调问题。领导班子之间实现有效沟通和积极合作，可以使复杂问题简单化，模糊的事情清晰化，不会因误会而产生隔阂，因隔阂而产生矛盾，因矛盾而导致分裂。这是经营者的重要使命。领导需要秉公办事的精神、虚怀若谷的态度和凝聚人心的魅力。4. 有及时可靠、高质量的信息和完善的加工、处理、反馈系统，为建立愿景提供可靠的科学依据。5. 有科学的决策程序，保持良好的决策氛围，避免出现盲目、武断的一言堂决策现象。6. 对现有资源合理利用的完善计划及其严格的评价、监督体系，使人力、技术、知识、信息和资本有机结合，适应经济全球化和市场一体化的发展趋势。

称职的领导是形成科学愿景的关键，科学的愿景是企业成功的基础，团队信任、步调一致、百折不挠、脚踏实地是企业走向成功的根本保证。要想使企业成功，致力于成为一名称职的领导。

挺住艰难

——读《挺经》有感

2001 年 1 月 10 日

自从到秘鲁铁矿工作以来，除了看外国管理书籍和国学经典外，有两本书始终不离左右，一本是《素书》，另一本是《挺经》。有空时读《挺经》，领悟道理；遇事时读《挺经》，寻找支撑。在秘鲁铁矿极其困难的环境下，《挺经》与我同在，克服了一个又一个困难，度过一个又一个难关。读《挺经》铭记一句话："大丈夫打掉牙和血吞"。反复读《挺经》，感触颇深。学习曾国藩，意志坚定。曾国藩的一生，是"勤敬爱民、勤谦自律、勤忠敬业"的一生。曾国藩是我的学习榜样。

古之成大事者，时刻都在告诫自己要"勤奋、敬民、谦恭，忠于职守"。曾国藩本人是"勤奋、敬民、谦恭，忠于职守"的楷模。他的勤敬观表现为：1. 肩负领导社会、转变风气、培养人才之责任。2. 严于律己，以身作则。3. 学识渊博，知人善任。4. 广收、慎用、勤教、严绳。集中体现了他追求的"民心顺、国家安"的目标。正是："政之所兴，在顺民心；政之所废，在逆民心。"

曾国藩的勤谦观表现为勤奋、谦逊。强调个人修养。防止居官四败：1. 懒惰任下者败，2. 傲狠妄为者败，3. 贪鄙无忌者败，4. 反复多诈者败。警惕居家四败：1. 妇女奢淫者败，2. 子弟骄怠者败，3. 兄弟不和者败，4. 侮师慢客者败。

曾国藩的勤忠观表现为兢兢业业，尽职尽责。他认为，“以人事与天争衡，莫大乎忠勤二字。乱世多尚巧伪，唯忠者可以割其习。末俗多偷惰，惟勤者可以遏其流。忠不必有过人才智，尽吾心而已矣。勤不必有过人之精神，竭吾力而已矣。”

在风雨飘摇的晚清，曾国藩能发挥力挽狂澜的重要作用，源于他个人的勤敬、勤谦和勤忠。面对秘鲁铁矿的困难局面，曾国藩是我们最好的学习榜样。他的勤敬、勤谦、勤忠应该成为自己和员工的行动指南。无论遇到再大的困难，我们都要恪守坚持。静坐常思己过，检点自己的行为是否符合勤敬爱民、虚怀若谷、忠于职守的标准？是否有骄傲情绪、堕落行为？人身修炼以曾国藩为楷模。不怨天，在勤字上下工夫；不尤人，在忠字上做文章；不懈怠，在谦字上找出路。

《挺经》廉矩篇中指出：“崇俭约以养廉。欲学廉介，必先知足。事事知足，人人守约，必可挽回。”这对当今的秘鲁铁矿是何等重要。我们多么需要这种共识，尤其是基层员工。治世之道，专以致贤，养民为本。治企之道，贵在聚贤，发展为本。发展之道，贵在养廉。养廉之道，贵在知足。崇俭养廉，领导以身作则。企业即使有利润也不能铺张浪费，何况秘鲁铁矿严重亏损，更需要崇俭养廉。因此，在建设企业文化的同时，要弘扬中华民族的优良传统，在秘鲁发扬光大。在深陷困境的秘鲁铁矿，让崇俭养廉的思想深入人心。然而，崇俭养廉能否蔚然成风，关键在领导自身。因此，作为经营者，除了在开拓市场上率先垂范外，在崇俭养廉上要身体力行。要求别人做到的，自己一定做到。作为农民的儿子，崇俭养廉有传统的本色。只要牢记使命，保持本色，就可以做员工崇俭养廉的表率。然而，告别种田多年，在经营者的位置上继续保持勤俭的本色，不忘本，不变色，还必须加强自身修养，克己守礼。不为体制原因所困惑，不为名利诱惑而动心，廉洁知足。抓管理从治本入手，淡泊名利，清心寡欲，以身作则。只要领导崇俭养廉，挺住艰难；全体员工安分守己，尽忠职守；秘鲁铁矿一定能起死回生，再创佳绩。

《挺经》盈虚篇中开宗明义指出：“尝观《易》之道，察盈虚消息之理，而知人不可无缺陷也。”其实，自然界的万事万物都充满了辩证关系，企业亦然。因此，对秘鲁铁矿的先天不足和后天困难，我们就不要庸人自扰了。我们应该勇于面对现实，敢于改变现状，集中精力、智慧，做自己该做的事情。学习古人的理论，借鉴今人的经验。确定秘鲁铁矿定位，以生存求发展，不好高骛远，宁守其缺，不求其全。学习今人理论，借鉴古人经验，坚守生活准则，不追求轰轰烈烈，不羡慕灯红酒绿；淡泊宁静，虚怀若谷。知足常乐，清心寡欲。不断加强自我修养，吾日三省吾身，反思不足。遵循自然法则，事不可为，不强为；事可为，百折不回。

挺住艰难，既要有高尚的道德操守，也要有坚定的意志品质。挺住艰难，既要有运筹帷幄的决策能力，还要有决胜千里的指挥魄力。挺住艰难，既要有凝心聚力的人格魅力，也要有娴熟的业务能力。学习《挺经》，熟悉盈虚之理，不求全责备。运用《挺经》，正心诚意修身，铭记居家四败；运用《挺经》，致知格物敬业，牢记居官四败。防微杜渐，崇俭养廉。选贤任能，身先士卒。凝心聚力，挺住艰难。

重温《挺经》藏锋篇，对挺住艰难有了更深的理解。“君子得时则大行，不得时则龙蛇。龙蛇者，一曲一直，一伸一屈。”作为经营者，在市场低迷之时，显然不是得时之机，不能大行。应以龙蛇之势应对，一屈一伸。在不得时的大环境下，摆脱困境不能一味执著，刚直不阿行不通。应该深悟龙蛇之道，一曲一直，一伸一屈。

展望未来，企业的生产经营形势依然严峻，竞争更加激烈，生存的压力更大。牢记龙蛇之形，因时因势而动。领悟龙蛇之理，探索生存之道。借鉴经验，少走弯路。然而，龙蛇之形易记，伸屈之技难学。实乃冰冻三尺，非一日之寒。

龙蛇之道的关键是藏锋。藏锋的关键是讷于言，慎于行。守仁义，戒傲气。蓄势而发，待时而动。藏锋应从修炼开始，正心诚意，修身齐家。藏锋应持之以恒，忍耐、等待。不患位之不尊，而忧锋之未藏。面对激烈竞争的生产经营环境，勿意气用事，应冷静顺应。藏锋是永无止境的修炼，循序渐进，不能半途而废。挺住艰难，是意志品质的考验，是能力水平的较量，是凝心聚力的魅力，是运筹帷幄的结晶。

挺住艰难，路漫漫其修远兮，吾辈在跋涉中探索。

方法初探

2001 年 1 月 28 日

在哲学里，动机和效果被列为一对范畴，一起讨论分析彼此的关系。经过工作实践，发现方法是连接动机和效果的桥梁。不同的方法，对同样的动机会产生不同效果。在工作中，经常听到动机和效果的有机统一。真正能有机统一动机和效果的就是科学方法这座桥梁。然而，现实生活中，动机和效果往往很难统一，有时事与愿违。

中国自古以成败论英雄，成者王侯败者寇。不论你动机多么好，只要没有取得好结果，社会舆论就视你为失败者。甚至怀疑你的善良动机。因此，仅有良好的动机不够，应该研究采取什么方法才能使动机和效果统一。首先，应该明确成功的标准是什么？想达到什么效果？架起这二者之间的桥梁。这就是科学合理的方法。同一件事情，用不同标准衡量就会产生不同的结果。所以，有时对同一件事情，人们的褒贬不一。其实，衡量事情的成败不能简单以结果作判据，考虑其直接效果、间接效果。有时，间接的结果会产生严重的负面作用，不能局限于评价直接结果。

由此可见，做事之前有明确的动机是必需的，但更重要的是这一动机实现后在周围会产生什么效果？直接效果如何？间接效果如何？彼此之间是否相辅相成，相得益彰？在此基础上，研究采取什么方法更合适，以求得动机和效果的有机结合。

古语云："没有规矩，不成方圆。"这就说明办事应该遵循一定的法度。做人而言，方即坚持原则，刚直不阿，为人正派。圆即处事灵活，随机应变。就工作而言，应该方圆结合，外圆内方，游刃有余。作为经营者，工作方法尤为重要，学会在方圆之间把握平衡，使二者相得益彰，让工作顺利推进。否则，太刚易折，水至清无鱼；太圆易滑，无诚信难行。对内，坚守法律规范要方，对自己要求要严，不能背弃道德规范和行为准则，不能随波逐流。对外，维护合作关系要圆，对外学会适应，不人为制造对抗。然而，把这二者有机结合的方法很难掌握，在实践中会遇到很多具体问题，需要在工作中摸索。有时，迫于环境，也许无奈地放弃原则，以求暂时的利益平衡。有时，迫于形势，从圆的轨道滑下去，偏离底线。因此，在复杂多变的环境下生活、工作，要竭尽全力协调各方面的关系，保持健康的心态，修炼健全的人格，圆而不滑，方而不死，信守礼仪，坚守法纪。

唯有选择了正确的方法，妥善处理好动机和效果的关系问题，工作才会沿着战略方向，经过不懈努力，到达成功的彼岸。"立志是事业的大门，工作是登堂入室的旅程，旅程的尽头有成功在等待着你。"这是就一般规律而言，对不同的人，不同的事，旅程各有不同，也许有的旅程尽头并没有成功在等待。因此，希望通过努力工作实现成功，就必须认真研究"立志、工作和成功"之间的关系，选择有效的方法，使工作朝着成功的方向迈进，积跬步以至千里，聚细流以成江海。否则，方法不当会欲速则不达，功亏一篑。

探寻方法，选择路径，对企业走出困境非常重要。

务实求真

2001 年 2 月 3 日

今天上午，亲自到一号球团生产现场查看了风机漏油情况。下午，到采场看了堆场的过渡矿、低品位矿堆存情况。随后，回办公室就生产部关于可采矿量差异从平面图和剖面图进行核实，弄清了数据变化的原因，心中踏实了许多。

务实的个性决定了不求哗众取宠的轰动，坚守务实求真的原则，凡事要弄清来龙去脉。因此，多年来在工作中一直坚持“先看、后听、再说”的三部曲。自己务实的态度对秘鲁官员产生了积极的影响。他们向我反映问题之前，已经习惯和我先到现场看看，然后再分析讨论，共同商讨应对之策。

尽管这种工作方法不是一条成功的捷径，但一路走来，自己颇感踏实。对处于困境中的秘鲁铁矿来说，没有捷径可走，必须卧薪尝胆，脚踏实地抓基本功；没有技巧可寻，必须直面困难，改进产品质量，勇于竞争。以务实的态度，寻求发展途径。以求真的作风，适应市场环境。瞄准目标，积极主动。优质服务，以质取胜。

以务实的态度做事，以求实的原则做人。任何急功近利的想法，都会把企业引入歧途；甚至会动摇信念，邯郸学步，东施效颦。秉承“诚信、务实、开拓、创新”的企业精神。一心一意抓生产，立足现实；降本增效，提高产能。一心一意抓质量，坚守根本；减少索赔，控制成本。工作务实，经营求真。生产务实，效率求真。

企业经营战略之基础

2001 年 3 月 5 日

企业由三个相互关联的利益群体组成：股东（业主）、客户、员工。各个群体都有自己的期望。客户追求的是满足其需要的、物有所值的产品或服务，股东（业主）关心的是投资回报，员工关心的是合理的报酬。这是三个基础因素。

作为经营者，其战略定位应该建立在充分考虑以上三个群体合理期望之上。通过为客户提供优质服务、扩大市场份额、增加销售（收入、利润）、满足员工对报酬、股东对回报的合理期望。同时，通过扩大市场份额的资金积累不断拓展业务，增强竞争能力和抗风险能力，吸引更多的股东加盟、留住并吸引优秀员工，以增强企业的实力、扩大企业规模、提升企业的社会地位，企业在社会生活中扮演更重要的角色。通过企业的自身发展，回馈社会、股东、员工，逐渐形成优秀的企业文化，树立良好的企业形象，使企业的无形资产不断增值。

作为经营者，义不容辞的责任是实现上述三者的平衡、保证企业的健康发展。因此，首先，明白企业的宗旨是什么。围绕企业宗旨，脚踏实地开展工作，从点滴小事做起、点滴盈余抓起，不好高骛远。其次，有明确的奋斗目标和努力方向，集中志同道合者共同工作，不为暂时的困难所吓倒。第三，熟悉了解竞争对手，知己知彼，避其锋芒，发挥自身优势，敢于公平竞争，坦然面对失败。诚信务实，凭实力竞争，战胜对手。

作为经营者，除了考虑股东、客户和员工这三个因素外，还需考虑环境、市场和竞争对手三个外部因素。外部环境对企业的生产经营有直接的影响。对跨国经营者而言，政治环境、法律环境和金融环境是首要考虑的内容。在政治动荡、司法腐败、金融不稳的国家经营企业，投资风险大，防范风险难度大。其次，市场是企业确定战略的关键因素。根据对未来市场的预测、走势分析，确定企业的产品结构、产品性能，实现合理的市场份额和利润目标。根据对市场价格走势的判断，做出合理的价格组合战略，抢占市场先机。再次，了解竞争对手，有针对性地避实就虚，扬长补短，避开短兵相接，有的放矢，不战而屈人之兵。这是企业的上策。了解竞争对手的发展战略、优势产品、主要客户、主要领导，研究其薄弱环节，寻找攻击的突破口。

作为经营者，战略定位要知己知彼。知己就是了解股东、客户和员工的真实需求，知彼就是了解外部环境、市场、竞争对手。二者有机结合，企业的运营以满足顾客需求、适应外部环境、顺应市场走势为目标，就能战胜竞争对手，满足股东和员工的合理期望值。

然而，把客户、股东和员工的需求协调好不易，再统筹考虑外部环境、市场走势和竞争对手就更难了。因此，作为经营者，要未雨而绸缪，勿临渴而掘井。市场变幻莫测，对手琢磨不透。避免在竞争中走弯路。首先，凡事就要比别人看得稍微远一点，基础打得稍微扎实一点。善于分析市场，总结过去，把握现在。预测未来，建立在科学的分析之上，找出事物发展的内在规律。顺应规律办事，依靠科学指路。其次，办事不要急功近利。为人厚道，处事公道。要有大局观，不能只盯一目棋，只顾一口气。权衡利弊，不能贪小利。第三，凡事明白是什么？为什么？不但要清楚表面差异，还应探究内在联系。透过现象看本质，拨开迷雾见真容。趋利避害，抑恶扬善。第四，不图一时之快而放任无度，不为一己之私而为所欲为。切记，物极必反，乐极生悲。市场竞争，理性宽容。得意时势不可用尽，功不可独享。失意时，不能堕落，防止沉沦。

员工的素质决定了企业的竞争力。领导的素质决定了团队的战斗力。高素质的领导，能够运筹于帷幄之中，决胜于千里之外。提高员工队伍素质是有效执行战略的根本保证。作为员工，应该肩负起自己的历史使命。工作任劳任怨，比别人多付出一点。办事脚踏实地，比别人勤奋一点。学习刻苦认真，比别人谦虚一点。生活艰苦朴素，比别人勤俭一点。作为自然人，同自然和谐共存，比别人宽容一点；和同事友好相处，比别人忍让一点。

天道酬勤，勤能补拙。无论外界环境多复杂，只要笨鸟先飞，踏实做事，就能应对自如。无论竞争多激烈，只要诚信经营，本分做人，就能化险为夷。做事不能走捷径，做人不能恃聪明。牢记股东利益，熟知客户关切，关注员工诉求，熟悉外部环境，把握市场走势，了解竞争对手。唯有此，战略基础才坚实，经营策略才主动。

作为经营者，要统筹考虑股东、客户和员工的利益，要认真分析环境、市场和竞争对手。把二者有机结合则需要完善的信息反馈、分析、加工系统，为决策提供及时、准确的信息。一旦形成决策，就需要称职的人去完成。因此，作为经营者，除自己要脚踏实地，诚信经营外，要有效利用信息，为正确决策、科学用人提供科学依据。

随着经济全球化，市场一体化进程的加快，信息产出的速度也加快。眼花缭乱的信息有时难辨真伪。因此，建立一套科学的信息管理系统是正确决策的根本保证。及时阅读有关资讯，和外界保持广泛接触，是获取有用信息的必要补充。加强内部沟通，深入实际调研，是了解内部真实信息的有效途径。

科学的决策程序是防止决策失误的制度保证。地位越高，承担的决策风险越大，越要严格遵循科学的决策程序，克服独裁、专断带来的负面影响。把正确决策变成预期结果，需要人尽其才。合理用人是实现正确决策的根本保证。用人持开放态度，不拘一格用人才，用其所长，量才录用，择优而用，消除门户之见。

开阔视野、科学决策、合理用人是经营者应具备的起码素质。

信心、信念、信誉

2001 年 3 月 8 日

近日，能矿部环保总局对秘鲁铁矿 1997 年提出的环境治理计划（简称 PAMA 计划）进行讨论，此次只批准其中污水治理等四个项目，对老尾矿滩治理要求单列，另行研究。理由是该治理方案是秘鲁铁矿自己上报能矿部，能矿部已批准据此治理。在没有进行任何治理的条件下要取消这个项目，还没有先例。

今天一早，我和有关人员研究对策。提出我们建议的批复方式："秘鲁铁矿 1997 年上报的 5 个环保项目，2000 年补充修改了有关内容。经审查 2000 年重新上报的修改计划，同意其中 4 个项目的计划。对老尾矿滩覆盖项目，经利马工程大学研究，确认尾矿对环境没有影响，而且尾矿中含有用成分。故要求秘鲁铁矿对尾矿综合回收，再做一些分析研究。"

随后，由 Mr. Vera 和杜经理等人再次和环保总局有关人员沟通，环保部官员还认为应该维持 1997 年自己上报的方案。经反复磋商，环保总局局长答应花两天时间研究我们的新建议，要到利马工程大学咨询，了解试验结果。

改变老尾矿滩覆盖方案，既是实事求是的态度，也关系到企业的治理投资。如果按照 1997 年上报的方案治理，对 2000 多米长、500 多米宽的尾矿滩全覆盖，其中三合土覆盖 500 毫米厚，上面 500 毫米是混凝土。遗憾的是上报方案只有技术数据，并没有投资测算。

尽管为了取消老尾矿滩覆盖项目已经做了大量工作，环保总局局长也同意我们的观点，理解我们的要求，但是，由于上报方案的草率，留下了无穷后患。作为经营者，一定要不懈努力改变不合理的治理方案，不能让秘鲁铁矿花冤枉钱。首先，对说服环保总局有信心，坚定改变方案的信念，同时，还要维护企业的信誉。这对自己来说是难上加难。

为了妥善处理老尾矿滩治理问题，我先后多次拜访了能矿部主管副部长、矿业总局局长、环保总局局长，并和环保总局局长多次沟通。通过接触、沟通，增进了了解，在关键点上达成共识。需要进一步做深入细致的工作，扩大共识，争取说服环保总局有关官员。

首先，树立说服能矿部官员采纳我们建议的信心。对 1997 年已批准的环保项目进行局部调整。需要做耐心细致的工作，有理有据的数据，合情合理的建议。

其次，Mr. Vera 和杜经理等中秘官员，以充足的理由，翔实的数据说服能矿部有关官员，认可我们的工作和结论。坚定我们修订环保计划中有关内容的信念。

第三，对我们承诺的项目，一定要尽全力做好，维护秘鲁铁矿的信誉，塑造良好的企业公众形象，赢得政府的信任。

解决问题是企业经营者的天职。面对上述问题，我们没有退路。一如既往地努力，坚定信心。坚持不懈地说服，坚定信念。言必信，行必果，维护信誉。这就是我们的唯一选择。

古今中外成功人士的经验证实，任何人想成就一番事业，信心、信念和信誉是必须同时具有的品质特征。在此基础上，通过勤奋工作，顽强拼搏，努力改变现状，赢得别人信任，和别人友好合作，有效沟通。面对困难，经营者一定有信心战胜困难。唯有此，通过真诚的工作，才能赢得别人的支持和帮助，积累个人的信用财富，扩大企业的社会影响。面对困难，经营者一定要坚定信念，增强员工的信心。吸引志同道合的同仁，共同完成艰巨的任务。面对困难，经营者一定要维护信誉，为员工做出表率。言必信，行必果，恪守诚信。这就是企业文化建设的目标，也是经营者人格魅力的基础。

以身作则

2001年3月10日

这次给客户装大比重粗矿粉，由于工人在装船过程中的疏忽，没及时发现皮带上方的球团漏斗发生漏料，导致一些球团混入装船的大比重粗矿粉中。等有关人员发现，已经装入2371吨。客户对此极为不满，要求把混入球团的不合格矿粉卸到码头另一侧，然后重新装。船公司认为，在非装货侧停靠6万吨货轮，有撞坏码头的风险。面对两难的抉择，秘鲁官员仍然坚持先把不合格的矿粉卸掉，然后再装，并没有考虑万一码头被撞坏的风险，只是图一时省事省力。

我听取了各方面的意见后，决定在船舱内拣出混入矿粉中的球团。虽然，拣球的工作量大一些，但避免了撞坏码头的风险。经过两天一夜的连续筛选挑拣，把混入大比重粗矿粉中的球团全部拣出。大家松了一口气。可是，这个过程是艰难的，也是痛苦的。从决定从船舱中挑拣球团那一刻起，我的神经就一直紧绷着。每天上午、下午、晚上都要到船舱察看拣球的进度。同时，也是看望现场工作的员工。这不是客户要求，也不是领导命令，是自己的责任感和使命感驱使，以身作则。虽然这两天很累，但是，化险为夷，问心无愧。通过这件事，自己悟出一个道理。企业管理不能讲大道理，不能踢皮球。必须敢担当，务实解决实际问题。关键时刻必须果断决策。在众目睽睽之下，你的推诿举动会让下属失望，会把企业带进绝境。疲劳之余，感慨万千。作为经营者，累则无忧，闲则有愧。

装船问题总算解决了，推迟两天船期，发生一定的滞期费，没有造成更大的损失，没有引发撞坏码头的风险。这是对经营者临危不乱能力的考验。

这件事情暴露了秘鲁铁矿生产管理中存在的老问题。人员素质低，履职能力差，责任心不强。这件事是典型的个人失职、团队失误。教训深刻，最后的应急补救，是亡羊补牢。以最小的损失弥补这次责任事故。但是，我们必须认真总结工作中的疏漏之处，查漏补缺，完善管理，防止类似事件再次发生。这也是经营者必须考虑的管理问题。

在这个事件中，装船前的检查有疏漏，没有发现漏斗漏球团的隐患；装船中的巡视有失职，没有在第一时间发现漏球，导致装入2371吨时，用户才发现。当班的监工也有疏忽，没能监督发现问题。虽说，秘鲁铁矿是一个有47年生产历史的老企业，设施破旧，运行状况不佳，但是，这不是发生漏球团的理由。我们一定从尽职尽责、有效沟通和积极合作的不足中找原因，堵漏洞。

从根本上讲，只有人人尽职尽责，设备才能完好，运行才能顺畅。只有人的素质提高了，才不会发生责任事故。作为经营者，既要亡羊补牢，解决突发事件，更要完善管理，堵住生产管理漏洞，防患于未然。领导以身作则，一方面，不断提高自己的业务能力和知识水平，准确把握企业的生产经营状况，及时发现问题。另一方面，培养团队的工作能力和敬业精神，圆满完成任务。同时，把企业的发展和员工的职业生涯有机结合，在企业发展的同时员工成长、进步，在员工成长、进步中企业发展壮大。

严把关，堵漏洞

2001年3月23日

今天下午，人力资源部副经理向我汇报了工会状告公司C.T.S(养老保险补偿)案件，法院判公司败诉，清算师已将计算结果交给法院，法院把结果转到秘鲁铁矿，让公司确认后支付。对此，我曾让律师和秘鲁方助理总经理Mr.Vera向秘鲁矿业公司反映案情。这次补偿从工人工作算起，而首钢秘鲁铁矿是从1993年1月1日开始接管经营的。1993年以后的补偿应该由我们承担，此前的补偿应该由秘鲁矿业公司承担。可是，我们的律师居然引用《购买合同》中一条对方（秘鲁国家矿业公司）没有责任的条款，说我们应该付款。我给人力资源部副经理看了我亲自抄写的《购买合同》8.2款，明确写着："秘鲁矿业公司应该承担他们该承担的责任。"看了我抄写的合同条款，他才恍然大悟。原来我们的有关人员并没有真正对着合同条款来核对我们究竟该付什么款，只是听律师的意见。这就是境外经营的陷阱，如不小心就会陷进去，损害了公司利益而不知。

这件事情，暴露了经营企业中存在的漏洞。一是法律案件，中方管理人员基本听律师的意见，自己很少认真阅读合同条款，缺乏责任意识。二是法律案件的赔付程序和责任划分不清。三是对秘鲁律师的工作监督不够。四是员工的素质和敬业精神亟待提高。主要原因是缺乏业绩考核，干好干坏一个样，员工缺乏钻研业务的动力和激情。这就给个别律师钻空子提供了方便，以编造的理由或者偷梁换柱的方式蒙骗不明白细节又不善于钻研的中方管理人员。有鱼目混珠者而不辨，把渎职当称职看待，甚至还误以为敬业。诸如此类的事情都损害了公司的利益。这种漏洞在人们不以为然中流失着资金，侵蚀国有资产。

作为管理者，如果误把不称职看作尽职或称职，实际就是渎职。过去的赔付已无法挽回，对以后的判决据理力争。每个工作人员都要有责任感、使命感，不能满足于律师的汇报。一定要扪心自问："自己对判决的依据审查了吗？有没有损害公司利益？自己对涉及的内容核实了吗？自己对有关法律内容和合同条款吃透了吗？"我们该反思，以前如此多的赔偿案例，有多少是律师渎职造成的？有多少该据理力争能减少损失的？亡羊补牢犹未为晚。从我做起，以合同为依据，理解责任、义务，严格审查，认真把关；以法律为准绳，据理力争，堵塞漏洞。作为经营者，要引导全体员工增强责任意识和危机意识，加强业务学习，提高自身的业务能力、语言能力，争做称职的员工，避免渎职现象，防止失职行为。

控制平衡

2001年4月3日

人有社会属性和自然属性两重性，这二者之间应该维持一种平衡状态。

顾此失彼了，就会出问题。特别是企业的经营者，保持二者平衡显得尤为重要。

就其社会性而言，在很多场合要克制其自然属性的一面，维持社会角色需要的形象，表现出应有的气度、风范。社会角色越重要，就越要克制人性中的自然本性。追求的社会目标越高，人性中的目标就越要让步。通过克制人性以实现其社会目标。过分的克制人性会影响身心健康，应该在社会属性和自然属性之间尽量保持平衡。

扮演社会角色的人，在社会生活中还需要保持感情和理智之间的平衡。社会角色越重要，越需要理智。在处理问题、做出决策时，凭一时的感情冲动会铸成千古大错。此刻，最需要理智。控制感情需要冷静，正确决策需要理智。人非草木，孰能无情？因肩负特定社会使命，就必须在人性方面有所让步，甚至有所牺牲。感情用事会失去理智，心存侥幸会断送前程。平衡就在一念之间，差之毫厘，失之千里。扮演好社会角色，就需要控制感性和理性的平衡。

正常的人有七情六欲，如放纵其需求，就会影响其扮演的社会角色。古人强调吾日三省吾身，实际就是克制本能，做到本分；控制感情，避免冲动。大丈夫以天下为己任，不囿于儿女情长。然而，真正做到这一点，既要有非凡的毅力、崇高的追求，还要有不懈的修身养性磨炼；培养豁达的气度，锤炼清净的心灵。可是，人如果长期处于压抑、克制状态，其心灵会扭曲，身体会伤害。正可谓做人难，做承担社会角色的人更难。若要出类拔萃，则难上加难。

控制平衡非一朝一夕之功。平时需克制，凡事三思。包容不同见解，求大同存小异。遇事要理智，有效控制。共同发展，互相促进。无论做学问，还是从事管理，应有博大的胸怀，汇小溪，纳百川，聚江河。应有坚毅的品格，不为困难所吓倒，不为挫折而迷茫。有志者，事竟成，百二长城终属楚；苦心人，天不负，三千越甲可吞吴。汇集员工智慧的小溪，聚成集体智慧的江海，控制平衡，把个人目标和集体目标有机结合，在集体智慧的海洋里张开个人理想的风帆，乘风破浪，勇往直前，驾驭人生的航船驶向成功彼岸。

作为管理者实施管理控制的目标就是产品增值、公司获利、员工在你的管理下实现个人的理想，员工理想和公司目标统一起来，共同促进。在具体的管理实践中，要对个人理想和公司目标统筹考虑，寻求一个最优的组合。然而，要找到这样的理想组合点，除了有健全的组织、完善的管理外，及时反馈系统运行状态、发掘员工潜能是至关重要的。

作为经营者，既要研究组织机构的运行状态和效率，也要分析组织机构中所有员工的精神状态，尤其是高层领导之间高质量的沟通，公司领导对企业发展目标的认同等。组织的优化固然重要，人员的优化更为重要。人尽其才是经营者追求的最高境界。只有人尽其才，管理控制才能发挥有效作用，产品才会增值，企业才能获利。

有效控制各种平衡，优化组合资源，实现竞争和合作的平衡，成本和利润的平衡，利润和员工收入的平衡，维持和发展的平衡，内部和外部的平衡。所有这些平衡的实现，依赖企业的有效控制和经营的合理增值。这是经营者的重要责任。

培训是提高员工队伍素质的关键

2001 年 4 月 21 日

今天下午，参加了人力资源部组织培训秘书的活动。为了全面推动员工培训工作，对企业的培训工作提出三点要求：

一、员工培训是提高员工队伍素质的关键。当今是信息化的社会，企业之间的竞争越来越激烈。企业之间的竞争归根到底是人才的竞争。增强员工队伍竞争力是企业在竞争中取胜的根本保证。提高员工素质是增强员工队伍竞争力的核心。加强员工培训，对增强企业竞争力和员工队伍竞争力有重要作用。

二、开展形式多样的员工培训。把集体培训和个人自学有机结合起来。由于我们远离城市，在培训方面有很多不利条件。因此，我们只有加强个人自学才能弥补地域上的不利条件，以使我们适应飞速发展的社会和激烈竞争的要求。

三、秘书要提高工作质量和服务质量。处在不同岗位的秘书，一言一行代表着本部门的形象，对外则代表着公司的形象。保持良好的公众形象，热情大方，既要为本部门员工热情服务，也要和相关部门保持良好的合作关系。端正服务态度，改善部门关系，减少工作失误，提高工作质量。我从各部门收到的文件、报告和会议纪要都有差错。当然，有关部门领导有把关不严的责任，但是，负责起草文件的秘书应该负直接责任。从这个意义上讲，今天的培训非常必要，也非常及时，为提高秘书素质开启了培训的先河，对秘书学习进步必将产生积极影响。

希望这次培训是一个良好的开端。通过培训，在员工队伍中形成良好的学习氛围。预祝本次培训工作取得预期效果，圆满成功。

苦累是一剂醒脑药

2001 年 4 月 22 日

今天，抄了一整天秘鲁《新税务法典》，手臂累得发酸，头脑累得发胀。边抄边体会秘鲁《新税务法典》的严谨性，边了解企业法人应履行的税收法律义务。虽说抄法典是一件枯燥乏味的事，但是枯燥之余，自己的头脑很清醒，很冷静。

人生成败之理皆在于是否保持头脑清醒、冷静。尤其是人处在顺境时，很容易头脑发热，自命不凡，远离真知灼见，滑入自负的轨道，最终陷入自欺的陷阱，铸成千古之恨。作为企业经营者，肩负着股东和员工的期盼和使命，牢记人生成败之理，保持理性思维。平时，找点苦累的事做，有意识地磨炼意志。在苦累中回味曾经的艰辛，珍惜来之不易的局面。冷静面对不同意见，理智做出正确选择。正确对待工作中的成绩，勿沾沾自喜。

苦累的工作条件反射，有很强的感染力。只要你受苦受累，以往的苦累经历就会浮现眼前，曾经的人生轨迹清晰可见。生活来之不易，不能半途而废，更不能前功尽弃。珍惜现在，工作兢兢业业，不能哗众取宠。人生机会难得，不能错失良机。

苦累是保持人生活力的催化剂。经历的苦累越多，就越能得心应手地应对生活中的艰难，对环境的适应能力就越强，遇到意外就越冷静，人会变得越成熟、越坚强。面对错综复杂的经营环境，企业经营者更要保持清醒的头脑，珍惜来之不易的经营变化，勿沾沾自喜。冷静面对经营环境，理智应对经营困难。脚踏实地能吃苦，积跬步之功以至千里。

肩负重任需要良好的体质和旺盛的斗志。苦是保持良好体质的食粮，累是培育旺盛斗志的营养，自找苦吃是锤炼意志的道场。生活条件好了，环境变了，惰性自然滋长。若不有意识地找苦吃，很容易沉迷于生活享受而忘记了过去，忘记了使命，飘飘然不知今夕是何年？要决策正确，头脑必须清醒。要头脑清醒，就该深入实际找苦吃。接地气，通下情。

激发员工热情

2001 年 4 月 26 日

今天是秘鲁的秘书节。财务部聚会欢庆秘书节，我应邀参加。我能参加秘书节的聚会，秘书们高兴自不必说，一些老科长、老会计也过来主动和我打招呼。他们表达了一个共同的心声：总经理参加这个活动，他们很高兴。这是总经理第一次出席他们的聚会。总经理能参加聚会，是对他们工作的肯定，一定努力做好本职工作。

凡是能够调动员工积极性、激发员工热情的活动，如有条件要尽量参加。一方面能深入到一线和员工接触交流，另一方面，对部门经理的工作也是鼓励和促进。各部门的基础工作要靠全体员工的努力才能做好。平时，自己只能要求部门经理做好工作，但是大部分员工没法听到总经理的声音。对大多数员工来说，能和总经理一起开会不容易，能和总经理共进午餐是幸事，和总经理参加娱乐活动更是一件乐事。

虽说参加这种活动很累，但考虑到员工高兴，觉得累也有意义。成本科的老秘书要求财务部副经理把活动延长半小时。实习大学生自己出钱买了啤酒赞助，表示他们能在秘鲁铁矿工作很高兴。秘书用生硬的中文对我说：很感谢！

经营一个企业，抓管理重要，开拓市场也重要。但是，调动员工积极性、支持部门经理的工作则更重要。走出会场，我更坚信“互相尊重、互相理解、互相信任、互相关心”的员工关系准则是激发员工工作热情的催化剂。

规范管理从我做起

2001 年 5 月 19 日

今天下午，整理准备交给办公室归档的档案资料，共整理出 22 卷，分门别类，查阅十分方便。今后，不管谁了解有关内容，通过目录便一目了然。这是自己的工作习惯，工作交接前，先把资料整理好，写一份详细的工作交接报告。

1999年我刚上任总经理时，手头什么资料都没有。好在自己此前已调研一段时间，有所了解，随后逐步积累，慢慢资料就丰富了。在自己即将离任时，我给接任者一份完备的工作交接报告。报告包括以下内容：1. 日常信息。2. 工作报告。3. 工作制度。4. 重点工作。5. 公司法律案件。6. 公司领导分工。7. 公司应协调处理的关系。8. 交办公室归档的资料。

除交给办公室归档的22卷资料外，给接任者手头留下的资料有：1.2000年工作档案若干卷，生产、物资、销售、财务报告齐全。2.2001年的各种资料若干卷。不论谁接手工作，在最短时间内可以了解最广泛的资料。

作为经营者，抓管理要规范。规范管理，从自己做起，要以身作则，做一流的职业经理人。虽说自己这样整理很紧张，也很累。但是，给接任者留下方便，工作不受影响。为秘鲁铁矿在工作交接的规范管理做力所能及的事情。

当回首往事时，不为仓促交接而愧疚，不为碌碌无为而遗憾。站好最后一班岗，画一个圆满的句号。

现场察实情

2001年6月2日

生产管理一定要深入实际，接触基层员工。这是自己的基本工作理念。今天下午到采场接待现场员工，一位是合作社社员，他建议回收旧备件。他还反映已长时间从合作社领不到劳保鞋和工作服，只好向正式工买。显然，这是合作社的过失，拖欠了该买的劳动保护用品，违反《劳动法》。我听了以后心里非常难过。另外两位谈话者是职员（大卡车司机），他们建议新安装一个海水罐，靠近山坡，送水车可以在山坡上卸水。我让他们写一个文字材料，交给我的秘书打印成正式文件，请工程技术部分析论证。

如果不是通过总经理接待日，很难听到他们的意见和建议。只有深入基层，接触基层员工，才能了解到最真实的基层情况和呼声。

接待完现场的员工，我和杜经理、翻译毛老师一起到胡斯塔铜矿区查看了RIO TINTO公司钻孔的情况。他们已经钻完6个孔；5号、2号、1号、3号孔是斜孔，4号、6号孔是垂直孔。在现场和RIO TINTO的地质工程师沟通，得知他们在该目标区的钻孔不再增加了，再选择一个目标区。现在的目标区钻孔最深350米左右，没有发现大矿床。

今天下午的活动是作为总经理到采场的告别活动，虽然累一些，但有纪念意义。刚从现场回到采矿办公室，正准备返回圣胡安，发现门口有两位工人站着，说想见我。我让他们进来坐下，继续听他们的意见和建议。这是计划外的临时安排。也许他们得知我要回国了，这是最后一次总经理接待活动。

当时，采场的小黄建议不见了，已到下班时间。作为总经理，尊重基层员工的人格比自己的休息重要，自己累一点无所谓，让员工把他们心里的话说出来。他们的建议也许我无法去实施，但至少能听他们说也是一种沟通和安慰。

核心竞争力战略初探

2001 年 6 月 4 日

《核心能力战略——以核心竞争力为基础的战略》一书把传统管理文献中的类似术语“实力、技能、竞争力、能力、组织知识、无形资产”概括为核心竞争力（Core Competence）。

核心竞争力是企业拥有的特有资源和能力，竞争对手很难模仿。企业通过这种特有资源和市场机会相匹配，就形成了自身的竞争优势。核心竞争力除对手难以模仿外，它具有价值和稀缺性特点。它含有企业特有的资产、知识、信息、能力、特点和组织程序、具体反映在财务、人事、组织和生产过程。

不同企业拥有不同的竞争力，对竞争力管理利用好的企业在竞争中能够占据主动，并有意识地培养、开发竞争力，使其在竞争中的优势更加明显，为企业带来更大的收益。

企业管理者要使其核心竞争力资本化，需要对其鉴别，对如何开发、利用、扩展这种资源进行决策。利用企业特有资源制定公司的核心竞争力战略的过程，是一个学习的过程。这个过程包括知识获得、知识共享和知识运用三个阶段。不同阶段相互促进。

根据竞争力有价值、稀缺和难以模仿的三个特征，鉴别本企业竞争力是管理竞争力的起点。在鉴别竞争力的过程中，还应该全面揭示本企业的弱点和不足，分析外部环境的有利因素和风险。利用外部环境的有利因素，发挥企业竞争力优势，回避企业自身的弱点和外部风险。这是有效利用竞争力的根本。有目的地培养竞争力，协调不同竞争力之间的关系，实现优势互补，加强企业的总体竞争力是开发竞争力的主导思想。

不管是鉴别竞争力，还是利用竞争力和培养竞争力，都是全体员工的共同任务，不只是总经理和规划部门的事情。因此，在企业内部开展群众性的学习活动是增强企业竞争力的基础。通过学习获取新知识，掌握新技能。企业内部员工之间实现知识共享是形成竞争力的关键。有效运用共同掌握的知识，以形成企业的竞争优势。

核心竞争力战略的形成实际是统筹考虑外部因素和内部条件的有机结合。在开发环境机会、抵御环境威胁时，运用其内部实力避开内部弱点，以获得竞争优势。抓住机遇、抵御风险、运用实力、避开弱点是运用核心竞争力的关键。即 SWOT（STRENGTHS, WEAKNESSES, OPPORTUNITIES, THREATS）分析法。

核心竞争力是一种潜在的生产力。需要企业领导有计划、有组织地系统开发。在开发过程中要因地制宜，从实际出发，不能千篇一律。要充分考虑企业文化的约束、不同行业的特点，应该遵循商业规则。

竞争力的鉴别源于学习。竞争力的培养和利用也离不开学习。把企业看作一个学习的试验工厂，对内部知识进行加工、创新和实验；对外部信息进行整理、筛选，在现存的生态环境中以有效的措施解决问题。在现有条件下，优化组织结构，完善工艺过程，激发全体员工的工作热情和创造性，为每个人提供施展才华的舞台是保持竞争力经久不衰的动力源泉。

培养竞争力遵循共同的系统观：1. 找出现有程序需要解决的各种问题。2. 确立一种平等的价值观。3. 增强激励机制，被授权的个人在组织中将受到充分的尊重。他们有主人翁精神，自信、自由，并有不断解决问题的强烈动机。

找出了需要解决的各种问题，就必须通过收集信息、整合知识，找出解决问题的有效途径。为此，应遵循以下原则：1. 提倡内部知识整合。2. 奉行知识共享的价值观。3. 通过教育和培训实现上述目的。

在收集信息和知识整合的基础上，提出解决问题的措施：挑战现状。遵循以下工作思路：1. 进行不断的革新和实验。2. 提倡勇于冒险的价值观。3. 有针对性地建立聘用人员程序，确保员工队伍的创造性经久不衰。

树立博采众长的价值观，有效整合外部知识，容忍并接受外部知识，为实现和外部知识共享建立完善的渠道，制定相应的制度保障。

企业发展的关键就在于如何利用环境机会，增强自己的实力，克服自己的弱点，抵御环境的威胁，显示企业实力的价值。促进知识的获得、共享和有效运用，培育竞争力，扩散竞争力，整合竞争力，发挥竞争力，更新竞争力。这是一个永不间断的过程，是一个从实践到认识、再从认识到实践的循环往复、以致无穷的过程。管理者是维持这个过程正常运行的动力源泉和操作者。

《核心能力战略——以核心竞争力为基础的战略》一书谈得是企业核心

竞争力。其实，对每位员工有具体的指导意义。把自己置身于人才竞争的大环境中，同样有捕捉环境机会、抵御环境风险的问题，发挥自己的长处，弥补自己的不足。以唯物辩证法的观点分析个体的核心竞争力，就会走出“死生有命、富贵在天”的误区，就能发现不同个体有不同命运的真谛，就能摆脱生不逢时、命运不佳的自卑意识。

个人要在千变万化的社会中生存下来，首先，要学会利用环境提供的机会，避开环境可能带来的威胁。这就要求个人要分析环境、了解环境、适应环境、利用环境。其次，要分析自己的实力、能力、优点，扬长补短，避实就虚，避开山穷水尽的命运，迎来柳暗花明的美景。个人要在激烈的竞争中生活得比别人好，工作有进步，事业有发展，不能只凭侥幸走捷径，要充分利用外部环境可能提供的一切机会。古语云：识时务者为俊杰。一语道破天机，把握事物的内在联系，可以遇难成祥、逢凶化吉。这是避开外部环境威胁的典型，也是利用外部机会、发挥自身优势的最高境界。

作为企业经营者，不但要培育企业的核心竞争力，而且，要构建学习型组织，培育员工的核心竞争力。把员工的职业生涯规划和企业的发展战略有机结合，在提升员工核心竞争力的基础上构建企业的核心竞争力。企业员工核心竞争力培育得越成功，构建企业核心竞争力就越有优势，在利用外部机会、避开环境威胁方面就越主动。

企业的核心竞争力战略，立足于员工核心竞争力的培养、提升，着眼于企业内部资源的有效整合、优势互补，构建在知己知彼的基础上，运筹于帷幄之中。唯有此，才能决胜于千里之外。这是企业经营者的神圣使命。

从核心竞争力战略出发，秘鲁铁矿首要任务是培养称职的员工，能够尽职尽责。在此基础上不断提高整个队伍的工作能力和竞争实力。主要途径是构建学习型组织，通过“学习知识、共享知识、运用知识”的途径，发掘员工的潜力，发现潜在的竞争力。在此基础上，有针对性地培养竞争力，开发竞争力，整合竞争力；从整体上提高全员素质，使不称职者称职，鼓励尽职者，淘汰渎职者。这是一项艰苦细致而漫长的工作，不能操之过急。

完善管理永无止境

2001 年 6 月 7 日

根据我的布置，内审科完成了对公司采购物资的整个程序和不活跃物资形成原因的调查，提交了调查报告。阅了调查报告后，心情很沉重。

现有的物资采购程序从理论上讲，层次清楚，互相制约。但实际上是流于官僚程序，没有人真正关心所买的东西能否真正用于生产。虽说自己到秘鲁铁矿工作以来一直强调部门之间有效沟通、积极合作，物资部和生产部已对原有的采购程序做了相应调整，申请单从提出到物资部批准下发采购令的周期从原来 26 天缩短到 13 天，但现在提交的申请单、下订单、交货、领用各环节之间仍有脱节现象。

内审报告列出 1998—2001 年 4 月已下订单 1139 个，采购物资 4741 项，价值为 316 万美元；其中 1998—1999 年下达的订单价值 129.6 万美元。估计这里有相当一部分买来就闲置在库房。不查不知道，一查吓一跳。年初，布置生产技术部和物资部清理以前的申请单，要求把 2000 年 10 月份以前的申请单全部取消，但在落实过程中很难及时到位。

针对这次内审报告中反映的问题，批示如下：“请生产技术部和物资部对本表中列出的 1139 个订单 4741 项物资认真审核，如现场确实已过了使用期，而供应商还没有加工、生产或没有付款，请物资部想办法取消订单，防止在采购过程中就产生新的不活跃物资。”

完善管理永无止境，既当和尚就该敲钟。

为中国人争气

2001 年 6 月 9 日

今天陪同伊卡省劳工局长和夫人参观了采矿作业现场、选矿车间和码头。并对劳工局长提出的、由工会领导人反映、攻击秘鲁铁矿的问题一一作了回答。

秘鲁铁矿的工人工会攻击首钢买了秘鲁铁矿不投资。我列举了 1993—1999 年首钢完成的投资情况：“1994 年秘鲁铁矿买了 11 台卡特皮勒矿车，1997 年买了 4 台电铲、4 台牙轮转机，1998 年买了 10 台新矿车，还买了小松推土机、破碎机、轻型工具车等。选厂新建尾矿库投资 558 万美元。新买 6 台 39 立方米大型浮选机。1996—1998 年先后完成了 6 号矿体、7 号矿体扩帮剥岩……1993—1999 年秘鲁铁矿共完成投资 12281 万美元，向秘鲁政府上缴各种税金 1 亿多美元，给工人累计发放工资福利 1 亿多美元，首钢购买秘鲁铁矿支出 12000 万美元。这 4 项合计 4 亿多美元，首钢没有从秘鲁铁矿获得任何利润。”

翔实的数据回答了工人对首钢的攻击，澄清了工会的污蔑。劳工局长听了我的回答，再没有质问的口吻，对我的介绍非常满意。

局长提出工人反映2000年秘鲁铁矿有利润66万美元。没有给小股东和员工分红。我告诉他，2001年4月26日的股东大会，股东一致同意2000年的利润用于弥补以前年度亏损，不分红。截止2000年底秘鲁铁矿的累计亏损1400多万美元。用当年利润弥补以前年度亏损符合秘鲁法律。听了我的解释，局长夫人也很满意。她解释说：工人不懂你讲的这些道理。局长和夫人本来是带着发难的架势来逼宫的。一路从矿山采场到选厂，再到码头的实地察看，并听了我如数家珍地介绍1993—2000年首钢在秘鲁铁矿的投入和生产经营情况，态度明显缓和了很多，不再是咄咄逼人。相反，为我的陪同和详尽介绍而感激不已，对我的平易近人赞不绝口。局长夫人讲：本以为总经理会很严肃，实际上总经理非常好，平易近人，多次竖起大拇指表示赞扬。

虽说只是半天的接待，不仅劳工局长和夫人满意，连翻译毛老师也赞叹！那么多的数字背得滚瓜烂熟，秘鲁铁矿就你能这样了。我说，这是我应该做的。和劳工局长打交道本来是非常紧张的事情，以坦诚赢得了尊重，以翔实的数据说服了质疑，反倒对我们有好感。为中国人争了一口气。境外经营，就是要坦诚，互相尊重，据理力争。可惜为秘鲁铁矿服务的时间不多了，要争分夺秒。

理解客户

2001年6月11日

今晚在矿区食堂接待日本神户制钢和日商岩井的客人。席间谈笑风生，无拘无束，气氛融洽。

进入业务正题后。我强调，生产企业首先要理解客户的要求，但是，生产能力没有扩大时，现在无法满足客户追加产品的要求，希望客户理解。并且对日商岩井利马代表柳先生的工作给予高度评价，日本神户制钢的客人对柳先生的工作表示感谢！同时，我称赞秘鲁铁矿孙总的工作经验、以诚信为本的商业原则，让日本神户客人既觉得日商岩井的代表值得信任，秘鲁铁矿的孙总更值得信赖。这就是总经理应该扮演的角色。

随后，我介绍了秘鲁铁矿的原则，就是把客户的需要当成我们的努力方向。我们本着互惠互利的原则共同发展。但是，我强调秘鲁铁矿重信誉，我们做不到的绝不会承诺。不过，我们会把客户的要求记在心里，想办法去满足，在眼下不能满足时，还希望你们能理解。客人听了点头称道，再三邀请我到东京去，参观他们的工厂。

以自己的人格赢得客人的尊敬。这是立身之本，是无形资产。虽说自己马上就要离开秘鲁铁矿了，但今天创造的无形资产今后在秘鲁铁矿能发挥作用。我相信，随着时间的推移，人们会更加怀念生意场上的真诚与坦率。儒家文化在新形势下会重放光彩。唯利是图不是所有商人的追求。商人人格的升华建立在取之于社会、回馈于社会之上。

现场调研，倾心交谈

——在巴新瑞木镍钴公司视频会议上的发言

2014 年 3 月 1 日

同志们：大家下午好！

此次调研工作历时十天，深入冶炼厂，考察了各生产车间、堆场、码头、电厂、石灰石矿生产和矿浆制作的运行情况；深入矿山，考察了矿山伐木、矿石剥离、采矿、出矿运输、磨矿、破碎、选矿、矿浆加工等的运行情况；夜间突击检查了矿山夜班作业情况；深入现场，察看了石灰石矿、水源地的供应情况；分别听取了外方注册经理、专家对生产经营工作的意见。听取冶炼厂、矿山、马当职能部门的工作汇报，单独听取了班子成员、中层干部的情况介绍；先后在冶炼厂、矿山召开了新大学生座谈会，听取他们对公司发展的建议；分别参加了公司（四地）生产调度视频会、矿山早调会；听取恩菲专家介绍了技术攻关工作的进展情况、投产以来生产中存在的主要问题；专程察看了去年受洪水冲刷的矿浆管线地段和为当地建设的学校；昨天上午，调研小组和领导班子交换了意见；今天下午通过视频会议系统，和瑞木镍钴公司位于四地（北京、马当、冶炼厂、矿山）的中外高级管理人员交流此次的调研情况。

一、此次调研的目的

1. 代表集团公司领导来看望大家，感谢大家为瑞木项目付出的心血和汗水，做出的巨大努力！希望大家做好本职工作，为达产达标献计献策。拜托大家营造包容的多元文化环境，确保生产安全！

2. 全面了解瑞木公司生产、经营的基本情况，听取大家的意见和建议，集中大家的智慧，不断改进瑞木的生产经营管理。

3. 了解当地的投资环境、企业的经营困难和问题，探讨如何改善生产经营环境、提高生产效率，控亏、减亏，早日实现正常运营。

二、此次调研的整体印象

从此次调研的结果看是喜忧参半。

1. 喜的是通过去年的攻关，生产能力突破瓶颈。忧的是发电机问题依然是一头雾水、单向阀和进排气阀的损毁惊人、洗矿瓶颈、槽式擦洗机问题制约矿山达产。

2. 喜的是以责任为中心的考核全面展开。忧的是以成本中心为单元、工序成本为基础的考核体系基础薄弱。

3. 喜的是年轻人在进步成长，以贾露萍为代表的青年步入冶炼厂领导岗位。忧的是熟悉业务的专业人才依然流失严重。

4. 喜的是现场技术人员对制约生产的问题有共识。忧的是制约生产的管理环节问题非常突出。

成绩可喜，不可沾沾自喜。忧虑虽多，不能望而却步。不怕起点低，就怕不知底。只要信心足，可以创奇迹。只要统一思想，坚定信心，加倍努力，就一定能达产达标！

三、对瑞木工作的六点要求

（一）增强大局意识，培养领导力

瑞木项目是中冶集团在境外投资最大的矿业项目，肩负着集团赋予的重要使命。瑞木项目的成功经营将引领中冶集团矿业发展、国际化经营的方向。在座的各位是瑞木公司的精英，我们应该有国际化视野和大局意识，对自己要高标准、严要求。希望各位在自我完善、自我提高上下工夫，积极应对国际市场低迷、国际化经营风险的挑战，不断提高领导能力和领导艺术。提高领导能力的关键在以下 5 点：1. 企业要有明确可视化愿景，引领企业的发展方向。2. 要敢于变革现实，勇于战胜困难。3. 要完善管理制度，有效激励下属。4. 要加强人才队伍建设，满足国际化经营的突出需求。5. 要不断学习，提高自己的理论水平、业务能力和领导艺术。

（二）增强责任意识，提高执行力

瑞木公司是多元文化、多元股东的跨国公司，作为瑞木公司的员工，特别是在座的各位，要对股东、利益相关方、员工负责，也要承担相应的社会责任。提高执行力，重在落实，重在监督，重在奖惩兑现。一分规划，九分落实。要统一思想，步调一致，明确目标，脚踏实地，真抓实干。提高执行力要做好以下工作：

1. 加强全员培训，提高员工的整体素质。加强语言和技术培训，提高生产经营的执行能力。从而员工要达到：符合岗位要求的履职能力，语言交流和沟通能力，熟练操作设备能力，公共关系处理能力。

2. 加强履职过程监督，提高执行效果。严禁“违章指挥、违章作业、违反劳动纪律”的三违现象，提高作业效率。严禁“盲目操作、维修窝工”现象，提高维修效率。

3. 加强履职考核，增强履职责任约束力。建立责任追究制度，明确职责权限；强化问责考核，严格兑现奖励惩处。

（三）增强创新意识，激活创新力

瑞木公司面临前所未有的困难和挑战，唯有改革创新，才能破解难题。机构要改革，人员要精简。必须按照集团的要求稳步推进。改革创新，重在改变现状，增强活力。增强活力要做到：

1. 改变现状，扭转生产的被动局面。认真研究配矿、供矿、洗矿、控制矿浆品位和铬浓度的稳定性问题，找到解决问题的有效途径；努力破解“如何提高发电机功率、单向阀和排气阀频繁毁损、槽式擦洗机效率”等难题，达产达标、开源节流、控亏增收、降本增效。

2. 改革薪酬制度，创新分配方式。打破平均主义，向生产一线倾斜，向重要岗位、特殊人才倾斜，向有突出贡献者倾斜。

3. 改革用人制度，为年轻人脱颖而出创造条件。真正体现能者上、庸者下，平者让的用人导向，激发年轻人干事创业的激情，坚定年轻人攻坚克难的信心。

4. 学习新知识，探索新途径。广开言路，拓展思路。

（四）释放包容善意，增强凝聚力

瑞木公司面临的经营环境极其复杂，员工队伍参差不齐，部落风险防不胜防，营造和谐的工作氛围显得尤为突出和重要。积极释放善意，主动化解风险；缓和矛盾、消除误解；建立信任，促成和解；形成豁达、包容的多元文化，增强员工的凝聚力、向心力和忠诚度。重在把企业的发展和个人的成长联系在一起，使个人的职业生涯规划和企业的发展相吻合、个人的收入和贡献相匹配。增强凝聚力要循循善诱、循序渐进。

1. 我们来自五湖四海，为了一个共同目标，就是实现瑞木项目的达产达标、扭亏增收。通过中、巴、澳三方员工的辛勤劳动，为瑞木生存、发展做出应有的贡献，为中冶的矿业开发增光，为个人的职业生涯添彩。

2. 坚持“尽职尽责、有效沟通、积极合作”的工作原则。做好自己的事，不打折扣。关心他人的事，不推诿。共同完成任务，不扯皮。

3. 尊重当地风俗，包容多元文化。见贤思齐，学习先进文化；谨防自满，改变落后陋习。和谐社区关系，化解环境风险。

4. 真诚交流沟通，关注员工的关切。消极、埋怨的情绪会像瘟疫一样扩散，因此要主动疏导、化解员工情绪，激发工作热情和责任心。把企业发展和员工的职业生涯规划有机相结合，增强员工的凝聚力，培养企业可持续发展的员工队伍。

（五）增强危机意识，提高自我生存能力。

瑞木公司自投产以来，亏损严重。2013 年亏损 13.8 亿元，相当每天亏损 378 万元，以 1452 人计，人均每天亏损 2603 元。2014 年是瑞木公司生死存亡的关键一年，大家一定要有危机意识。瑞木公司的命运，掌握在大家的手中。提高自我生存能力，重在增强自我造血功能。2014 年必须完成集团下达的生产任务指标，保 70% 的产能，力争达到 80%。对超过 70% 增收的减亏部分，给予奖励。

1. 增强造血功能，达产达标，实现经营正现金流。堵住跑、冒、滴、漏，刻不容缓。控亏、扭亏，日思夜想。这是硬指标，是考核工作成效的试金石。

2. 开展合理化建议活动，发挥群众的创造力。补短板，堵漏洞；降成本，增效率。挖潜生产潜力，提高生产能力。

3. 继续发扬“艰苦奋斗精神”，开源节流，控制成本；减员增效，提高精细化管理水平。

4. 任劳任怨，尽职尽责。工作上心，“一天也不耽误、一天也不懈怠”。操作用心，精益求精。解决问题专心，深钻细研，集思广益。

（六）强化基础管理，增强可持续发展能力

职能部门的工作重心要下移，增强为一线服务的意识。解决“用非所学、用非所专、用非所长”的突出问题，提高精细化管理水平。学习与工作有关的生产知识，减少工作差错，提高工作效率。增强可持续发展能力刻不容缓，要脚踏实地抓好以下工作：

1. 完善全成本考核体系。以班组为成本中心，以生产工序为考核基础，完善全成本考核体系，落实单位工序成本。对标挖潜，提高工效，降低消耗。

2. 完善岗位责任考评体系。岗位有职责，工作有标准，执行有评价，考核有记录，奖惩有依据，奖优罚劣。工作岗位要分为“重要岗位、支持岗位和一般岗位”，人力资源部要全面核定生产单位的岗位，对不同职级、不同重要程度的岗位建立合理的工资差额。

3. 规范物资采购、库存管理体制。优化物资采购流程，缩短备品备件采购、供应周期。采购人员一定要深入生产现场，了解采购物资、备品备件的功能特性、规格特征、使用地点、几何形状、紧急程度等。建立物资采购、库存管理信息系统。

4. 健全设备采购、维护、保养、维修的科学管理体系。明确责任分工，规范管理程序，提高设备的完好率、作业率。建立设备档案、备品备件、设备维修信息管理系统。

5. 做好公司信息化的整体规划、设计。统筹考虑企业的信息化建设，防止出现信息孤岛。

6. 加强人力资源培训。完善培训计划，规范培训内容，有效组织培训，认真组织考核，要与个人业绩挂钩，奖惩兑现。语言培训是基础，长抓不懈。技能培训是关键，分类组织，统筹安排。安全培训是重点，规范制度，严格执行。

日记篇

RIJI PIAN

如何实现对员工的有效管理

1999年7月10日

领导遵守企业规章制度，为员工起到表率作用，是有效管理员工的前提。以身作则，上行下效。体现人性化管理，尊重员工的个性合理需求，是有效管理员工的基础。否则，员工会产生逆反心理和抵触情绪。同时，理解、信任和关心是有效管理员工的根本保证。

以管理理论为指导，完善规章制度，明确岗位职责，提高管理工作的有效性，减少无效干预，是有效管理员工的重点。有针对性研究管理难点，及时采取有效的控制措施，确保企业各环节处于正常运转状态。

通过管理理论的指导和人性化管理的引导，启发员工自觉参与有效管理，创造性地工作，局部服从全局，局部和全局有机协调运转，共同前进，共同发展，相得益彰。

让员工产生参与意识和成就感是有效管理的良好开端。严格管理，保持合理的工作秩序，形成良好的企业文化氛围。因势利导，循序渐进，重点突破，加强有效沟通，减少无效干预。

有效管理是管理理论和管理艺术有机结合的产物。二者不可偏废，恩威并用，互相促进。

无远虑，有近忧

1999年7月13日

完成调研报告，协助金董事长抓产品质量比较轻松，自己正想何时启程回国。今天，金董事长向我透露，首钢总公司已决定让我留在秘鲁铁矿，兼任总经理。短期回国的愿望落空，家人没有一丝心理准备。真是家事揪心，才下心头；秘鲁铁矿重任，又落肩头。经过40天的调研，我对秘鲁铁矿的基本概念是设备老化，经营恶化。

既来之，则安之。既任之，则干之。更新设备没有可能，唯有从转变观念、加强管理入手，开始艰苦的马拉松。抓质量、促管理、降消耗、增效率是马拉松的必由之路。

任务艰巨，机会难得。相信群众，依靠群众，虚心请教，甘当小学生。珍惜特殊机会，不让记忆留下遗憾；天无绝人之路，挥洒汗水，真抓实干。稳妥推进抓落实，循序渐进求改观。明确两个不变：1. 下半年各部门的预算目标不变，重在落实。2. 为改进质量布置的有关工作不变。坚持两个确保：1. 确保产品产量完成计划。2. 确保产品质量满足用户要求。

为了实现两个确保，要做到两个落实：1. 落实任务到具体部门。2. 落实具体措施和责任人。下半年重点抓两项工作：1. 把秘鲁铁矿有关的西语制度翻译成中文，并汇编成册。各部门翻译属于本部门的制度。2. 修订部门职责、岗位职责。根据岗位职责、个人分工抓落实，兑现奖惩。形成一级对一级负责的工作制度，可以越级了解情况，但不能越级指挥。下级不能越级汇报。让每个人明确自己该干什么？对谁负责？明确“尽职尽责、有效沟通、积极合作”的工作原则。

立足现实，不怨天尤人。群策群力，脚踏实地干。

躬身入局，挺膺负责

1999 年 7 月 30 日

曾国藩在《挺经》第一卷内圣中说：“大抵谓天下大事在局外呐喊议论，总是无益，必须躬身入局，挺膺负责，乃有成事之可鉴。”

今天上午在球团厂台车旁反复观察球团的颜色，发现铺底的边料球团颜色各异，红色球比例大。经过抗压强度测试，红色球的强度很低。

这件事情让我对曾公上述论断的理解更深了一层。确实，有些事情只有深入进去了，才有可能找到问题的症结。透过现象发现本质是研究问题的基本途径。抓球团质量，不能远离现场，更不能闭门造车。

企业管理就是发现问题、解决问题，使企业的各项工作朝既定目标前进。对各项活动的有效控制是实现既定目标的根本保证。要实现对企业各项经营活动的有效控制，就必须对各项活动有全面、真实的了解，对问题有深入的研究。要做到这一点，就应该躬身入局，挺膺负责。只有这样，才能积累经验和素材，为决策提供依据。

领导的任务是决策和用人。决策的基础是对情况的准确判断。用人的前提是了解其长处和不足。这就要求我们深入到各项活动中，既了解工作情况，也要了解人员情况，做到胸中有数。

做沟通合作的表率

1999 年 7 月 31 日

昨天中午，金董事长提到秘鲁铁矿应注意员工之间、员工和领导之间的沟通。对此，我在 7 月 23 日和中方中层干部见面时强调过。1. 明确的岗位工作职责，一级对一级负责的工作制度；2. 积极的合作态度和精神；3. 及时有效的沟通。为了实现有效管理，部门经理要明确工作标准，检查工作成效，纠正工作偏差，确保各部门的工作围绕公司的总目标向前推进。每个人要明确自己应该干什么？自己能干什么？根据工作需要，加强自我完善，不断提高自身素质。

要求虽然提了，但能否在实际工作中见到成效呢？关键在于落实。落实中关键在于领导的表率示范作用。有效沟通本身是企业文化的一种表现，反映了企业管理的基本现状。形成有效的企业文化，领导责无旁贷。

就秘鲁铁矿当前的经营管理现状而言，及时有效的沟通尤为重要，而且，非常紧迫。作为经营者应把这件事情列入管理工作的议事日程，循序渐进。不能停留在口头上，重在抓落实。一方面，健全沟通制度，完善沟通渠道。另一方面，丰富沟通内容，提高沟通效率。要求管理者在沟通和合作上做表率。谁不能围绕公司整体目标在工作中和相关部门、相关同事积极沟通合作，不能逐步增强内部的合作氛围，就要调整谁。

为了稳妥推进有效沟通工作，今年下半年，以和风细雨方式渗透，不做大刀阔斧的调整。

员工队伍建设决定秘鲁铁矿的发展后劲

1999 年 8 月 1 日

正式工作已经半个月了。前一阶段在调研，从 7 月 20 日起作为总经理进入工作状态。通过调研和近几天的工作，深深感受到秘鲁铁矿当前的主要困难表现为资金紧张、销售困难、产品质量不稳定，其本质上制约公司发展的问题是员工队伍素质。

员工队伍建设应该作为明年基础建设的重点。建设的第一步，要使员工队伍逐步年轻化。精简老员工，吸收新大学生，提拔年轻能干的同志，打破干好干坏一个样、干多干少一个样的局面。让每个员工有危机感、紧迫感和责任感。第二步，落实岗位责任制。每个岗位都要有明确的岗位职责，人人都知道自己该干什么？第三步，监督检查任务完成情况，奖优罚劣，调动员工的积极性和创造性。第四步，提出人力资源规划，开展员工知识培训。

配合员工队伍建设，人事部门对现有管理机构设置、人员编制做出科学合理的评价，精简管理机构和管理人员，提高管理队伍素质和办事效率，增强领导对管理部门的有效控制程度。

简化办事程序和严格监督、考核有机结合，做到适当的放权，必要的监控。管而不死，放而不乱，井然有序地开展生产、经营、管理活动，使企业孕育出生机和活力，以增强发展后劲。

人格升华和企业成长并举

1999 年 8 月 8 日

作为企业经营者，公司的发展、效益的提高是义不容辞的社会责任。同时，作为企业管理人员，在公司成长的同时必须注意人格的升华。这两者相辅相成，互相促进。

当企业处于困境时，管理人员的人格升华尤为重要。领导的楷模作用，无声地激发员工的工作热情和奉献精神。领导的楷模作用不只是以身作则、尽职尽责，更重要的是给员工创造发挥潜能的机会，正面启发引导他们的创意，激发他们的热情，培养他们的自信，营造心情舒畅的工作氛围和钻研业务的良好风气。

领导的人格升华为企业走出困境创造条件。只有充分调动全体员工的积极性和创造性，共同研究企业发展的机会、战略和实施方案，并经过认真细致的反复论证，才不至于因决策失误使员工的工作热情消沉。因此，办事讲效率，经营讲效益，以此作为全体员工的行为准则。人格升华应围绕企业的发展目标，企业成长促使人格升华。不能随着企业的成长出现人格堕落。

人格升华和企业成长并举。在异国他乡严格要求自己，以实际行动开辟企业走出困境的新路。这一切要依靠全体员工的参与和共同努力，依靠组织和领导的支持和帮助，自己只是扮演组织协调的作用。

基础工作亟待加强

1999年8月11日

随着工作的深入，发现秘鲁铁矿的基础工作亟待加强。今天首钢设计院樊工找我，她负责球团三号线设计工作。她说现在还没找到尼古拉斯最新区域平面图，有些施工图上没有坐标，是一些示意图，我听了很惊讶！

按常理，这种事不该存在，实际它就是这样。由此可见，加强基础管理刻不容缓。清理现有规章制度，分部门审查。修订管理制度是加强基础管理的基础。这项工作不能操之过急，对已经翻译成中文的制度，应有高水平翻译审校。根据生产实际作废一些过时的制度，补充完善急需的制度。制定新的急需制度是各部门基础管理的重点。让不同层次的员工认识基础管理的重要性。员工积极参与修订完善制度是加强基础管理工作的重点。提高员工队伍素质，加强员工培训是提高管理水平的根本保证。

这项工作应该和贯彻ISO 9002工作结合。围绕贯标工作抓基础管理。生产部和技术部已布置了贯标的基础工作，下一步组织贯标培训，重点是培训官员。官员积极支持贯标，才能带领员工参与贯标。官员以身作则，为企业的达标奠定基础，创造条件。我的使命就是把这项工作积极稳妥地推向前进，全面加强企业的基础管理。

如何突破历史遗留问题的束缚

1999年8月12日

今天，翻译范老师和我讲，和工人工会的谈判已破裂，下一步形势更加严峻。自从首钢购买秘鲁铁矿后，1993年签订了永久有效的《工人集体协议》，给秘鲁铁矿套上了紧箍咒。随着时间的推移，箍越来越紧，勒得企业喘不过气来。据公司领导讲，唯有更换企业主，才可以重新谈协议。既然这样，我们就应该做一些咨询工作。不然，每年总是陷入漫天要价的工会谈判，被折腾得焦头烂额。

从秘鲁铁矿的实际出发，采取有效措施，解决劳资矛盾已经到了刻不容缓的地步。如果不下决心解决《工人集体协议》的单边协议问题，秘鲁铁矿将会被工会的捣乱搅得不安。解决这一问题，不是哪一位领导能决定的事情，必须由党委会研究，统一认识，是否应该走改变企业主的路子？一旦明确，就要向首钢总公司汇报。

如果真要更换企业主（在形式上），各项准备工作必须做充分、细致，考虑到一切可能的消极后果，做好应急预案，确保新企业主在和工人谈判时占据主动，彻底摆脱过去集体协议的束缚，形成新的劳资关系。彻底改变秘鲁铁矿的员工队伍现状，朝年轻化方向迈进！事情重大，需要先咨询有关律师，探讨其可行性，不能贸然行事。总之，这条路一定要探索！

处事以义，待人以礼

1999年9月15日

《素书》第一章开宗明义：夫，道、德、仁、义、礼，五者一体也。概括了古代的辨证思想，以道为体为用，以德为用为果，济世以仁，处事以义，待人以礼。如果能做到以上五点，则基本确立了经世济国之根本，谋略权变之准绳，涉世立身之起点。

虽然，今天的市场经济引进了大量的西方哲学和西方文化，人们的道德规范、行为准则也渐渐地发生变化，但仔细观察、分析，大凡在事业上有成就的中外名人，都有一个共同的特点，那就是明盛衰之道，通成败之数，审治乱之势，达去就之理。

喜逢盛世，不应虚度年华，应以贤人君子为榜样，钻研古今经典之作，探索朝代更迭之因，关注百姓痛恨之事，克服浮华急躁之弊。严于律己，宽以待人。立德，潜居抱道，以待其时。立言，规范管理，恪守原则。立功，在逆境中奋起，磨炼意志，百折不挠。学习曾国藩的内圣外王之法，打掉牙和血吞。在顺境中冷静，谨言慎行，坚守原则。以诚待人，以理服人。团结中秘员工，切忌恃才傲物。引领中秘员工，顺势而行。

面向21世纪，国内经营国际化，国际竞争国内化。一要抓好人力资源开发，培养具有战略眼光和竞争能力的人才。二要建立现代企业制度，适应市场经济需求，充分调动员工积极性。三是实现技术创新，生产高附加值产品，增强企业的创新能力。

按照首钢总公司“压库存，抓应收货款回收，杜绝透支，引进资本”的要求，针对秘鲁铁矿的实际，集中精力抓好完善体制、机制，强化生产经营管理，促进技术创新，充分发挥员工的积极性和创造性，提高企业的创利能力。为实现以上目标，先从压库存、促销售、抓回款、降成本的具体工作做起，明确工作职责，从严要求。深入实际，解决制约产品质量的问题。

千头万绪，处事以义，待人以礼。

山雨欲来风满楼

1999年9月16日

前天下午给三位工会领导人发预告信，拟开除他们。今天已经有了反响。白天，他们召集工人工会开会，准备罢工，没有形成决议，就组织游行，并且，和政府在接触，希望政府出面干预，一场暴风雨即将来临。从这两天的情况看，高级法律顾问有点反常，明显站在工会一边。这体现了他的原则和立场。金董事长对他的表现极为不满，今天已给予一定的回击。审时度势，防止随着事态的发展，再出现节外生枝的地方。现在需要齐心协力、同舟共济，以有理有利有节的方式和工会斗争，维护公司的利益和中国人的形象。

面对危局，临危不乱，处变不惊。同时，要做过细的工作，战略上藐视工会的力量，战术上重视工会的破坏作用，采取积极防范措施，防患于未然，控制事态的发展。

秘鲁政界会不会介入此次开除领导人的事情，现在还不能确定。万一介入，事情将变得更加复杂。我们要做好迎接挑战的准备。

正是黑云压城城欲摧，破船又遇当头风。步履维艰的秘鲁铁矿，面临着生死存亡的考验。

不要轻易许诺

1999年9月17日

今天，在小牛回国前和她沟通情况，征求她对我工作的意见。我的真诚令她感动，她对我的工作提出以下忠告："不要轻易许诺，许诺的要兑现。不要陷入喜欢听好听的圈子。"

这些话确实是今后自己值得注意的问题。第一，不要轻易许诺。少言多听，听别人的意见和建议。有些事情即使应该去做，但如果还受制于其他原因，就不能轻易许诺。第二，一旦许诺就应兑现。否则，言而无信，不知其可也。领导不能轻易允诺部下，说到就要做到。曾子杀猪是古代教育的典型例子。今天，对我们也有深刻的教育意义。第三，不要只听好听的话，不愿意听不同意见。这是很多人犯的共同错误，自己也有犯这种错误的可能。随着地位的变化，这种可能性在增加。第四，自己过于单纯，书生气十足。社会复杂，秘鲁铁矿十分复杂。鉴于此，改变过于单纯的个性，事要三思，居安思危，防患于未然。

以上四点，应吾日三省吾身，并在反省中提高认识，明辨是非，引以为鉴，在自我完善的道路上前进。

勿忘国耻

1999年9月18日

1931年9月18日日本发动了侵华战争，东北沦陷，大部分东北老百姓流离失所，大学向内地转移。七七卢沟桥事变，日军全面入侵。南京大屠杀，血流成河。国共合作，全民抗日，历时八年，抗战胜利。但是，抗战胜利日，不能忘3500万同胞的冤魂！9·18国耻日，不能忘记侵略者的罪行！

日本武力侵华失败了。但是，随着改革开放，日本经济转移的成功，殊途同归，实现了政治侵华未能实现的野心。引进外资，发展经济，不能麻痹大意，失去政治独立性。改革开放，文化渗透，不能掉以轻心，丢掉民族自尊心。经济合作，多元共存，不能心存幻想，形成技术依赖性。学习世界文明，借鉴先进经验，不能自暴自弃，产生媚外的奴性。

世纪之交，不能忘记国耻，记住我们为什么挨打？贫穷难以独立，落后必然挨打！21世纪，中国人应该雪耻，珍惜抗战胜利，坚守政治独立性，建立民族自信心。以经济的独立自主恢复民族自尊心，以全民的自力更生改变经济落后的面貌。唯有经济的快速发展，才能形成强大的物质保障，摆脱发达国家的技术封锁，实现民族工业的健康发展，中国人主宰自己的未来和命运！

秘鲁铁矿，作为国家境外投资的企业，肩负着发展经济的重任。发展经济离不开高素质的人才。调动人的积极性是企业经营的关键。建立人尽其才、物尽其用的激励机制，发挥员工的聪明才智，扎扎实实工作，改变生产经营的被动局面，为国民经济健康发展做出力所能及的贡献。

世界五百强，经营者的目标

1999年9月28日

昨天，《财富》杂志举办的世界500强论坛在上海举行。世界500强企业60家企业的董事长出席会议，中国有200多位企业家代表出席会议。

这次会议在中国举行,意味着中国对企业家的认识已经突破了传统观念。最近，国家明确指出，中国要培养一支企业家队伍。企业家是一种宝贵财富。然而，在中国真正能够称得上企业家的人不多。作为企业的经营者应该朝着成长为企业家的目标前进。

依我之见，企业家应该具有创新精神、市场意识、开拓精神、合作意识、适应能力、风险意识。此外，企业家必须有丰富的知识，优良的品质，实事求是的作风，认真负责的态度和积极进取的思想。

对照检查，自己的差距较大。但我坚信，只要坚持不懈地努力，取人之长，补己之短，谦虚谨慎，戒骄戒躁，就会逼近追求的目标，自己的企业也会不断壮大。进入世界500强不是一个抽象的概念，它由若干丰富内涵组成，每一项内涵对企业经营者都有明确的要求。唯有加强管理，建设一支高素质的人才队伍，脚踏实地，百折不挠地前进，世界500强的梦想就会变成现实。

追求世界500强，既有压力，更有动力。矢志不渝学，勇往直前干，就能靠近目标，最终实现目标。

经营管理相得益彰

1999年10月26日

经营和管理之间有着密切的联系，但二者又有本质的区别。经营的关键在于把握市场机遇，争取市场份额，获取利润。管理的关键在于提高企业整体素质、健全决策体系、完善管理制度、合作关系融洽、办事效率高、公众形象好、企业凝聚力强。

一个管理水平高、经营能力强的企业，在市场低迷时，抵御风险的能力就强。相反，若管理水平低，即使暂时盈利能力强，在市场低迷时就缺乏应变能力，处于艰难之中，随着利润的耗尽，有可能走向衰亡，甚至破产。管理能力提高是一件艰苦细致的事情，非一蹴而就。然而，管理作用不为人所知，往往以成败论英雄。偶然的意外利润总会一俊遮百丑，引起公众关注，给予高度评价。此时，管理基础薄弱的企业容易沾沾自喜，偶尔获利会飘飘然，以为企业可以和大公司抗衡，盲目扩张；一旦市场变化，管理薄弱的不足就暴露无遗，只有招架之功，无还手之力，任市场摆布，以惨败收场。古今中外，无一例外。

明智的经营者，不为眼前的利益沾沾自喜。吾日三省吾身："竞争对手在做什么？企业竞争能力是什么？市场的走势如何？顺境中关注管理是否松懈？流程是否顺畅？办事效率是否在降低？"明智的经营者，有忧患意识，经营、管理两手抓。以管理促经营，卧薪尝胆，胜不骄，困不馁。以经营拓市场，带动管理升级。经营与管理，互为表里。没有管理基础的经营，缺乏可持续发展能力。没有经营业绩的管理是无源之水，无本之木。没有稳健的经营业绩，难以支撑管理成本。

企业经营者，抓经营不遗余力，抓管理脚踏实地。不为暂时的盈利而忘乎所以，要反思企业的管理水平、管理意识是否适应激烈竞争的环境。抓利润不能放松管理，抓管理不能忽视营销。管理水平的提高为获利创造条件、奠定基础，经营成功为完善管理提供物质保障，二者相辅相成，不可偏废。管理基于经营，有得放矢。经营依赖管理，稳健发展。

保全自己和完成任务的关系

1999年11月3日

最近，看电视连续剧《李克农》，听得最多的话就是："保全自己比战胜敌人更重要。"由此，联想到现在的工作，保全自己和完成任务同等重要。

这就提醒自己要注意工作方法，要考虑外部环境的特殊性，考虑秘鲁员工的实际情况。凡事不能操之过急，动机和效果有机统一。国内管理体制的特殊性、秘鲁铁矿当前困难的复杂性和收购秘鲁铁矿时遗留的问题交织在一起，各项工作被蒙上一层阴影，说不清路在何方，看不清坑在何处。

既来之，则安之。既干之，则尽力。无论如何，要尽经营者应尽的义务，循序渐进地推进各项工作，哪怕是阻力很大，进度很慢，决定做的事，一定要坚持。统筹考虑企业的眼前需要和长远目标，既不能完全围着口号、目标转，也不能一意孤行、执迷不悟。在环境允许的前提下，做一些实实在在的工作。哪怕马上不会看到成效，只要是企业可持续发展、企业生存必须做的工作，一定想办法坚持下去。

适应复杂环境，提高工作效率和办事效果是对自己的严峻考验。不能顾此失彼，更不能忙于应付。要善于听取不同意见，减少工作失误，提高决策水平。这是MARRIOTT总裁在THE SPIRIT TO SERVE中谈到的经验。经营者应该培养听的能力，学会听别人说话，启发别人说话，寻求真话，防止被假话包围，从而减少、杜绝决策失误，防止企业因失误而陷入绝境。

身为经营者，说话机会多，言多语失，覆水难收。若满足于自己滔滔不绝说，不习惯听别人说话，很难听到真话，也很难发现自己的错话，容易滋长骄傲情绪，脱离实际，孤芳自赏，最终导致盲目决策，给企业造成无法估量的损失。对此，忧勤惕厉，不可掉以轻心。

在大众面前滔滔不绝的讲话，是虚荣心在作怪。三分钟的满足感会带来30年的后悔。要办实事，不能图虚名。前事不忘，后事之师。克服言多的毛病，培养静思的涵养，以提高判断能力和决策水平。既要保全自己，更要发展、壮大企业。

培养团队精神

1999年11月22日

一个企业不论大小，从开始经营就必须注意团队意识的培养，防止个人主义蔓延。否则，随着业务规模的扩大，内部个人主义蔓延引起的内耗会剧增，严重阻碍业务的健康发展，影响企业内部的有效沟通和积极合作。

提倡“尽职尽责、有效沟通、积极合作”的工作原则，抑制个人主义倾向，把个人目标纳入公司的发展目标之中，给每个人提供展示才华的机会，公平竞争，人尽其才。

良好的企业文化需要在实践中不断注入新的内容。领导以身作则，积极倡导、践行企业文化，奉行行为准则，恪守核心价值观，不懈努力完善、矢志不渝坚持企业文化，将会使企业文化与时俱进，赋予更强的生命力。

形成团队精神不易，保持团队精神更难。引导员工树立为团队发展的献身精神和攻克难关的创新精神，既是经营者的使命，也是丰富企业文化内涵的力量源泉。引入竞争机制，建立激励机制，为个人的发展创造条件。同时，提倡互助合作，共同进步，为团队发展壮大、团队精神升华奠定基础。二者不可偏废，互相促进。

任何组织都是一个有机整体，组织的健康运行，需要组织中每个成员尽职尽责，有序有效工作。因此，提倡团队精神是组织发展的需要，更是当今竞争的需要。企业的竞争，不能靠个人单打独斗，需要全体员工群策群力，共同努力。任何自恃聪明的单打独斗行为，必然会在竞争中碰壁；任何个人英雄主义的想法，必然为团队精神所唾弃，最终自然走向失败。

建设团队精神，调动个人积极性是企业文化建设的重要组成部分。既要强调团队的有效沟通、积极合作，又要提倡公平竞争，奖罚分明，充分调动全体员工的积极性和创造性。

21世纪的竞争，既是人才的竞争，也是企业文化的竞争。优秀的企业，以优秀的企业文化引领优秀的团队竞争。要在激烈的竞争中占有一席之地，既要培养有竞争力的人才队伍，又要始终坚守企业文化的精髓：一是共同遵循的永恒价值观——尊重人；二是坚忍不拔的前进动力；三是强大的团队力量和伟大的团队精神。企业的发展离不开人才，企业的人才策略应立足于现有人才的挖掘、培养、利用。完善激励约束机制，努力形成良好的公平竞争、奖罚分明的环境，既要发掘内部人才，也要吸引外部人才，真正实现人尽其才，物尽其用。

纤夫和破旧的船

1999年11月18日

二战结束，日本投降，斯大林称自己是伏尔加河上的纤夫，拖着苏联这艘破旧的船在艰难地前进，既怕自己倒下，又怕船沉了。蒋介石也如是说。

回想自己现在的处境，深深体会到这句话的内涵。当事人的感受，常人是难以理解的。我现在好像太平洋彼岸的一个纤夫，拖着秘鲁铁矿这艘破船，既怕风雨扑面，又怕船漏沉没。

斯大林以他钢铁般的意志，把苏联这艘船拖向了胜利的彼岸。他死后，赫鲁晓夫拖着船继续前行，否定了他生前的所作所为；最后，戈尔巴乔夫把船拖离了社会主义的航道，使其沉没。

蒋介石以他的独裁，把旧中国的航船拖向灭亡。自己无奈，逃到了小岛——台湾。此后的几十年，他却实现了台湾的经济繁荣。

不管是斯大林，还是蒋介石，就纤夫本人而言，拖船时都竭尽全力，甚至是呕心沥血，具有很强的事业心和奉献精神。从这个意义上说，值得学习这种执著追求精神。同时，我们应该反思，船为何沉没了？我们应该分析借鉴失败的原因，避免重蹈覆辙，防患于未然。

今天的我，拖着秘鲁铁矿这艘船，究竟能走多远，船会不会沉？一切都是未知的，我也不需去计较。作为纤夫，只需一个信念，掌好舵，尽力拖船前进，涉急流，过险滩，百折不挠。

无论后人如何评说，不管船能走多远，只要自己尽力了，就问心无愧。作为纤夫，应该向前人学习奉献精神和执著态度，用尽全部心血拖着事业的航船前进！

在太平洋彼岸，以前人为榜样，在事业的航海上，拖着负重的秘鲁铁矿航船，顶风冒雨迎烈日，奋力前行，留下中国纤夫的足迹——脚踏实地，默然前行，矢志不渝，迎接黎明！

培育服务精神

1999年11月19日

企业之间的竞争实际上是服务的竞争，它包括服务质量、服务态度和服务水平。要在激烈的竞争中生存，就必须培育服务精神，增强服务意识，提高服务水平，改进服务态度，提升服务质量。企业文化中应该有服务特色和服务基因。培育良好的企业文化，形成优良的服务精神。这是经营者的神圣使命。

在不同时期、不同的经营状态下，应该有不同的服务特色和重点。对不同的客户、不同的业务应该有不同的服务内容和服务方式。但是，服务宗旨应该是一致的：为客户提供最大限度的方便，在互惠互利的交往中共同发展。

企业在顺境中，应重点强调增强服务意识，完善服务内容，巩固企业的公众形象，提升企业的声誉，增强客户对企业的信赖，扩大业务范围，提高竞争能力。

企业在逆境中，应重点强调提高服务质量，培养服务意识，争取赢得客户，要拓展业务，和客户保持必要的联系，经常沟通信息，维持正常的公众形象，参与必要的公众交往活动。

无论在顺境中，还是在逆境里，培养员工的服务意识和服务精神是经营者义不容辞的义务和责任。针对企业的业务性质，形成独具特色的服务风格。随着企业的发展，不断完善服务内容，提高服务质量，是企业生存的客观要求。随着竞争的加剧，不断增强服务意识，吸引服务对象，以敏锐的眼光，透过服务发现商机，以果断的魄力，利用服务捕捉商机，为企业走向成功奠定基础。

警防过分自信

1999年11月20日

过分自信是一种破坏性力量，尤其对事业春风得意者，过分自信会断送前程。对一般人而言，过分自信会招致失败，疏远朋友，变得孤陋寡闻。过分自信的典型特征是相信自己的假设和直觉。作为秘鲁铁矿的经营者，面对如此落后的企业，难以抑制强烈的改革愿望，很容易冲动，刚愎自用，最终会断送拯救残局的机会。因此，时刻告诫自己，兼听则明，偏信则暗；不要过分自信，相信群众，依靠群众，走群众路线。

需要改变不合理的现状，但不能操之过急。如何改变？不以个人意志为转移，必须采取恰当的方式，稳妥推进。因此，需要深入实际了解情况，耐心探索改革之路，审慎选择实现方式。谨防一着不慎，满盘皆输。需要改变不合理的现状，但其不合理之处究竟是什么？仅凭直觉和表面了解，很难把握其本质。只有深入调查，听取不同阶层的意见，才能接触到问题的核心，才能发现问题的实质。

如何改变不合理的现状，如何进入良性循环？不仅需要分析现状，更需要研究分析同类企业的成功经验和失败教训，结合本企业的现状，针对市场竞争的客观要求，形成一整套战略思路，制定系统的行动方案和严密的实施计划，坚定不移地推进。

过分自信要不得，但自信不可少。不可自负，但不能自卑。相信自己的能力是基础，依靠组织的力量是根本，听取不同意见、修正方案是关键，立即行动是保证。无论多完美的方案，如不付诸实施，也只能是设想而已。言必信，行必果。环境复杂，任务艰巨。恪守如履薄冰的心态，谨言慎行。

逆境可以使组织优化

1999年11月21日

经济周期是一种客观现实。企业的经营不可能置于经济周期之外。因此，经营形势不可能一帆风顺，在经济萧条之时，如何维持企业的正常经营？谋生存、求发展是经营者必须认真思考、坦然面对的现实问题。

MARRIOTT 公司总裁对身处逆境的见解有独到之处。他认为，公司处于最困难的时期可以实现组织的优化。这要依靠公司创造的共同价值准则。由此可见，培育良好的公司文化，形成共同的价值观和行为准则，是企业发展不可或缺的养分，是企业走出困境的路灯。逆境迫使我们轻装上阵，来之能战，战之能胜。逆境要求我们精干，逆境可以使组织优化。

良好的倾听习惯和技巧是了解真实情况、防止自我欺骗、偏听偏信的有效措施。防止盲目扩张，保持合理规模。注意细节、弥补不足、完善自我是改进工作、改进服务的根本保证，是提高服务质量、工作效率、经营效益的有效途径。关心员工是增强凝聚力和竞争力的关键。帮助员工解决生活和工作中的困难，可以激发员工的工作热情和创造性。但是，在逆境中要量入为出，分轻重缓急，有时需忍痛割爱，置之死地而后生。

对公司充满信心，但不过分自信。缺乏信心在困难面前会手足无措，过分自信会陷入被动。自信是走出逆境的火把，在黑暗中照亮前进的方向，看到希望。作为经营者，践行自信的企业文化，保持原则性和灵活性之间的平衡。在坚持原则的前提下，根据市场的需求变化，促使业务健康发展。在发展变化中始终坚持企业文化的核心价值观。

逆境锤炼意志，坚定必胜信念。逆境凝练文化，建设必胜能力。逆境优化组织，提高工作效率。逆境涅槃重生，焕发拼搏热情。

立业之本在于勤

1999 年 12 月 7 日

无论做什么，离不开勤字。搞科研、做学问要勤；业务管理要勤，市场开拓要勤。作为经营者，一定要腿勤，深入实际，深入基层；嘴勤，不明就问，有疑必问；手勤，自己动手，亲身感受。

作为服务行业的 MARRIOTT 公司，成功的根本经验就是现场巡视。现场巡视不仅要腿勤，更需要嘴勤。主动和下属交谈，了解其所思所想，了解业务的真实情况。

生产企业亦然，只有亲身经历，亲自做过，才能对如何改进操作程序、提高办事效率有的放矢。否则，很可能是纸上谈兵。利用一切机会亲自锻炼、体验，积累第一手资料，对改进决策程序、提高决策水平有极其重要的作用。

首先，腿勤。不满足于听汇报、看报表；习惯于深入现场看生产情况、设备运行情况、工人作业情况等，及时发现生产中的问题，现场办公，第一时间解决问题。深入基层，了解员工的精神状态，基层的组织纪律情况，是否人浮于事？

其次，嘴勤。发现问题，及时问原因，仔细问过程，耐心问办法。敏而好学，不耻下问。

第三，手勤。事情自己做，文章自己写。调研不浮在上面，深入实际，亲自动手体验。

第四，脑勤。不满足于汇报材料，凡事问为什么？怎么办？对收集的资料去粗取精，去伪存真；深入思考，找出事物的本质特征；认真研究，因势利导，对症下药。

业精于勤荒于嬉，行成于思毁于随。合理利用时间，认真思考问题，积极采取对策，严格奖惩兑现。不怕问题多，就怕不识货。天道酬勤，勤能补拙。

IBM过程质量管理的启示

1999年12月9日

IBM公司在产品开发与革新、生产和经营中的过程质量控制有其独到之处，值得我们学习借鉴。

IBM过程质量管理的特征是：1. 帮助项目确定工作目标，统一意见，并制定具体的行动计划。2. 全员统一目标，把精力集中在公司或小组具有重要意义的工作上。3. 为面临困难任务缺少共识或者工作主次有分歧时提供冲破疑难的方法和动力。

具体做法：1. 建立一个工作组。工作组应至少由与项目有关的若干人组成，应包括一些董事、副总裁、部门经理或其他人员。2. 召开一个为期两天的会议。3. 写一份关于任务的具体说明。4. 进行10分钟头脑风暴式的讨论。组员把可能影响工作组完成任务的因素列出来。每个人都要贡献自己的想法，不允许批评和争论。5. 找出重要成果因素。6. 为每一个重要成果因素确定业务活动过程；针对每一个成果因素列出完成它所必需的工作。7. 填写项目表和有限工作图。8. 完成后续工作。

它山之石，可以攻玉。IBM的过程质量管理给我们指明了如何抓过程控制，如何抓主要矛盾，如何发挥集体和个体的不同作用。实质上，过程质量控制成败的关键在于工作小组人员的素质，不同素质的人，即使应用了同样的工作方法，效果会截然不同。

任何先进的方法都需要人掌握。在启动任何新的管理方法之前，一定要权衡是否有称职的人员承担具体的工作。因此，从秘鲁铁矿的实际出发，为了全面掌握现代管理技术，提高人员素质是当务之急。借鉴别人的先进经验，针对具体问题，提出可操作的过程质量控制程序是攻克球团质量不稳定的关键。

关于人力资源规划的思考

1999年12月13日

组织设计、工作优化、人员激励和员工不满问题的解决是人力资源规划要考虑的基本问题。工作需要和人力资源现状之间的矛盾是人力资源规划考虑的关键要素，科学规划、系统优化是人力资源规划的主导思想。

马斯洛需求理论是人员激励的依据。首先，应该分析员工的不同需求、不同潜能、不同经历和追求，为员工发挥潜能、实现个人追求、满足基本需求创造条件。科学合理地利用激励手段，把公司目标和个人目标有机结合。

对组织的诊断、分析可以发现组织对员工发挥潜能的支持程度、组织管理的透明程度、对员工的监督方式、员工的基本素质、员工之间的融洽程度等。在此基础上，发现问题，纠正偏差，使组织的肌体更加健康，充满活力。组织设计应立足于此。

工作优化是调动员工积极性的基础。枯燥的工作往往使人感到厌烦，从而导致工作效率低下、个人满意度下降，从而波及客户，引起客户对公司不满，公司形象受损。因此，对工作进行优化设计，充分考虑人性需求，使其技能需求多样性、任务灵活，让员工感到工作重要和自身拥有的工作自主权，领导重视员工反馈的信息。

了解员工不满的问题，分析其原因，有针对性地妥善解决。解决员工需求问题，一定要和员工的激励相结合，既要考虑员工的物质需求，更要关注他们的精神需求，尤其是自我价值的实现，合理利用有限的物质财富，激发员工的内在潜能。

综上所述，人力资源规划应该完善公司的用人策略，制定具体的实施方案，做到人尽其才，物尽其用。唯有此，公司的竞争能力才会不断增强。

毅力＋士气＋实力＝成功

1999年12月26日

昨天下午，看了一个故事片，反映了孤儿院的一个孤儿，挑战连续五年的冠军，凭借毅力、士气和实力获胜。

由此联想到，做任何事情，要想成功，都必须凭借毅力、士气、实力，这些是必不可少的基本因素。如果没有顽强的毅力、高昂的士气，仅靠先进的训练设备也不能保证拳击手获胜。

毅力需要磨炼。孙中山先生曾有愈挫愈奋的誓言。面对困难、打击、挫折，最需要的就是毅力。士气，需要鼓舞。战前动员和号召，是战争获胜必不可少的。激发斗志、增强信心是克服困难、走出困境的精神财富。实力需要培养、积累，逆水行舟，不进则退。不停地学习、锻炼、总结，实践是增强实力的基本途径。把毅力、士气和实力有机结合，就奠定了成功的基础。

就经营企业而言，无论何时，我们都不能有侥幸心理，必须在培养毅力、士气和实力上下工夫。这相当于国内的练内功。这种内功应该在良好企业文化和科学管理制度的指导下苦练。实际上，实力的培养离不开毅力和士气的增强。这些都属于基础管理的范畴。由此可见，加强企业的基础管理是何等重要。

就个人成长而言，经历过的事情十之八九是挫折和失败。正因为每次挫折和失败后没有放弃，继续战斗，才迎来了毅力的坚定，实力的增强。从而鼓起了勇气，继续战斗，愈挫愈奋，百折不挠，在激烈的竞争中获胜。

坚忍不拔的毅力和持之以恒的精神是个性中的基本要素。在新的环境中赋予新的内涵，用全部心血验证“有志者事竟成”的信念，以百折不挠的毅力挑战自我，实现人生的自我价值。

经济全球化与人才本地化的趋势

1999年12月27日

20世纪90年代，经济全球化的进程进一步加快。在经济全球化的进程中，跨国公司的发展起到了极其重要的作用。随着跨国公司的迅速发展，人才本地化已列入跨国公司管理的议事日程。东道国也在采取对策应对这种发展趋势。

经济全球化打破了国家的地理界线，世界范围内国家之间、洲际之间的经济发展的相互依赖性日益增强。生产网络化、服务社会化进程日益加快。由此产生了一个超越国家控制权限的因素，即跨国公司全球化和人才使用本地化。任何国家，如果仅凭主权概念和政治控制限制跨国公司全球化和人才自由流动，已显得苍白无力，不但限制不了对方的迅速发展，还会加剧人才的外流。面对这种全球范围的潮流，明智的办法是以积极的合作态度参与国际化，适应跨国公司发展对本地区、本国的要求，调整自己的方针、政策，为跨国公司提供优质服务，增强本国经济，培养人才队伍，更新管理体制，加快发展步伐。

以合作的态度去考虑经济全球化和人才本地化的趋势，增强危机感和紧迫感。认真反思人才队伍能否经得住经济全球化的考验？管理体制机制能否留住生产急需的生产、经营、管理人才？能否为竞争性人才发挥聪明才智创造条件？

就秘鲁铁矿而言，人才本地化急需解决员工队伍年轻化的问题，需要引入竞争机制和激励机制。同时，急需精简中方员工、提高中方员工的素质、能力和合作精神。异国经营，中方员工并非韩信点兵，多多益善。

只要肯做牛，就会有田耕

2000 年 1 月 2 日

只要肯做牛，就会有田耕。这就告诫我们，特别是年轻人，不能好高骛远攀比，要脚踏实地做事。在激烈的竞争面前，人人都应该有肯做牛的精神，不存任何侥幸心理。敢于正视困难，勇于战胜困难。在经济萧条、市场疲软的大环境下，不能怨天尤人，要像老黄牛一样，任劳任怨为主人耕田。关键是肯放低头颅，扑下身子，有肯做牛的心态。

培养肯做牛的精神，是一件艰苦的事情。吃苦受累是对意志品质的考验。一般人很难忍辱负重。因此，培养在艰难面前挺起腰的意志，摔倒了，爬起来继续前行；培养在屈辱面前昂起头的自信，失败了，打掉牙和血吞。有志者，事竟成，百二秦关终属楚；苦心人，天不负，三千越甲可吞吴。

秘鲁铁矿现在的处境依然艰难，在绝境中挣扎。作为经营者不敢有丝毫的懈怠，不能有半点的麻痹。危机感似集结令警钟长鸣，紧迫感如进军号催人奋进。保持肯做牛的心理准备，无论在何处耕田，都要竭力服务主人。忘记曾经的苦难，在逆境中紧绷牛劲。不怕现在的艰难，遇屈辱时心底坦然。只要有田耕，何惧去做牛。

企业的发展需要凝聚员工的智慧和力量。榜样的力量是无穷的，经营者带头做牛，汇聚员工的牛劲，无往而不胜。在困难面前，领导应表现出顽强的意志品质和吃苦耐劳精神。唯有此，才能度过眼下的难关，摆脱经营困境的羁绊；才能挣脱亏损的泥潭，走向起死回生的彼岸。坚定肯做牛的决心，树立有田耕的信心。忍辱负重，质量品种创效益；卧薪尝胆，凝心聚力建文化 。

不能忘记自己是农民的儿子，永远保持吃苦耐劳的本色。工作不敷衍，遇千难而沉着应战。做事不拖延，碰万险而意志弥坚。以老黄牛的精神，耕耘秘鲁铁矿这块贫瘠的土地。无怨无悔接力，无欲无求奉献。

关于服务的思索

2000 年 1 月 11 日

企业之间的竞争实际上是服务的竞争，包括服务质量、服务水平、服务态度的竞争。要在激烈的竞争中生存，就必须培养服务精神，增强服务意识，提高服务水平，改进服务态度，提升服务质量，企业文化中融入全方位的服务特色。这是经营者一项庄严神圣的使命。

从广义上讲，每个人的工作都是为别人提供服务，从普通百姓到总统，无一例外。要想做好本职工作，就必须提供优质服务。研究服务对象，改进服务方式，提高服务质量，是形成独特服务精神的基础。在此基础上，对上述内容进一步研究，升华为理论，用以指导服务，形成服务精神的核心。

以实际行动践行服务精神，形成独具特色的价值观和行为准则，即服务文化。随着事业的发展，服务精神的作用越来越明显。随着实践的丰富和发展，赋予服务精神新的内涵，服务精神的作用越来越突出，但其价值观永远不变。

千里之行，始于足下。建设企业文化，培育服务精神，是一项艰巨的任务，不会一蹴而就。因此，把企业文化的理念、价值观和行为准则转化为员工的自觉行动，需要经营者不懈努力，以身作则，矢志不渝，勇往直前。任何伟大的设想、美好的方案，如果不能付诸实践，永远不会变成现实。服务精神也不例外，唯有认真服务，才会得到客户的认可和积极反馈，才会在经营中产生正面影响。唯有只争朝夕，服务精神才会在企业生根、发芽、开花、结果，价值观和行为准则引领的服务精神才能在员工心目中变成行动的指南。践行服务精神，贵在行动。年轻人从步入社会的第一天起，就应该学习、培养良好的价值观和行为准则，以此引领自己的服务精神，脚踏实地工作，形成自己安身立命的服务精神。

只能靠我们自己

2000年2月21日

今天《经济日报》“海尔告诉我们什么”一文引用了张瑞敏最喜欢引用的富兰克林·罗斯福的一句话：“我们唯一害怕的就是我们自己，谁也救不了我们，只能靠我们自己；只有不断战胜自我，才会强大起来。虽然路很长，只要找到路，就不怕路远”。

由此联想到秘鲁铁矿的处境。今天已是秘鲁政府要实施罚款的日子。因有4896.9万美元的投资承诺没完成，根据1996年双方签订的投资补充协议规定，应向秘鲁政府缴罚款1224.23万美元。罚款以后的路怎么走？是我一直思索的问题。

秘鲁铁矿接下来的路该怎么走，我觉得只能靠我们自己。现在，我们需要冷静地反思，与竞争对手比较，在观念、机构、人员和产品结构上还有哪些差距？满足市场需求、生存需要还要做好哪些工作？我相信，差距是多方面的，追赶竞争者是永恒的课题，缩小差距不能一蹴而就。我们重点弥补“创新意识、创新机制、创新能力”不足的差距，归根到底是缺乏创新的人才队伍。这是最大的差距，也是最可怕的差距。企业不怕问题多，只要我们知道差距在哪里，应该怎么办，问题会逐渐解决，差距能逐步缩小。相反，最可怕的是就问题的表面现象泛泛空谈，没有把主要精力集中在如何解决问题上，或者是头疼医头，脚疼医脚，不可能从根本上解决问题。

我们需要以创新意识营造创新的人才队伍，以创新的经营机制确立创新的企业文化和创新的管理体制，为客户提供有竞争力的产品和营销服务，逐步培养秘鲁铁矿的竞争能力。先求生存，完善自己；培育实力，再图发展。路在脚下，脚踏实地前行；商海八面，迎四方客户。眼观六路看准方向，耳听八方捕捉商机。

企业经营谋略

2000年3月5日

当今世界已进入战略竞争、战略制胜和战略管理的高层次竞争时代。企业经营者面临新的挑战，一是经济全球化、市场一体化和信息一体化的挑战，二是知识经济兴起的挑战，三是第二次管理革命的挑战，从“科学管理”时代进入新管理时代。

重温《孙子兵法》，深受启发。兵法制胜的原则对指导企业经营管理，尤其对战略管理有深远的指导意义。“谋、道、将、势、治、先、变、奇、交、知”的制胜谋略，对企业的战略规划、市场谋略、企业文化、员工管理、公司治理、市场竞争等都有指导作用。

谋，对企业经营者审时度势、统揽全局、增强战略意识有现实的指导作用。“上兵伐谋，不战而屈人之兵”。这是谋的最高境界，不战而胜。在现代企业的市场竞争中也有不战而胜的成功范例。作为经营者，系统地研究市场、客户、竞争对手和企业，确定自己的战略定位，寻求不战而胜的境界，探索竞争合作的有效途径，寻求借船出海的机会。

“善用兵者，屈人之兵，而非战也，拔人之城，而非攻也……”。从企业争夺市场份额的角度出发，也并非要和竞争对手拼个你死我活，诸如价格战、广告战等，真正战胜对手的策略在于从行业角度出发，分析企业服务的现状、客户的需求、我们的薄弱环节，从增强自身竞争力、满足客户需求出发，拾遗补缺，开发处女地而领先对手，避实就虚，扬长补短。

从建立长期客户、长期合同的角度出发，并非利润最大化，而要互惠互利、站在客户的立场去考察其合理诉求，尽力满足其要求，以增强客户对我们的信任度。这需要企业做大量艰苦细致的工作，知己知彼，百战不殆。这相当于“其次伐交”。形成良好的企业公众形象是建立长期客户的基础。

用谋略去争夺人才是“谋”胜思想在企业的成功应用。有了人才，才会制定出制胜的战略。有了人才，才能在竞争中占据主动。因此，企业经营者的人才“谋”略应包含发现人才、培养人才、使用人才的独到谋划，与众不同，保证人才脱颖而出，来之能战，战之能胜。

立足现实，脚踏实地。借鉴先贤的谋胜思想，把握商机。坚持以人为本的谋略，秉承大营销的观念，摆脱传统观念束缚，理论和实践相结合，探索生存、发展之道。谋，企业经营发展之大事，不可不察。

苦心与实干是立身之本

2000年3月26日

“路漫漫其修远兮，吾将上下而求索”。这句传世名句凝结了苦心与实干的精髓。

苦心者，有卧薪尝胆之志，不达目标誓不罢休。实干者，有百折不挠之气，勇往直前，默默耕耘。不求轰轰烈烈，但求问心无愧。苦心加实干构成了我们的立身之本。

苦心和实干的意志品质往往是在逆境中磨炼而成的，唯有饱经沧桑、历尽艰辛者，才能愈挫愈奋，成其大业。唯有经历过风雨者，才能领略到彩虹。唯有苦心和实干，才能奠定成功之本。有志者，事竟成，百二秦关终属楚。苦心人，天不负，三千越甲可吞吴。这一名句以生动的事例向后人展示了苦心和实干的伟大力量。

没有经过逆境的锤炼，苦心和实干的意志还不够坚定。稍不注意就会忘乎所以，产生随波逐流的念头。在激烈的国际化竞争面前，还缺乏一块赖以立身的稳固之本。危险、忧患随时存在。稍不留意会一败涂地，一落千丈。面对现实，如临深渊，如履薄冰。应对未来，矢志不移，卧薪尝胆。

秘鲁铁矿当前的生产经营形势依然十分严峻。居危思变，临危不乱。在逆境中磨炼意志，培养苦心、实干精神。苦心的关键在于退思，磨炼心智。退思，在于退而不怯，思而奋进。既不颓废消沉，也不盲目冒进。退思，是苦其心志，劳其筋骨。以退为进，冥思苦想。遵循自然法则，寻进退之理，悟成败之法。实干的关键在于积累，稳操胜券。积累，在于隐忍，隐而不失，卧薪尝胆；忍而不息，蓄势待发。积累经验，伺机而动；领悟智慧，运筹帷幄。

在逆境中秘鲁铁矿能否起死回生？作为经营者能否不辱使命？关键在于能否驾驭心智，能否理性应对当前的困难。因此，不能被当前的困难所压垮，以不屈不挠的意志，苦心实干，不懈追求。历经苦难痴心不改，将苦心升华为抱负，以实干铸就成业绩，为秘鲁铁矿走出绝境奉献自己的心血。

进不忘退思。牢记“螺旋式上升、波浪式前进”的自然法则，以实干凝练经验，靠苦心增长智慧，坚韧不拔度难关。退不忘积累。坚守“卧薪尝胆、绝地反击”的信念，以文化凝聚人心，靠智慧引领未来，涅槃重生创奇迹。

信誉源于点滴积累

2000 年 4 月 11 日

有权威的领导不但在员工中口碑好，在客户中的信誉也不错。这是人格魅力长期积淀的结果。

如果想在公司内部树立威信，就要在员工和合作者心目中建立信誉。一个人的信誉不是个人标榜形成的，是日常工作中严于律己、宽以待人的结果。取信于人就要说到做到、一视同仁，要求别人做到的，自己首先做到，己所不欲勿施于人。取信客户就要关心对方的合法权益，诚信无欺，赚取阳光下的利润，为客户提供优质服务。

企业经营者能否取信于员工直接决定了他能否取信于客户。经营者的品质直接决定公司的公众形象，也影响企业文化的形成。一名合格的经营者，应该是一名带领企业发展壮大的精神领袖。因此，首先要注重个性修养的锤炼和培养。正心诚意修身，致知格物精进。在古代君子修身齐家，是为了治国平天下。今天，经营者正心诚意修身，是为了企业的发展壮大。其次，经营者要提高知识素养，积累工作经验，做业务管理复合型领导。第三，形成良好的人际关系，忍让为先，不占便宜。唯有此，才能获得别人的信任，铸就自身的信誉。信誉是辛勤耕耘、点滴积累的结果，不是一蹴而就、一曝十寒的恩赐。

作为经营者，踏上修身路，艰难何所惧。肩负发展的使命，积蓄壮大的力量。多少事，从来急；天地转，光阴迫；引领员工，只争朝夕。

面对现实的勇气

2000年4月16日

“不在沉默中爆发，便在沉默中死亡”。这是鲁迅先生面对旧中国的呐喊！体现了他面对现实的勇气，用他战斗的笔，唤醒被奴役、处于水深火热中的中国人。

“凡是有利于增强国力，有利于提高人民生活水平，有利于社会生产力发展的，我们都可以尝试。”这是邓小平同志面对人们为姓资姓社困惑时，向全国人民郑重的声明。体现了他面对现实的勇气，以高瞻远瞩的眼光指明了国有企业发展的方向。

今天的秘鲁铁矿，正处在一个生死攸关的紧要关头。作为经营者，必须勇敢面对现实。不能消极面对，应该有鲁迅先生呐喊的勇气，有小平同志三个有利于的远见卓识。秘鲁铁矿的现实是：设备老化，人员老化，品种单一，严重缺乏竞争力，存在被市场淘汰的危险。制约其发展的因素有：永久的《工人集体协议》，高额的财务费用。

作为经营者，我们不能回避困难，更不能回避责任。当企业处于生死存亡的危急关头，领导应该走出传统观念的束缚，把自己的荣辱置之度外，要有面对现实的勇气、改变现状的信心和立即行动的决心，不能优柔寡断，更不能左顾右盼。从实际出发，在深入调查研究的基础上，形成可行的实施方案。最重要的是方案付诸实施，不能坐而论道。监督检查实施效果，及时反馈实施信息，完善运行机制，确保方案健康推进，不让时光白白流逝。

尽管秘鲁铁矿的现状艰难，有很多困难，既有资金紧张的困难，也有设备老化、人员老化的制约。但是，作为经营者，就是要有计划、有步骤地解决这些问题。面对市场的冲击，困难的袭击，勇于承担责任，与全体员工同甘共苦，有卧薪尝胆之志，以实际行动扭转矿山的被动局面。

王安公司失败启示录

2000年4月20日

王安公司的崛起靠的是华人特有的吃苦耐劳精神，勇于迎接挑战、敢于战胜困难的品质。然而，王安公司的失败也与东方文化、传统家族观念有着直接的关系。凡是想在激烈的国际竞争中立于不败之地的中国企业家，应该认真研究王安公司的成长、衰败历史，借鉴其成功的经验，汲取其失败的教训，在自己的经营历程中不要重蹈王安公司的覆辙。

决策失误导致王安公司失去了在个人计算机市场上的份额。当IBM和DEC公司满足个人电脑市场时，王安公司仍以重型电脑为主营方向。由此可见，掌握市场动向是做出正确决策的基础和根本保证。

用人不当加剧公司的衰落。由于家族观念的局限，任命自己的儿子王列为公司总裁 ，王列，既缺乏统揽全局的经世之才，也没有团结他人共同奋斗的合作精神，致使高级管理人员和技术专家相继离开王安公司。

由此可见，建立科学的决策程序，形成公平、公正的用人机制对公司的生存、发展是多么重要。用发展的眼光看过去的成就，不能轻视过去的弱者。用创新的观念指导工作，不能满足于守住过去的成就。敢于否定自己的过去，用开放的思想学习借鉴一切人类文明的成就，兼收并蓄，博采众长。

静思未来

2000年4月23日

周末闲暇，静思未来。作为秘鲁铁矿的经营者，现在是如履薄冰，战战兢兢。静坐常思己过，闲谈莫弄人非。审视自己的言行、举止有无不妥之处。正心诚意修身，实现齐家治企业的使命。规范言行，规划未来。多少事，从来急，天地转，光阴迫，要只争朝夕。莫等闲白了少年头，空悲切。

结合秘鲁铁矿的情况，总结过去的经验和教训，分析现实的优势和不足，以务实的态度研究对策。不沉迷于曾经的经验，不埋怨眼下的困难，不空谈明天的规划和发展，以只争朝夕的态度，脚踏实地，朝着未来的目标，一步一个脚印前进。

不为小胜而沾沾自喜，不因困难而畏惧不前。敬仰志士仁人，卧薪尝胆，不坠青云之志。走出困难的阴影，以满腔的热情投入工作，以坚定的自信改变未来。铭记“不积跬步无以至千里、不积细流无以成江海”的古训，以百折不挠的毅力和精益求精的精神，做好今天的工作，工作有思路、有进度、有成效，用成绩证明自己存在的价值，以行动引领企业走出困境。

洁净心灵，不满足于现状。志当存高远，趣应避邪庸。洁净生产环境，保护生态，造福员工。人与自然和谐相处，心与员工水乳交融。洁净心灵，看淡名利得失。洁净生产环境，肩负历史使命。在艰苦的环境下，不怨天，不尤人，鼓舞士气，浴火重生。

有感利润与人才

2000年7月29日

松下幸之助把企业发展的动力归结于两个“轮子”：人才与利润。利润提供企业发展的动力，人才提供企业发展的能力，两者结合，企业才能发展。

就秘鲁铁矿现状而言，既无利润，又缺人才，进入恶性循环。因没有利润而留不住人才。同时，因缺乏人才很难提升获利能力。相比之下，人才短缺显得更为紧迫，问题更为突出。在激烈的市场竞争中，企业最宝贵的资源就是人才。推销产品比制造产品更重要，培训人才比推销产品重要。由此可见，从长远考虑，企业培训人才，形成一支有竞争能力、创新能力的员工队伍是企业发展的根本。一方面，提供企业发展的能力，另一方面，提供企业获利的动力。

基于以上思考，我们计划每年招收20名新大学生，充实人才队伍；并对中青年管理人员给予不同方式的鼓励，以激发骨干的创造性和热情，从而增强公司的创新能力和竞争能力。唯有员工队伍的创新能力和竞争能力增强了，企业的获利能力和可持续发展能力才能增强。这是企业发展的良性循环之路，无论多艰难，一定要坚持这个思路。在培育人才、使用人才、激励人才上有新的突破，为扭亏增盈注入活力，增强盈利的动力。

把利润和人才有机结合、形成良性循环的催化剂是良好的企业文化。其核心就是公平、公正、公开的激励机制和竞争机制。作为经营者的重要使命就是形成这种机制，并全面推广，以调动全体员工的积极性和创造性。这不仅依靠领导的以身作则、秉公办事能力，还有赖于领导的人格魅力和凝聚力，更重要的是领导的管理能力、业务能力和驾驭市场能力。

把一个经营亏损、人才匮乏的企业建设成一个有盈利能力和可持续发展能力的企业是自己的神圣使命和艰巨任务，路漫漫其修远兮，吾将上下而求索。

放权与监控

2000年9月8日

过去的体会是国企始终走不出“一放就乱、一管就死”的怪圈，究其因，没有处理好放权与监控的关系。在秘鲁铁矿工作的一年多时间，一直在尝试适当的放权，必要的监控，收效尚可。自己的体会是管理幅度合理，岗位职责明确，权责统一对等，奖惩分明果断。这里包含了组织设计、人力资源开发利用的诸多内容，穷其毕生精力也难研究透，运用好。因此，在工作中不断总结经验，汲取教训，研究放权的合理幅度、监控的关键环节，使经营管理工作趋于合理，充分调动各级员工的积极性、创造性，做到放而不乱，管而不死，实现整个系统的健康运行。这是经营者的重要使命，路漫漫其修远兮，吾将上下而求索。

就秘鲁铁矿的现状看，设计的管理幅度不合理，岗位职责不明确，权责没有统一对等，奖罚既不分明，也不及时果断。由此可见，自己还有很多工作要做。这些工作不能脱离现实的制约，必须充分考虑历史的原因、操作的可行性，循序渐进，动而不乱。

在改变过去的管理体制、制度时，应该借鉴其成功的内容，克服盲目排他倾向和忘乎所以的自负。应该审慎地对待自己的改革方案，解剖其内部，寻找不完善之处，认真分析其优劣。在此基础上，再稳妥推进，充分利用放权与监控的互动关系，激发员工的活力，规范组织的约束力，使企业和员工共同成长，共同进步。

读书随笔

2000年9月11日

最近，先后读完《新经理完全管理手册》和《企业家成败定律》。掩卷沉思，感悟颇多。

《新经理完全管理手册》的理念、经验值得借鉴，书中有相当多的成功经验来自于经营管理者实践，而不是来自哈佛商学院。由此联想到日常的管理工作，不是例行公事，蕴含着管理创新的萌芽。在经营管理中应该总结成功的实践，升华为经营管理理念，指导今后的生产经营实践。管理实践的不断创新，适应新形势，指导新情况，推动管理理论的发展。

管理是一门科学，也是一门艺术。作为科学，有其理论基础。应该坚持不懈学习管理理论，以指导经营管理实践。作为艺术，有其实践性。在经营管理实践中，应该大胆探索，循序渐进，推陈出新，精益求精。

《企业家成败定律》一书引发了无限的思考，今天成就事业的经验，并不能保证明天事业的成功，更不能保证事业繁荣、基业长青。相反，你今天虽然渺小，或者在竞争中暂时失利了，并没有宣判你终身不能成就大事业。只要善于总结经验，虚心学习别人的长处，在失败后站起来，同样可以创造奇迹。日本经济的崛起就是成功的典范。

当企业经营顺利时，千万不要得意忘形，冷静地分析成功中的不足，适时地加以调整，不断改进和完善，使其适应新环境，为企业的发展注入新的活力。

当企业经营困难时，更不能消沉、气馁，坚定必胜的信心，总结失败中的成功要素，继承发扬。同时，大胆摒弃错误的、过时的做法，融入有生命力的要素，百折不挠地前进，一定会告别山重水复疑无路的迷茫，迎来柳暗花明又一村的盛景。

召开监工会议的紧迫性

2000年9月15日

今年以来，生产形势相当严峻，一方面，设备老化、设备状况恶化影响正常生产；另一方面，因监工对下属的管理缺乏尊重、理解，员工的工作热情不高。另外，存在个别监工素质低、管理水平低、生产组织不科学、生产效率低的问题。进入三季度，形势有恶化之势，直接影响全年预算指标的完成。

要扭转这种被动局面，人的作用第一。监工处于承上启下的地位，充分调动他们的积极性，对扭转生产被动局面有至关重要的作用。基于以上判断，定于今天下午召开监工及监工以上的官员会议，向他们提三点要求。

一、要融洽员工关系。这是秘鲁铁矿多年来的老问题。传统的等级制，主管对一线员工缺乏应有的尊重。员工关系不融洽直接影响生产的正常运行。

二、有效组织生产。时间利用率低，作业效率低，一直是困扰秘鲁铁矿的老大难问题。监工素质低、奖惩不明的《工人集体协议》、《职员集体协议》是造成这种局面的主要原因。

三、提高业务能力。监工素质的高低直接影响到生产组织的有效性、合理性。知识老化的问题已十分突出。要提高监工及监工以上官员的素质迫在眉睫。

总之，这是监工努力的方向，是所有高级管理人员的重要使命，是秘鲁铁矿生存和发展的客观要求，是提高员工队伍竞争能力、创新能力的必由之路。

借鉴不战而屈人之兵

孙子云：“凡用兵之法，全国为上，破国次之；全军为上，破军次之；全旅为上，破旅次之；全卒为上，破卒次之；全武为上，破武次之。是故百战百胜，非善之善者也；不战而屈人之兵，善之善者也。”

在商战日益激烈的今天，细心体会孙子的谋略哲理，感悟企业的经营管理。企业不战而屈人之兵，要建立在强大的实力、竞争力和团队凝聚力的基础上。经营者不战而屈人之兵，必须提高综合素质，增强竞争力、影响力和感召力，形成不战而胜的吸引力。成为人之楷模、事之向导是不战而屈人之兵的关键。

作为企业，既要打败对手，又不两败俱伤，必须选好突破口，寻求竞争合作的机会，彰显自己的优势，占据有利地位。未来企业发展的趋势是合作多于竞争，不是你死我活。合作必须换位思考，关注对手的关切，尊重对手的合理诉求，在此基础上赢得主动，获得竞争优势，扩大市场份额和影响力。单纯地追求兼并、消灭对手，未必能够达到预期效果，以往的兼并教训是“好吃难消化”，文化排异导致兼并失败的事例比比皆是。兼并非上之上策，宜审慎选择。

在经济全球化、市场一体化的形势下，企业在成长期容易犯兼并、盲目扩张的错误。企业的健康成长应注重增强内生动力。在加强内部管理上下工夫，增强竞争能力，建立良好的社会形象，扩大对外界的影响力，形成不战而屈人之兵的氛围。唯有此，才能稳健发展，从优秀走向卓越。

兼听不厌，决策无怨

2000年9月25日

最近，关于在圣胡安生活区安装水表一事，人力资源部的工作令我极为不满。今天上午，人力资源部副经理告诉我一些情况，说明还有别的原因。这使我想到兼听则明，偏信则暗的道理。

随着地位的提高，兼听的渠道少了，如果稍不注意，就会陷入偏信则暗的境地。拓宽信息渠道，利用非正式信息来源是弥补正规信息渠道不畅、信息失真的有效手段。同时，由于地位高了，往往会听不进不同意见，甚至脾气大了。这样在身边就会出现阿谀奉承者，把你捧杀。这是可怕的陷阱。防止这种悲剧的关键是健全决策程序、明确岗位职责、完善管理制度。其次，是选用敢于讲真话、办实事的人，对他们不能求全责备。第三，要沉着冷静，遇事不冲动，不发怒，平易近人。第四，加强业务学习，提高分辨是非能力。

处在顺境中，很容易头脑发热，忘乎所以。此时，保持兼听的习惯，深入实际巡视是唯一的正确选择。任何时候，都不能想当然。凡事问为什么？是什么？怎么办？任何时候都不能过分自信，更不能自负。智者千虑必有一失，愚者千虑必有一得。

鉴于秘鲁铁矿当前的困难局面，在工作中更不能盲动，决策上不能有丝毫的失误。但是，也不能消极等待，只要兼听不厌，决策就会无怨。

同心同德，求同存异

2000 年 9 月 27 日

25 年来的工作经验证明，单位不论大小，只要能同心同德，求同存异，一定会不断发展壮大。否则，就会分崩离析，走向衰落。秘鲁铁矿目前处于绝境之中，要想绝处逢生，同心同德、求同存异是唯一的出路。作为经营者，肩负着企业起死回生的重任。因此，一定要做好同心同德、求同存异的工作，充分调动大家的积极性，齐心协力，共度难关。

同心同德、求同存异不是口号，更不是命令，是企业文化的具体体现，是企业领导人表率作用在员工队伍中的共鸣，是企业的无形资产。作为经营者，不但要为股东获利，并形成可持续发展能力，而且要在形成企业文化方面做出不懈努力，做带领员工同心同德奋斗的楷模。

同心同德、求同存异是领导应具备的起码条件之一。作为企业领导，一切言行不能被自己的言行、喜好所左右，必须把企业的生存、发展放在首位。在工作中求同存异，团结大多数人一道工作。只有这样，才会形成同心同德的凝聚力。

同心同德、求同存异是企业适应经济全球化、市场一体化形势的客观要求。有志于企业发展壮大的志士仁人应该不懈探索同心同德、求同存异的有效途径。谁能在工作上求同存异，顾全大局，谁就会把周围的员工团结起来，形成强大的战斗力，建成同心同德的战斗集体。

构筑良好外部关系

2000 年 9 月 30 日

今天，我专程从矿区赶到利马，晚上代表秘鲁铁矿给中国驻秘鲁大使任景玉举行欢送晚宴。明天一早返回矿区，和中方员工一起庆祝中华人民共和国成立51周年。

虽说一路风尘，甚是辛苦。但一想到这是为秘鲁铁矿构筑良好外部关系。苦一点、累一点无所谓，是自己义不容辞的责任。

诚信是做人之本，也是构筑良好外部关系之本。古人云：“言而无信，不知其可也”。信守诺言是做人的美德和起码要求。不论何时，在对外交往时应该把诚信放在首位，坚持“正直、坦诚、信守诺言、信誉至上”的原则，只有这样，才能赢得客户、利益相关方的信任。

尊重、理解、信任、关心对方是构筑良好外部关系的必由之路。建立在互相尊重、互相理解基础上的合作关系，才会赢得对方的信任和关心。任何伪善的尊重和伪装的谦恭只能讨得对方一时的欢欣，不会形成良好、稳定的合作关系。任何夸夸其谈的许诺和故弄玄虚的炫耀，只能使自己处于尴尬境地，不利于企业构筑良好的外部关系。

加强内部管理，形成良好的企业文化，建成一支有竞争能力的员工队伍，是巩固良好外部关系的根本保证。

两眼盯住市场，一手抓内部管理，一手构筑良好的外部关系是总经理的神圣使命。

潜居抱道，以待其时

2000年11月1日

古往今来，有很多志士仁人因时运不佳而潜居抱道，以待其时；而不是随波逐流，苟且偷安。穷则独善其身，达则兼济天下，是他们的行为准则。孟子是其中的代表之一，他的如下誓言令人钦佩：“居天下之广居，立天下之正位，行天下之大道；得志与民由之；不得志独行其道。富贵不能淫，贫贱不能移，威武不能屈，此之谓大丈夫”。

回顾自己二十五年的工作经历，逆境多于顺境，失意多于得意，付出多于回报，多少有点时运不佳的感觉。尽管如此，自己对未来依然充满信心，利用一切机会完善自己，提高自己的竞争能力，用心血和汗水书写人生，不留任何遗憾。宁愿天下人负我，我绝不负天下人。这是战胜一切困难的力量源泉。

尽管自己是一个普通的百姓，不敢奢望和古今志士仁人齐名。但自己的精神追求永远像先贤看齐，正心诚意修身、齐家治国平天下将作为毕生的努力方向。无论遇到什么困难，遭到什么挫折，都不会自暴自弃、苟且偷安。

潜居抱道将作为基本的生活态度。保持独立的人格，威武不屈，贫贱不移。沿着“立德、立言、立功”的道路继续前进，不急不躁，脚踏实地。不求春风得意，但愿无愧吾心。为国尽忠，为家尽孝。

礼之用和为贵

2000年11月4日

今天处理了一件小事，再次体会到领导的主要任务是协调好人际关系，调动群众的积极性。否则，即使自己忙得不可开交也不是合格的领导。

如何协调人际关系？古人早有训诫：“礼之用和为贵”。这就告诉我们不要激化矛盾，更不要人为制造矛盾。为别人的方便创造条件，不要在别人前进中设置障碍。急别人所急，想别人所想，应该作为领导处理人际关系的基本准则。凡事设身处地替别人着想，以心换心。

当代以人为中心的管理，从其本质上讲是尊重人的价值和创造能力。创造融洽的环境，发挥员工的创造性，离不开“礼之用和为贵”的道德规范。

由此可见，从古到今，做合格的领导，必奉行“礼之用和为贵”的道德准则。做合格的居民，也该遵循“礼之用和为贵”的道德规范。做承上启下的同事、领导，更需要巧妙地运用“礼之用和为贵”的处世技巧，对领导不奴颜婢膝，对下属不傲慢无礼。

然而，现实的人际关系并非和谐，尤其是中外员工在一起工作，因语言、文化、信仰等差异，误解不时出现，矛盾无法避免。这就对领导提出了更高的要求，协调中外员工关系，及时化解矛盾是有效组织生产的保证。融洽员工关系是企业可持续发展的基础，遵循“礼之用和为贵”的道德规范是企业文化的重要任务。协调关系，化解矛盾，路漫漫其修远兮，吾将上下而求索。

概念与务实

2000年11月15日

今天，孙总和我聊国企的管理问题。感觉显著特点是概念讲得多，务实似乎少。尤其在知识大爆炸的今天，企业管理的理论探讨与时俱进，基础管理则颇受冷落。很多领导滔滔不绝地讲管理理念，其实，更多的是管理口号，赶时髦而已，缺乏务实的巧妙应用，没有真正的融会贯通。有哗众取宠之嫌，无管理提升之效。如果“严、细、实、新”抓好了，工作一定有成效。

讲概念似乎与时俱进，抓实事好像偏离轨道。这是一种思潮。企业在不断地推进各种改革，依然缺乏竞争力；好像新瓶装旧酒，依然无人问津。各种变革似乎概念讲得多，培训学得多，真抓实干少。缺少大庆的“三老四严”精神，不会有改变落后的真实业绩。殊不知，好多发展机会都在夸夸其谈的时髦中丧失。国企的通病之一是讲概念，比造势，吹得天昏地暗，吹出数字庸官。国企的通病之二是讲形式，不务实。紧跟舆论唱高调，造就空话吹官。久而久之，资产难增值，人才难留住，员工难满意。

其实，企业不在于体制，而在于工作是否务实，基础是否扎实。如果能够秉持务实的态度，以严谨的作风工作，不用时髦的管理方式，一样可以创造业绩。这也许就是民企迅速发展的秘笈所在。如果我们能脚踏实地抓管理，真正秉持按劳分配原则，一定能超越民营企业。坚持务实的原则，用人重实效，不听你说什么，重在考察你能干什么！确立企业的价值导向和用人导向，势必增强凝聚力，减少内耗和扯皮。唯有此，企业才有望从优秀走向卓越。

重温唯物论和辩证法，发现民企比国企用得好，真正能理论联系实际；国企则被时髦的管理所绑架，互相比赶时髦，学习各种先进的管理知识变成热热闹闹走过场。就秘鲁铁矿而言，如何能摆脱这种干扰和影响，是经营者必须理智思考的问题。务实是企业生存的需要，效率是检验工作的试金石，效益是企业生存的价值所在，对股东负责，对员工和利益相关方负责。这是经营者必须坚守的基本原则。工作少讲概念，做事脚踏实地。

诤言、深思、决心

2000 年 12 月 1 日

今晚，人力资源部副经理在谈到矿区安装水表时，说出了他的真心话。他对此事一直有不同意见，难怪对我布置的工作一直不积极。今天总算说出了他的想法。他认为安装水表后，仍不能解决收水费的问题。不管他的动机如何，这些话对我来说是诤言。

我听了这些话，觉得应该再认真思考这件事是否有理由被否定？这些理由是否充分？解决这一问题是否有更好的办法？再三思索，还是不能否定自己的决定。安装水表解决用水的计量问题。这是管理的起码要求。否则，谁在浪费水都不知道。此外，通过计量解决收费问题。规定一个免费供水标准，多消费的部分应该收费。这是天经地义的事情，如果为此担心，那么，基础管理又如何加强呢？！不安装水表如何解决浪费水的问题呢？如何衡量每家用水的多寡呢？

显然这些问题并没有在他的脑海中思考过，只是出于畏难，本能地抵触变化。安于现状，对加强管理的任何举措都是抽象的同意，具体的抵触。会上同意，会下作梗。这是相当可怕的事情，也是中层干部面对困难局面的基本态度。

经过反复思考，再三权衡，没有找到任何更好的办法解决用水计量的问题。尽管他不同意公司的决定，并不能动摇我办这件事的决心。虽然，他提醒我办这件事恐怕会栽跟斗。即使有这种风险，也不能就此作罢。因为，促使自己下决心做这件事的根本动力在于，通过安装水表，实现用水的计量，解决污水处理的计量问题。有效控制生活用水，就可以控制污水排放量。根据生活污水的数量确定污水处理设施的规模。这不是一个简单的装水表的问题。

善意的建议背后是安于现状的消极思想，是明哲保身的处世哲学。作为经营者，能否让秘鲁铁矿起死回生，不但要改变生产经营现状，扭亏为盈，更要改变员工的思想现状，从消极等待中走出来，敢于担当，勇于负责，善于解决问题。

把握今天

2000 年 12 月 5 日

12 月 1 日人力资源部副经理和我谈了他对在生活区安装水表的真实想法，引起我的沉思。其实，不止他一个人有这种想法，大家习惯于安于现状，对改变现状的任何举措都会有本能的抵触，甚至是恐惧。然而，对秘鲁铁矿而言，不改变现状，不加强管理，任其发展，只能等待破产。

为了企业的未来，不但要改变，而且需要雷厉风行，说干就干，尽全力把握住今天。“今日复今日，今日何其少；今日又不为，此事何时了？忘记过去意味着背叛。面对今天的困难局面，不能一味埋怨，要思考昨天，哪些事该做没有做？哪些事能做不去做？如此造成的后果是什么？举一反三思考，触类旁通地总结，完善管理，改进工作，减少人为的耽搁和拖延，提高办事效率。唯有此，企业才有望从逆境中走出来。

为了企业的未来，不能寄希望于明天。“明日复明日，明日何其多，吾生待明日，万事成蹉跎。”我们应该反思昨天，吾日三省吾身：“本职工作尽职乎？部门工作协调乎？同事彼此有效沟通乎？”查找不足，引以为鉴。把握今天，珍惜一切。牢记“多少事，从来急，天地转，光阴迫，一万年太久，只争朝夕”。借鉴昨天，把握今天，创造明天，勇往直前。

过去、现在和未来之间有着必然的联系，但往往被人们忽视。我们应该从过去的实践中思索未来的线索，从现在的工作中把握未来的方向。运筹帷幄，捕捉未来的发展机会；卧薪尝胆，突破现在的困境。我们不能被现在的困难吓倒，不能墨守陈规，敢于直面困难，敢于迎接挑战，敢于改变现状。唯有此，才能抓住未来发展的机会，创造美好的明天。

分析现状、借鉴历史是把握未来发展机会的关键。通过创造性的思考，勇敢地付诸实践，开辟新途径，创造崭新的明天，愿景就会变成现实。逆水行舟，不进则退。如果屈服于安于现状的惯性思维，改革的举措就会搁浅，创新的意志就会动摇。作为经营者，既不能墨守陈规，也不能盲目行动。唯有经过充分的思想准备，果断地把握今天的商机，大胆变革，随时准备捕捉发展的机会，企业才能走出逆境，实现涅槃重生。

唯有把握今天，才能创造未来。必要的技术准备和充分的精神准备是创造未来的首要条件，完善的决策程序和科学的决策制度是把握未来的基础，及时付诸实施是创造未来的根本保证。因此，作为经营者，牢记自己的使命是在实践中不断完善工作，百折不挠地推进重点工作。不为今天的变化而忘记昨天，不能因今天的幸运而虚幻明天。千里之行始于足下，九层之台起于垒土。工作要脚踏实地，学习要循序渐进，围绕企业的发展目标，凝聚全体员工的智慧，矢志不渝，勇往直前。把握今天，创造未来。

实干是秘鲁铁矿的唯一出路

2000 年 12 月 7 日

秘鲁的落后，秘鲁铁矿的艰难，决定了经营者的工作大环境。如果不能正视现实，时间会在抱怨中消失，机会将从餐桌边溜走。唯有采取务实的态度，脚踏实地工作，才有望扭转当前的困难局面，才能迎来重生的机会。抱怨无济于事，解决不了实际问题，前人的任何过失都有其特定的背景和原因。空谈自己的英明，只能是隔靴搔痒。总结过去、引以为鉴是必要的，但是，埋怨过去、纸上谈兵是有害的。

秘鲁铁矿的唯一出路在于实干。总结经验，汲取教训，借鉴别人的做法，结合当前的实际，采取有效措施，不做表面文章，真抓实干。在实干中锻炼队伍，在实干中完善管理，在实干中增强凝聚力和竞争力。企业能否走实干之路，关键在于主要领导的工作作风和经营理念。

无论是顺境，还是逆境，实干是个人的立身之本，实干是企业的根本出路。“诚信、务实、开拓、创新”的企业精神就是企业实干的行动指南。实干以诚信为本，树立良好的企业形象，赢得良好的外部环境。实干以开拓创新为动力。务实是实干的根本出发点。凡事不摆花架子，以增强企业实力、改善员工待遇、提高员工竞争能力为目标，开拓市场，开发产品和客户，以创新的观念促进体制创新，以体制创新推动技术创新，市场份额逐步扩大，企业实力逐步增强，体制机制逐步完善，企业效益逐步提高，企业步入良性发展的轨道。

唯有实干是秘鲁铁矿的唯一出路。咬住青山不放松，任尔东西南北风。

感觉、记忆、经验

2000 年 12 月 11 日

无论是和员工接触，还是和客户打交道，第一印象非常重要。英文有“First four minutes”之说，即你和人第一次接触时，前 4 分钟就形成了基本印象。这个感觉根深蒂固。在对外交往中，把握好前 4 分钟的黄金时间，给对方留下好印象。

人们认识事物一般都经历感觉、记忆、经验几个阶段。熟能生巧概括了感觉、记忆、经验之间的辩证关系。凡事第一次只有感觉，感觉好坏直接影响以后的发展。经历的次数多了，就形成记忆。随着记忆的累积，经历的升华就产生了经验。对于学习新知识、新技能而言，先要有感觉，把不同的感觉、感受、感想累积起来，进行比较，形成不同的记忆，完成实践、认识的过程。在此基础上，再经历无数次从认识到实践、再从实践到认识的过程，使记忆升华为经验。

无论是学习书本知识、专业技能，还是企业管理的实践，都要经过感觉、记忆、经验三个阶段。与不同所有制企业的合作，彼此都要经过相互的感觉加以比较，形成新的记忆，以此尝试新的合作模式，逐步创造出新的合作经验。对于不同的员工，针对第一印象的不同感觉，采取不同的对策，积累不同的激励管理经验。

对于不同的合作伙伴，要想合作不走弯路，不出现大矛盾，一定要注意刚开始产生的感觉，把接触的感觉分类汇总，形成对该企业的记忆，决定采取什么方式与其共事。按照这样的方式甄别合作方，就能创造出不同的合作经验。反之，因感觉、记忆的不准确，采取的合作方式不成功，就会形成教训。

处处留心皆学问，世事练达即文章。平时对不同人、不同企业的感觉要敏锐，善于把感觉累积为记忆，在记忆中筛选特征，根据记忆设计不同的管理、合作方式，经过实践证明其方式成功，就上升为经验。这是积累管理经验的基本途径。

忧患意识

2000 年 12 月 18 日

秘鲁铁矿的生产经营仍然是内忧外患，举步维艰。路在何方？依然迷茫。作为经营者，居危思变，临危不乱。无论走向何方，都会遇到坎坷和障碍，必须跨越荆棘丛林，走过激流险滩，才有望看见生机。风险依然存在，不可掉以轻心。稍不注意会被市场的大浪卷走，前进途中依然有迷雾笼罩。

作为中国在境外投资最大的资源型企业的经营者，深感责任重大，使命光荣。面对困难，要有劈波斩浪的勇气，坚定拨云见日的情怀。雄关漫道真如铁，而今迈步从头越。“地上本没有路，走的人多了，便成了路”。自己到秘鲁铁矿工作以来，在戈壁滩上晨练已经走出一条小路。看着这条小路，对鲁迅的名言有了深刻的理解。看着这条小路，坚定了把秘鲁铁矿带向成功彼岸的信心。只要心中有目标，朝着目标始终不渝地前进，秘鲁铁矿一定会走出一条成功之路。由于诸多因素的制约，这条路一定不平坦，不能盲目乐观；这条路一定不顺畅，会蜿蜒崎岖，有高山深谷，有惊涛骇浪，甚至有豺狼虎豹。一定要有忧患意识，前进的路上有雷鸣闪电，有狂风骤雨，会云遮雾障。

坚定信念，在战略上藐视面临的困难。心存忧患意识，在战术上重视眼下的困难。一个没有忧患意识的民族必然被淘汰，一支没有忧患意识的军队注定要失败，没有忧患意识的企业迟早会被市场淘汰。眼前的微弱希望不代表未来的道路平坦，以积极的态度应对挑战，团结一心，步调一致，努力战胜各种困难。

在秘鲁铁矿一年多的工作，经历了数不清的焦虑和无奈，饱尝了道不完的煎熬与期待。然而，经历过风雨，心中似有彩虹。痛苦的记忆随风而去，留下的是不屈不挠的刚毅。逆境和坎坷造就了宽广的胸怀，面对困难不能坐以待毙。志向更加远大，承认现实的困难，相信团队的力量，走秘鲁铁矿自己的生存发展之路。人生轻不言败，企业亦然。坚持就有希望，积极进取，不要等待；忍耐胜过无奈，任劳任怨，把握现在。

必胜信念固然重要，忧患意识不能淡化。合理定位，审慎决策；稳步前进，少走弯路。一切从企业的实际出发，不能好高骛远，盲目攀比。知己知彼是合理定位的基础，面对现实是定位的原则。从企业的生产能力、产品品种、员工状况实际出发，寻求适合自己发展的道路，探索适合自己的管理方式，以充分调动员工积极性为原则。努力学习竞争对手的长处，弥补自身的不足。在学习中完善自己，在追赶中提高自己。

充满忧患意识，坚信哀兵必胜。有志者事竟成，百二秦关终属楚。苦心人天不负，三千越甲可吞吴。作为经营者，一定要兢兢业业做好本职工作，以卧薪尝胆之志，使秘鲁铁矿起死回生。

以史为鉴，把握未来

2000年12月22日

无论是社会发展，还是行业变迁，都遵循一定的规律。因此，不管做什么工作，都不能隔断历史。既要从自己的错误中汲取教训，反思总结；也要借鉴别人的错误，少走弯路。以史为鉴可以把握未来，一意孤行势必陷入重围。

历史有惊人的相似之处，经济有一定的发展周期。从已有的历史信息中剖析成功的做法，在实践中借鉴，避免重犯过去的错误。学习别人成功的经验，借鉴别人失败的教训。温故而知新，观人而知己。秘鲁铁矿深陷经营困难，又遇市场疲软。既要借鉴别人成功的经验，取长补短；也要完善自己的管理，防止重蹈覆辙。

以史为鉴知兴替。大凡成就伟业者，创业之初是明君，广纳天下言，广招天下士。事业欣欣向荣，国泰民安。大凡丧家弃国者，多半是昏君。广招天下美女，食尽人间秀色。沉迷于嬉戏游乐之中，置国事于不顾；奸臣掌权，小人当道；搜刮民财，民不聊生；国家社稷，危如累卵。

企业的发展也有类似之处。处境艰难时，领导能广纳贤才，同心同德，共克时艰。加强管理，控制成本，置之死地而后生。处顺境时，领导易盲目自信，甚至刚愎自用。市场好时有利润，一俊遮百丑。决策易冲动，管理会粗放。对秘鲁铁矿而言，作为经营者，现在是如履薄冰，战战兢兢。因此，既要学习先进企业的管理理念，又要结合企业的实际，顺应市场需求，采取有效对策。否则，抓不住稍纵即逝的机会，难以把握未来；一着不慎，满盘皆输。以史为鉴，构筑良好的人际关系和外部环境；凝心聚力，群策群力，为走出逆境铺平道路。

构筑企业发展大厦，不忘奠基之石。气势宏伟的大厦引人注目，令人赞叹。但人们很少注意默默无闻的奠基石。若没有忍辱负重的奠基石，就没有宏伟的大厦。企业的成功也有类似之处。企业成绩斐然时，自然想到掌舵人，很少想到默默奉献的员工。企业的成功是建立在广大员工的奠基之上，谁忘记了这一点，谁就会在成绩面前飘飘然。谁不重视基层奠基石的作用，大厦基层的奠基石就会懈怠、松动。大厦基础不稳，就有倾斜、倾倒的危险。

作为经营者，时刻铭记这个道理。永远不能忘记基层员工的作用，不要过分夸大自己的作用。学习从优秀到卓越企业的经营理念，以人为本，共同发展。借鉴昙花一现企业的教训，防患于未然。凝聚人心，同甘共苦。没有坚实群众基础的企业，会成为空中楼阁而虚无缥缈。没有坚实群众基础的领导，会成为昙花一现的人物而消失。以史为鉴，把握未来。用心血打基础，以智慧创未来。

承前启后

2001 年 1 月 21 日

今天是二十世纪我们中华龙年的最后一个周日。在历史的长河中是一个承前启后的日子。昨天美国总统布什在就职演说中表达了承前启后、继往开来的治国原则。总统如此，企业经营者也不例外。要做好本职工作，就必须坚持承前启后、继往开来的原则，不能隔断历史、否定前人。

承前启后是人类繁衍的基本规律，继往开来是人类的历史使命。承前不是全面的继承，有扬弃。启后，也不是全面的发扬，有选择地将有意义、有价值的宝贵文化财富传给后人。

在世纪之交，秘鲁铁矿仍然面临诸多困难。我对承前启后的理解稍微复杂一点。首先，要承接有47年生产经营历史的现实，不能回避问题，无法轻装上阵。其次，不能在困难面前畏缩不前，要启动企业变革创新的进程，脚踏实地，聚力凝心。第三，统筹考虑，扬弃创新，秉承公司的优良传统，淘汰制约企业发展的陈规陋习。借鉴先进企业的经验，适应客户的需求，与时俱进。

因此，新年伊始，要做好一切基础工作。承前，谦虚好学，真正传承前人的优良传统，企业沿着正确的轨道前进。启后，推进企业的发展，为后人留下值得传承的灵魂。让疲倦的龙年随风而去，以崭新的精神投入新世纪的竞争；承前启后，昂首前进。

市场扑朔迷离，道路曲折坎坷。唯有运筹帷幄，方可决胜千里。唯有把握承前启后的机遇，首钢秘鲁铁矿才能继往开来。机会垂青有准备的头脑。在企业困难的三岔路口，需要用智慧去辨别方向。以毅力渡过难关，凭顽强迎来希望。否则，在三岔路口彷徨，等不到希望，只能留下懊丧。见异思迁，没有实力保障，只会饮恨市场。机会不会从天而降，智慧不是凭空想象。唯有不辞劳苦，不避寒暑，潜心钻研，方可打开智慧大门。唯有择善如流，忠诚豁达，百折不挠，方可抓住发展的机会。

知己知彼，百战百胜。静心抓生产，提高效率，改善质量，满足客户日益增长的要求。潜心抓营销，扬长补短，以销定产，实现企业的可持续发展。承前启后，完善管理，呕心沥血抓发展。承前不教条，与时俱进。启后不盲从，科学发展。工作务实，作风踏实。

养成学习的习惯

2001年3月14日

宇宙处于永恒的变化之中，企业也不例外；经营环境、员工队伍、市场都在变化，要使企业在变化中不断发展，就需要学习。针对企业内部条件和外部环境之间存在的不协调，及时调整，使企业的组织结构、员工队伍、经营战略能适应发展变化了的环境，并在发展变化中抢占先机，争取主动，给企业和员工的共同发展创造条件，奠定基础。这是企业领导应该经常考虑的问题。

学习是了解、适应变化的根本途径，也是做出调整计划的必要准备。学习是企业适应变化、进行合理调整、承前启后的中间环节。企业内部如果没有良好的学习风气，个人没有良好的学习习惯，没有明确的学习目标和完善的学习计划，很难适应外界的变化，也容易错过调整的机会。

现代企业中最关键的因素是人和人的发展提高。经营者在管理企业的过程中应该把工作重点从优化资本转移到优化人才上来。因为，在企业中人是知识的载体，也是竞争优势的源泉。如果企业的学习速度比竞争对手快，就能在竞争中占有持续性优势。在剧烈动荡变革的时代，善于学习者将继承未来，学而止步者会被社会淘汰。这就是逆水行舟不进则退的道理。

要想对环境和市场保持清醒的认识，做出理智的判断，就要激发学习热情，并持之以恒地坚持，及时掌握外界的变化，随时做出正确的调整。

企业经营者除了要熟悉外界变化，及时做出正确的调整外，还要知人善任。了解同事、领导，在工作中有效沟通，减少误会，提高工作效率，提高个人对同事的影响力、感染力。了解客户、竞争对手，知己知彼，百战百胜。以优质服务满足客户的要求，以有效的措施和对手竞争，避实就虚。了解家人，融洽感情，形成强大的工作后援力量。

在了解同事、领导、客户和竞争对手的基础上，还要理性面对各自的合理诉求，理解其重点关切。理解同事、领导的心情和苦衷，以合作的态度解人之危，以敬业精神做好本职工作，为实现全局目标做贡献。理解客户的需求，理解竞争对手的战略；用自己的最大努力满足客户的需求，用智慧化解竞争对手给企业造成的威胁，化干戈为玉帛。理解家人的辛苦和精神需求，尽力营造天伦之乐，不把苦闷的消息带给家人。

作为经营者，在日常工作中除了了解人、理解人外，更要学会谅解人。谅解所有人，换位思考，豁达大度。与人为善，不计前嫌。养成学习的习惯，用心感悟“了解、理解、谅解”的真正内涵和在工作中的积极作用，充分调动员工的积极性和创造性，发挥团队的聪明才智，了解环境变化，及时调整战略以适应变化，运筹于帷幄之中，决胜于千里之外。

关于市场开发的认识

2001年3月15日

企业要成功，最重要的一点就是为自己的产品或服务找到市场，然后开发、占有市场。随着经济全球化、市场一体化进程的加快，市场开发越来越难。经营者必须调动员工的积极性，有效技术革新，确保生产工艺和产品开发能按时按预算全面完成，为市场开发奠定基础。市场开发和技术创新是企业的两个基本功能。没有市场，企业难以生存；没有技术创新，企业难以发展。

企业要完成市场开发和技术创新的重任，必须有一支有能力、有经验、有共同目标的员工队伍，依靠集体的努力、聪明才智，有效沟通、积极合作，统筹结合市场开发和技术创新。开发市场，首先要考虑客户的需求。客户所追求的是满足需要的、物有所值的产品或服务。靠优良产品、优质服务和客户建立长期稳定的合作关系，是巩固市场占有率的根本保证。其次，开发市场要考虑股东的投资回报和风险控制。因此，市场开发要有可靠的信息系统，对市场走势、竞争对手、企业自身的优劣势进行客观分析，准确定位，确保市场开发成功。第三，开发市场要考虑员工个人的成长，为员工的发展提供机遇，对他们的贡献给予合理报酬。

企业要把市场开发和技术创新工作做好，必须统筹考虑客户、股东和员工的共同需求，最大限度地满足彼此的需求，为进一步的市场开发和技术创新创造条件。无论是市场开发，还是技术创新，核心是员工队伍的竞争力建设。完善体制和机制，营造人尽其才的良好氛围，为年轻人脱颖而出创造条件，为市场开发和技术创新积蓄力量、奠定基础。

战略、管理、任务

2001 年 3 月 28 日

在激烈的竞争中，企业经营者应该认真思考战略、管理、任务三者之间如何协调促进。合理的战略定位、有效的管理控制和及时的任务控制是企业健康发展的基础。建设高效的组织机构、培养高素质的人才队伍是实现企业发展战略的保证。合理的战略定位应确定组织目标和实现目标的过程，需要评估外部环境机会和风险、企业自身优势和不足，扬长补短，使企业的核心能力适应外部环境，实现公司内部环境和外部环境的有机结合。

有效管理决定着如何实现战略定位。首先，明确目标体系，诸如目标之间的有机组合和统筹协调；其次，落实具体的措施和实施计划；第三，以量化的财务指标体系实施管理控制，衡量实施过程的有效性，反馈控制过程的信息，修正完善实施计划。

及时的任务控制是以有效的组织和合格的人力资源保障为前提，保证任务的有效完成。及时、准确的信息、畅通的信息渠道、科学的决策程序是控制任务的基础；明确的岗位职责、科学的奖惩制度、个人目标与公司目标有机结合是控制任务的关键。公平公正的竞争机制是有效控制任务的根本保证。

战略不是一成不变的，随着市场的变化、企业竞争力和管理有效性的提高，会对战略目标和实现方式做出适当微调。作为经营者应该与时俱进，致力于完善战略规划、管理控制和任务控制工作，使其处于一种相互协调、共同促进的良性互动状态，持续稳定地健康发展。

博学、多思、慎行

2001 年 4 月 5 日

随着经济全球化、市场一体化的速度不断加快，知识更新、观念更新已迫在眉睫。过去在大学学的知识、形成的观念已经不适应新形势的要求，需要不断更新知识、更新观念，博学是终身的目标和任务。作为经营者，目标应该更高，学习的任务更重，激励员工不断学习，共同进步；多了解企业发展变迁的历史缘由，客观评价过去，坚韧抓住现在，有效开创未来，凡事应该探求是什么？为什么？怎么办？切忌一知半解、张冠李戴而误人误己，错失发展机会，留下终身遗憾。

经济全球化使世界复杂化，市场一体化使竞争白热化。信息瞬息万变，一日不学，犹如落后三秋，真可谓多少事，从来急，天地转，光阴迫。只有博学还不能应对变化，还需要多思慎行。逢事多思，方可避免一念之差铸百年错；遇路慎行，才能防止一失足成千古恨。

世界复杂化使企业的生存更加艰难，竞争白热化使企业的发展更加曲折。作为经营者，唯有博学，方能与时俱进，把握市场走势；唯有多思，方可分清是非，不致误入歧途；唯有慎行，才会到达成功彼岸。面对新环境，三岔路口慎行；应对新挑战，贪欲面前止步。

作为企业的经营者，不为学历所累，继续博学。不为钱财所动，冷静思考。不为名利所趋，洁身慎行。保持清醒的头脑，驾驭企业的车轮，沿着正确的方向，凝心聚力前行。九层之台起于垒土，合抱之木生于毫末，千里之行始于足下。用心血构筑企业发展的基础，靠知识指点企业前进的方向，以智慧跨越企业脚下的险滩。

书山有路勤为径，学海无涯苦作舟。以坚韧不拔的毅力博览群书，用心血汗水浇灌理想之树。凭持之以恒的精神乘风破浪，靠智慧经验驾驭企业的航船。满怀信心，迎接企业金秋的到来。

卸任忆往昔

2001 年 6 月 18 日

今日上午 8 点 30 分，苑董事长在利马向全体中方人员宣布，王永光回国工作，由孙励接任总经理。董事长的话音一落，会场响起一阵掌声，我顿觉轻松了许多。这种轻松的感觉牵动了两年来的记忆闸门，往事如流水冲开闸门，记忆自由流淌……

1999 年 5 月 17 日晚 18：15，乘荷航 L741 降落在利马国际机场。第二天，随即开始了在利马和矿区的调研工作。一个月的调研刚过，中首总经理到秘鲁铁矿任董事长，暂留我协助总经理抓产品质量。7 月 13 日金董事长告诉我，首钢总公司已经决定把我留在秘鲁铁矿兼任总经理，征求我的意见。我说家庭有困难，也没有做出国工作的准备。一周后，首钢总公司正式任命我兼任秘鲁铁矿总经理，8 月 6 日在秘鲁官员中正式宣布我出任总经理。

从 1999 年 8 月 6 日起，开始了对秘鲁铁矿的全面了解，结合自己的调研报告，经过两个月的摸底，10 月份提出机构改革思路，该方案经过反复征求有关部门和公司领导意见，12 月 29 日在官员评估总结大会上正式宣布实施机构调整方案。

2000 年初的秘鲁铁矿是："债比山高危机四伏秘铁何处去，路在脚下商海八面诸君献策来，同舟共济"。春联掀开了新年工作的第一页，经过全体员工一年的共同努力，把脚下的路向前延伸了一步，走出绝境，进入困境，全面完成了首钢总公司下达的盈亏持平指标，实现利润 66 万美元。秘鲁铁矿的生产经营局面有了好转。

2001 年春节，我们换上了新的春联："紫气东来中国风吹遍四海，祥光普照首钢人拓开八方，锦绣前程"。这反映了我们的精神面貌和秘鲁铁矿的现状。2001 年 1—5 月份全面完成首钢总公司下达的任务指标。两幅春联反映了自己任总经理以来秘鲁铁矿的变化，对联的背后是心血与汗水，留下全体员工辛勤工作的印迹、艰难跋涉的步履。回首过去，一言以蔽之，今天来之不易。它将融入我的血液，永远伴随我的记忆……

从五楼会议室回到自己的办公室，信手写下："行至水穷处，坐看云起时。天涯沦落人，满腹伤心事。痴儿盼父归，糟糠总落泪。今日得自由，梦中先团聚。"两年来，儿子不知哭喊过多少次，恳求我能早日回到他身边；爱人不知抽泣过多少回，希望我能早点回到她身边。夜深人静，泪顺眼角，泣不成声多少次，我也难回忆。就这样，一天天忙于工作，一夜夜思念亲人。白天精疲力竭，夜里面壁叹息。为人之父真不易，为人之夫心欲碎，为人之子泪浸地。

抓落实真不易，点滴小事真费力。修订制度，完善管理，协调关系，堵塞漏洞。这绝非一蹴而就之事，尚需地冻三尺之功。日复一日抓落实，周复一周抓进度，苦口婆心，朝抓暮催。提高质量，降低消耗，提高效率，降低成本。这绝非一人重视之事，乃全体鼎力相助之功。夜以继日，亲临现场，细观察，勤监督，及时解决问题。化解内部矛盾，增强凝聚力。疏通外部关系，恢复企业形象。双管齐下，挺身献计。一腔热血，无所畏惧。加强网络建设，强化信息管理。掌握经营动态，及时准确反馈。修正错误，调整部署。适应市场，采取对策。因势而动，走出困境。这是企业的基本功。总经理要带头练，刻苦练。

增实力更不易，从长计议凭毅力。加强员工培训，提高员工素质。加强信息沟通，调动全体员工积极性，增强员工队伍竞争力。抓企业文化建设，呕心沥血。明确"诚信、务实、开拓、创新"的企业精神。践行"尽职尽责、有效沟通、积极合作"的工作原则。倡导"互相尊重、互相理解、互相信任、互相关心"的员工关系准则。一点一滴的进步饱含了坚持不懈的努力，一丝一毫的完善凝聚了无私奉献的心血。

往事已经成为过去，明日还需加倍努力。

真情告别秘鲁同事

2001 年 6 月 25 日

今天下午 2 点在生产技术部会议室，我受董事长委托，传达了董事会 6 月 18 日的会议精神，我在秘鲁铁矿的工作画上了句号，孙励接替我的工作任总经理。

随后，我向与会者表示了衷心的感谢！感谢他们两年来对我工作的支持和帮助！我不会忘记与会者对秘鲁铁矿生产经营做出的贡献，更不会忘记我们之间建立起的私人友谊。

会后，我从尼古拉斯（选厂、球团厂）到圣胡安（行政办公区），依次到生产技术部、安全科、财务部、人力资源部办公室，与工作人员一一握手告别。

回到宿舍，心情难以平静。在我离开会议室之前，和大家告别时的激动场面再次浮现在眼前……

生产技术部副经理 Mr. Valenza 和我紧紧拥抱在一起，眼圈红红的，此时无声胜有声。随后和选厂厂长 Mr. Romero 及球团厂厂长 Mr. Neido 等一一拥抱告别，他们的眼圈也湿润了……

当我要离开会议室时，他们同时向我竖起了大拇指，我挥手致意，告别了两年来在艰难岁月中朝夕合作的秘鲁同事……

虽然在秘鲁铁矿的工作画上了句号，工作的记忆在脑海里萦绕……

难忘的岁月，有秘鲁同事携手并肩，有中国同仁精诚团结。1999 年我们从绝境中艰难地挣扎、攀爬到 2000 年，当时我写的春联留作永久的记忆。“债比山高危机四伏秘铁何处去，路在脚下商海八面诸君献策来，同舟共济。”2000 年我们同心同德、共渡难关，完成了首钢总公司下达的任务，迎来了 2001 年，“紫气东来中国风吹遍四海，祥光普照首钢人开拓八方，锦绣前程”。这幅春联让我们看到了更宏伟的目标。首钢人气势更高了，信心更足了，意志更坚定了。太平洋见证了我们的足迹，有阿嘎利（ACARLI）归来的满面灰尘，有现场踏勘留下的行行脚印；有检修设备的日夜灯火，有台车旁对产品质量的凝神。中秘员工精诚团结，凝心聚力，实现了秘鲁铁矿的起死回生！

难忘的友谊，有秘鲁国庆节的共同举杯，有圣诞节官员俱乐部的中秘欢庆。务实引起共鸣，工作饱含真诚。岁月随风而去，友谊珍藏心中。

记忆篇

JIYI PIAN

走近孤寂人群

1999年8月写于秘鲁铁矿

这是我第一次
远足旅行;
跨越亚、欧、美,
完成四万里行程;
踏上秘鲁的国土,
走近一个孤寂人群。

透过年轻人
期盼的目光,
忧伤的神情;
仿佛看见了
孤寂难耐的饥渴,
蹂躏着纯洁的心灵。

饱经风霜的老人,
举止格外深沉,
条条皱纹,
留下了无奈的泪痕;
丝丝银发,
折射出了孤寂生活的旅程。

孤寂的生活,
好似漫漫长夜,
人们期盼着黎明。
孤寂的人群,
好似枯萎的小草,
渴望着雨露的滋润。

随着时间的推移，
意外的事悄然发生，
我加入了孤寂人群。
改变现状，
奉献我的一片赤诚，
这就是我的使命！

餐桌上的交谈，
释放了压抑的人性，
听到了爽朗的笑声。
牌桌上的嬉戏，
引起了大家的共鸣，
人需要友谊和真诚！

备注：受1997年亚洲金融危机的影响，进入1999年首钢秘鲁铁矿陷入生产经营的困境。1999年5月16日，作为中首公司主管秘鲁铁矿的副总（刚到中首公司三个月）临危受命，带领财务处长许祥华、人事处长尹海远涉重洋到首钢秘鲁铁矿调研。在秘鲁铁矿见到公司员工时的情景，令我终生难忘，刻骨铭心。调研期间，组织上临时决定把我留在秘鲁铁矿让我兼任总经理。我拿着临时出国护照办理了长期工作签证，和秘鲁铁矿员工一起工作。感慨万千，草成此诗。

天涯共此时

1999年9月24日中秋夜

昨天，
我们从四面八方走到这里。
为了一个共同的目标，
发展秘鲁铁矿。
我们付出了辛苦，
流下了汗水。

把寂寞深深地
埋在心底，
我向大家致以
诚挚的谢意！

今晚，
我们在这里欢聚。
共度中秋佳节，
心中有丝丝歉意。
海上生明月，
天涯共此时，
把祝福悄悄地
化作记忆，
我向祖国的亲人，
致以崇高的敬意！

明天，
我们将面临
新的困难，
新的机遇。
为了秘鲁铁矿的生存，
我们要齐心协力。
知难而进，献策献计，
把力量紧紧地凝聚在一起！
迎接挑战
迈向二十一世纪！

纤夫的心

2000 年元旦于秘鲁铁矿

今天，
带着满身的疲惫，

带着对亲人思念的忧伤，
拖着秘鲁铁矿这艘“航船”，
送走了20世纪
最后一缕阳光。
随着夜幕的降临，
停泊在异国他乡。

明天，
怀着对未来的憧憬，
对亲人的祝福，
护卫秘鲁铁矿这艘“航船”，
迎来二十一世纪
第一丝霞光。
朝着一轮红日，
扬帆远航！

回首往事，
我们经历过挫折和忧伤，
我们也有过
误解和彷徨。
跨国经营，
是一个严峻的考场。
沉痛的教训，
终生难忘！

放眼未来，
携手并肩、劈波斩浪，
让一切痛苦的记忆
随风而去！
把同舟共济的友谊，
永久珍藏！
让我们举起杯，
为了友谊和健康！

1999年秘鲁铁矿调研工作回顾

2015年8月

1999年5月17日晚进入矿区，第一次在矿区调研14天。6月4日离开矿区，回到利马总部调研，6月11日提出调研中间报告，主要集中在生产、经营管理、人事劳资管理方面，报首钢总公司。首钢总公司领导看了中间报告后，基本确定了由我来拖秘鲁铁矿这艘船。随后，我们又在矿区和利马两地补充调研，重点是针对物资管理、财务管理、法律管理、内控管理、公共关系等。6月25日完成调研报告，和矿领导班子交换意见。和我一起调研的财务处长、人事处长于6月26日离开秘鲁回国，我留在了秘鲁，开始了艰难的职业生涯。

为了做好调研工作，提前一周给矿里发了13张调研表格，涉及1992年首钢接手秘鲁铁矿以来的所有生产技术经济指标、消耗指标、财务指标、营销指标、采购销售、库存物资等，秘鲁铁矿董事会很重视，认真准备。到了现场，我依然按照看、听、说的程序开展工作。第一天在矿山参观，深入采场凿岩、爆破、出矿、粗碎、中碎、机修、电修车间、物资仓库、矿石堆场、废石堆场。第二天参观选矿厂、球团厂、细碎，球团堆场、码头等地。

在参观完采场、选场后，总经理问我："王总，采场、选场都看了，接下来还有什么事。"我听了有点惊讶！告诉他，明天上午调查小组听领导班子汇报秘鲁铁矿的生产经营情况，要准备汇报材料。经理办公室连夜准备汇报材料，直到凌晨4点才准备好。由于时间仓促，第二天汇报时，有些数字和给我提供的表格不一致。听完汇报后，我的点评让领导班子有点难为情，这种露馅是意想不到的偶然事件。他们原以为，我们拿到13份表格就完事了，哪知道我这样认真。

接下来的深入调研，矿里积极配合，给我们三人专门配了一辆车，由中方经理办公室霍秘书开车兼翻译。我们要求到哪儿，霍秘书就带我们到哪儿。40天的调研相当深入，白天现场调研，晚上找人谈话，有时是别人找我谈话，在谈话中了解了不少真实情况。副董事长的翻译周老师，1992年去秘鲁铁矿前是广安门中学校长。周老师为人耿直。第一天晚上我和她在招待所见面，表现得很冷淡，对我缺乏信任感。我也很直白，理解她的顾虑。我说："我问的问题，你可以回答，也可以不回答。"也许耿直的人彼此有一种无形的信任，她最终选择了向我介绍情况。周老师特别敬业，在秘鲁铁矿工作八年，编辑出版了一本西语矿业词典。回国后在吉林一家外语学院当教授。

另外一位是耿直的选矿厂陈厂长，见面就递上一摞资料。他当时对我心存疑虑。我仔细翻阅他的报告后，感觉他很用心，专门找秘鲁铁矿生产经营上存在的问题，实属难能可贵。本来他递上这份报告就想回国。我看了报告找他长谈一次，我说："报告我看了，不错。但是，作为中层干部，不能只挑毛病。你先回答我三个问题，然后，我和你逐一剖析你报告中的问题。这三个问题是：你该干什么？你能干什么？你在秘鲁铁矿三年干成了什么？"这次谈话，改变了他立即回国的主意，又在矿区工作了一年多，他于2000年底回国。

我到矿里第二天，就是和周老师见面那天晚上，她告诉我，王化林要回国，秘鲁员工在官员俱乐部准备了欢送PARTY，问我敢去吗？我爽快地答应一定要去，而且代表中首（主管秘鲁铁矿的上级公司，我是中首副总，主管秘鲁铁矿）向王化林表示祝贺！向秘鲁员工表示真诚感谢！周老师的话让我琢磨出一些文化差异的味道，老死不相往来，怎能融合？就是在欢送王化林的晚会上，秘鲁员工对我有点愕然。没想到四十天之后，我们成为同事。

在机修车间调研时，见到一位高个子中国人小高。1982年8月大学毕业，采煤专业，曾经当过煤矿领导。他是首钢90年代初引进的专业人才，准备发展煤矿业务。后来，因首钢没有拓展煤矿业务，他于1996年进入首钢秘鲁铁矿，干了三年准备回国。我在机修车间和他谈话，他欲言又止，我觉得应深谈。后来才知道他的专业背景，也属于公开选聘来的，有过坎坷，说话吞吞吐吐。为了考验他的能力，我用激将法，让他调研秘鲁铁矿的机修状况。一个月后，他拿出一份调研报告，找出了机修存在的问题，提出了解决问题的对策。于是，我挽留他在机修车间当中方车间主任，他又工作了近两年，到2001年才回国。

第一次到中方食堂吃饭，留下了终生难忘的印象，"走近孤寂人群"真实再现了我当时的心情（见《人生正能量》一书240页）。当时，公司董事长陪我们吃饭，没人敢和我们靠近，只有总经理的翻译毛老师例外，主动和我说话。在调研期间，得知翻译中毛老师的口碑最好，最勤快，可是，他是奖金系数最低的翻译，因为他没有高级职称。相反，有位科学院系统的研究员，有高级职称，奖金系数高，但业务不熟；因现场给领导翻译出现卡壳，急出病后三个月自己回国了。等我出任总经理后，毛老师一直和我合作，他任劳任怨，坦率正直，我特别尊重他，总叫他"毛主席"。不过，在工作上总给他加码，使他整天"忙不过来"。

在内审科调研时，我对任科长的印象最深。他20岁到秘鲁，学选矿专业，经过几年的学习，在内审科和秘鲁员工一起工作，亲自用西语起草文件。在我们谈话后几天，按照规定他回国了。回国后，按照规定他需要回到首钢矿业公司，于是，他选择了离开首钢，重新返回秘鲁，给一家香港公司工作。我当时想挽留小任继续留在内审科工作，但迫于政策，我无奈地看着他走了。国外的内审科归董事会管理，监督总经理的经营管理，也接受总经理的委托，重点审查有关问题等。

在矿区财务部调研时，李秀宏的西语以假乱真，秘鲁人以为他是地地道道的秘鲁人，西语讲得流利、正宗。在接下来的调研以及我当总经理后的合作中，我特别欣赏他和另外一位财务人员朱振财，朱振财 1988 年毕业于人民大学，李秀宏 1992 年毕业于北方工业大学。他们两人精通业务，精通语言，可是，当时只能当科长。国内派来的财务处长不懂外语，他们给新来的财务处长当翻译。只有当处长回国休假，李秀宏、朱振财才有机会当代理处长。他们是难得的懂业务、懂语言的人才。

为了留住李秀宏，我和首钢所有到过秘鲁铁矿的领导请示，都同意他的涉外婚姻。我本以为此事铁板钉钉，就让他回国休假，休假后再返回秘鲁。谁曾想到，当他回到北京，国家对涉外人员发了一个文件，涉外人员在境外工作时间不能超过六年，首钢无法再派他去秘鲁工作。于是，他选择了爱情，离开首钢。2006 年，中冶购买阿根廷铁矿后，没有懂西语的人员，我首先想到李秀宏。很巧，我是通过在利马的小任联系到李秀宏。当时是 9 月中旬，我希望他到阿根廷铁矿为中冶工作，他出于对我的信任，二话没说一周后就到了阿根廷希拉格兰德铁矿，直到中冶于 2006 年 12 月 16 日正式接管之前，他没有拿一分钱工资，也没谈工资待遇，机票也是自己花钱买的。这就是彼此信任的价值。曾作为中冶方在希拉格兰德铁矿的董事，他的工作得到了中冶集团财务部部长陈文龙、副部长姜淑兰的肯定。他在利马有一个幸福美满的家庭，爱人当全职太太，三个儿子，个个聪明。2010 年，大儿子回利马上学了，他离开了希拉格兰德铁矿。

40 天的深度调研，接触了很多中秘员工。互相尊重，赢得了信任，较好地完成了调研任务。每当我想起此次调研，鲜活的面庞就跃然眼前……

重温记忆

2015 年 8 月

今天，浏览 1999 年在首钢秘鲁铁矿工作日记时，一幅幅紧张工作的画面重新浮现，一个个鲜活的面孔在眼前闪现，曾经的同事，共同的岁月，在秘鲁铁矿最为艰难的日子，我们并肩战斗，留下了泛黄的文字，唤醒了沉睡的记忆。

刚到首钢秘鲁铁矿的40天，以调研为主。5月17日到达首钢秘鲁铁矿，6月25日完成调研任务，一同调研的财务处长、人事处长返回北京。我则被留在矿山继续工作。刚开始以协助董事长抓产品质量为名，继续留在矿里工作。7月20日正式接到首钢总公司的任命，我兼任首钢秘鲁铁矿总经理。8月6日金董事长在中秘中层干部会议上正式宣布我出任首钢秘鲁铁矿总经理，考虑到我上午到50公里外的ACARI铜矿现场办公，会议安排在下午四点。

7月21日和原王总经理进行简单的工作交接后，我就全身心投入到总经理的工作之中。秘方助理总经理Mr.Vera给我一份文件，建议把ACARI(阿嘎利)铜矿坑口的铜矿石卖掉。人力资源部副经理Mr.Mendiburu告诉我，两家当地公司正以很便宜的价格往外运输，我立即通知Mr.Vera停止外运矿石，等我查看现场后再说。当年ACARI铜矿因种种原因关闭，政府将其划归国有的秘鲁铁矿管理。1992年首钢收购的秘鲁铁矿，也包括50公里以外已临时闭坑的ACARI铜矿（40平方公里）。出于职业习惯，在表态前我必须和生产部经理杜保青、矿长胡光荣亲自到现场看看。经和秘方地质工程师切尔西联系，确定8月6日上午到现场实地查看。

虽说只有50公里，一清早我们坐着双排座工具车出发，山区没有道路，沿着羊肠小道颠簸前进，到现场已近中午。查看了现场后，大家蹲在坑口旁，简单地吃了从食堂带的冷食，就着凉水。回程时秘方地质工程师切尔西建议走一条新路，他说比上午来的路平坦些。结果，我们按建议走了一个小时，发现此路不通矿区。我们只好原路颠簸返回。在回矿区的路上，杜经理怕开会迟到，一直催胡光荣加速，在颠簸的戈壁滩上车子最高时速超过120km/h，我坐在车上捏着一把汗，生怕路上出点闪失。四点过一点，终于赶到公司701招待所（会议室），金董事长和中秘双方官员在焦急地等待着我们三人。一天的颠簸，三人满身满脸黄土。当我们直接进入会场时，大家说我们三人是出土文物。

总经理以这样的形象和中秘双方中层干部见面，有点狼狈。此时此刻，也顾不了尴尬，在金董事长简单介绍后，我发表了简短的就职讲话：

“首先感谢金董事长和董事会对我的信任！借此机会，请允许我代表秘鲁铁矿全体员工对王总经理三年多的辛勤工作表示诚挚的谢意！王总经理三年来在生产管理和经营管理方面做了大量工作，为我们今后的工作奠定了良好基础。

董事长已经布置了下半年的重点工作，修改后的预算已下达到各部门。我的任务是保持各项工作的连续性，抓任务落实，抓进度检查。为此，强调以下三点：

第一、明确各部门的工作职责和各岗位的职责，实行一级对一级负责的工作制度。每个人必须明确自己该干什么？各位都是部门主管，对自己的部下实现有效管理，对自己部门的工作做到有效控制。因此，对部下的工作应有明确的标准，对部下工作的成效应做出评价，对工作中出现的偏差及时纠正，确保各项任务的完成、各项计划目标的实现。

第二、做到有效沟通。首先是部门内部的沟通，其次是部门之间的沟通，提高办事效率。特别强调加强信息沟通，提供及时准确可靠的信息，为领导决策提供科学依据。

第三，要有积极的合作精神和合作态度，做到部门之间的合作和纵向的密切合作，特别是和客户的合作。当前市场疲软，我们更应该加强和客户的合作，尽量满足客户的要求，以扩大我们的市场占有率。

各项工作要讲效率，经营要讲效益。所以，请大家注意办事效率和经营效益。这两者的最终要求体现在我们的四项重点工作：一是促销，实现生产资本的货币化。二是提高质量，为促销创造条件，对质量的追求和改进是企业立于不败之地的永恒话题。三是合理使用资金，降低财务费用。四是降低成本。降成本重点在于控制消耗指标，提高作业效率。

下周，我要分部门听各位主管的汇报，就具体问题，可以详细交流看法，共同探讨。

谢谢大家！"

会议结束，我立即让翻译毛老师给秘方助理总经理 Mr.Vera 去电话，告诉他，今天我们已经到现场查看，按照以下三点执行：一是让进入 ACARLI 的两家公司停止作业。二是了解这两家公司的资信情况。三是请合作单位直接和生产部杜经理联系。

夜晚，在日记中记录了今天抄近路的感悟：

"今天到 ACARLI 矿区考察，从进入村庄以后道路就颠簸不平，难以忍受。经过两个小时终于到达矿区。考察完矿区返回途中，我们不愿再走来时的老路，企图从水源地的路通过。用了半个小时，走到了沙漠的边缘，无法前进，只好原路返回。耽误了 40 分钟。在回返途中看到另一条小路，以为比来时的路好一些，在不知去向的情况下，再一次冒险，结果走了不到一公里，又是沙漠，难以前行。最后，只好原路返回，欲速则不达。两次探索，两次侥幸，两次失败。

从这件小事得到的启示是，当你必须走崎岖小路时，要以平静的心情去对待，做充分的思想准备，迎接更为严峻的考验，一步一步地前进。不能有畏难情绪和侥幸心理，必须以百折不挠的精神和持之以恒的毅力在逆境中一步一步往前走。

今天到 ACARLI 的行程和人生的道路有些相似之处，应该把今天的经历铭记心间，在今后的生活中引以为鉴。老老实实做事，不能有任何走捷径的想法。相反，要磨炼自己的意志，培养自己的涵养，丰富自己的知识，学习别人的长处，总结经验，汲取教训，脚踏实地。”

夜深了，告别一天的奔波，感慨总经理之路的艰辛……

走出和工会打交道的误区

2015 年 8 月

1998 年我参加北京 “双高” 人才公开招聘，被选聘为中国首钢国际贸易工程公司（以下简称中首）副总经理。分管首钢秘鲁铁矿（以下简称秘鲁铁矿）。1999 年 2 月 1 日报到后，先和在北京休假的秘鲁铁矿员工交流，了解矿山的经营情况，4 月份列席首钢常委会，讨论如何应对秘鲁铁矿的危机。会议决定，派一个小组先到现场调研。5 月 16 日我和中首的财务处长、人事处长到现场调研。6 月初，调研小组给首钢提交了一份调研初稿，随后，便接到了首钢的任命，让我兼任秘鲁铁矿总经理。

在秘鲁铁矿调研的一个多月时间为我出任总经理提供了一些帮助，出任总经理就不感到突兀，至少和中方人员已经很熟。接下来就是面对产品积压、产品质量不稳、资金紧张、债主逼债、工会谈判等难题，整天焦头烂额。1999 年 6 月，工人工会主席提出和我见面的请求，我答应了。随后纪委书记善意地提醒我，说以前的领导谁也没有见过工会领导，怕引起负面影响。出于组织原因，我在工会主席面前“食言”，可我的理智驱使我做第一个和工会接触的人。

为了改变当时中国人在秘鲁铁矿员工中的负面形象，全面了解秘鲁铁矿的真实情况，我主动和一线的秘鲁员工接触，每天深入现场了解产品质量情况。到机修车间了解领用维修备件的个人库存情况，到仓库查看物资积压情况。从中发现诸多问题，库存的弹簧垫圈够用 40 年。了解情况是为了解决问题，我破例设了周六下午总经理接待日，工人、职员、官员都可以和我谈公司的情况，提出工作建议。在秘鲁铁矿的历史上，公司员工等级分明，只有官员可以见总经理，职员、工人平时和官员都不交往，更谈不上见总经理。他们有各自的俱乐部，在节日期间官员、职员和工人在各自的俱乐部活动。

经过半年的总经理接待日，我了解了更深入、更可怕的事情，秘鲁官员中的部门经理（相当于处长）是造成当地人对中国人负面影响的直接原因。官员讨好秘鲁工人，说中国人不好；同时，对公司领导推诿责任，说秘鲁工人不好。人力资源部经理和财务部经理隔壁办公，为一件小事通过文件扯皮，最后，官司打到我这里。我了解详情后，不客气地讲：要实实在在工作，不要认认真真扯皮。当时的秘鲁铁矿非常艰难，发不出工资，捉襟见肘。把中方账户以前的积蓄借给首钢金地勘探公司，再由金地勘探公司借给秘鲁铁矿发工资。经营越困难，涨工资的要求越难满足，劳资矛盾越紧张，谈判的难度越大，生产经营风险越大。稍不注意，一触即发。危如累卵，朝不保夕。

经过半年的试水，我终于找到吃螃蟹的机会。1999 年 12 月 24 日平安夜，官员、职员、工人分别在各自的俱乐部聚会、狂欢。我和翻译毛老师从官员俱乐部出来，先后到职员俱乐部、工人俱乐部和员工见面。当我出现在工人俱乐部时，工会领导人感到意外，非常兴奋，少了平时的敌意，当即向我反映俱乐部（1952 年美国人修建）年久失修，厕所漏水。我第二天就安排修缮人员进行维修。从此，工会领导对中国人的印象发生了改变。

业主和工会打交道的核心是一年一度的劳资谈判。工人提出一个涨工资方案，公司组成谈判小组和工会代表谈判。在首钢 1992 年收购秘鲁铁矿后，于 1993 年 4 月签订了一份长期有效的《工人集体协议》、《职员集体协议》，协议规定了超共产主义的福利条款，前无古人，后无来者，致使每年的工会谈判非常艰难。中方领导在幕后布置原则、方案，谈判小组在前线谈判。当谈判破裂后，先到省劳工局调解，调解失败，再到国家劳工部调解，如果仍达不成一致，宣告谈判破裂。工人正式提出罢工申请，报省劳工局和公司。此后一周，省劳工局审查罢工申请是否合法，是否反映工人的意愿。公司密切关注工会的罢工组织、准备，查找其作弊等漏洞。罢工申请一经批准，在提交申请后的一周正式生效，罢工开始。罢工工人没有工资。

对于罢工，首钢秘鲁铁矿 1996 年有很成功的应对经验。先组织矿山多出矿，在堆场储备近一个月的矿石。经过初碎、中碎的矿石储存在堆场，通过皮带运往选矿厂。罢工最大的影响是选矿厂和球团厂。在工人罢工前，公司把技术人员（中秘双方）组织起来，安置在关键的技术岗位。一旦工人宣布罢工，技术人员各就各位，生产照常进行。由于公司的布置秘而不宣，工人罢工后发现，生产没有因罢工而停止，非常懊恼，有一种赔了夫人又折兵的感觉。

对于罢工和工会谈判，国内有一种误解，以为管理出问题了，甚至惊慌失措，这主要是信息不对称造成的。其实，在国外，劳资谈判每年一次，谈不拢就罢工，这是家常便饭。刚走出去的中国企业，对工会有点恐惧，不愿意主动和工会接触，对工会的合理诉求不以为然，对拖延不解决问题习以为常，对说了不算经常自以为是。殊不知，这导致工人对公司的误解逐渐加深，由不理解变成憎恨，最后诱发突发事件。这方面的教训很多。然而，发生了此类事件，国内领导很难听到真实原因，现场多半是对自己工作的溢美之词和对工会如洪水猛兽的过度夸张，致使国家领导对工会问题也异常紧张，一听说公司工人罢工，好像如临大敌。其实，工会问题，归根结底是人的交流、沟通问题。工会谈判是彼此讨价还价，有效沟通是非常重要的。有效沟通的前提是互相尊重。正常的罢工有时是一种策略，并非是灾难。

1999 年的钢铁市场和今年类似，市场低迷，产品滞销，再加上秘鲁铁矿的产品质量有问题，1998 年曾发生国内客户因质量问题而索赔。1999 年的秘鲁铁矿举步维艰，危如累卵，朝不保夕。当时的人力资源部副经理曾提醒我，中方账户要留足 65 名中方员工买回国机票的钱，万一哪天破产了，弟兄们好回家。当年的财务费用达到 1500 多万美元，当年亏损 960 万美金。因没有完成对秘鲁私有化委员会的投资承诺，被罚款 1224 万美元。对资金极度紧张的秘鲁铁矿来说，简直是雪上加霜。当时，首钢的唯一希望是卖掉秘鲁铁矿，美国公司、巴西公司都谈过，5000 万美元都没人买。

为了维持正常生产，公司用产品抵押贷款，当银行发现抵押产品已不在码头时，要求还款，秘鲁铁矿无力兑现承诺，秘鲁官方限制我离境。当时的秘鲁铁矿是在绝境中挣扎。12 月 30 日合作社的董事长带着三名董事再次找到我，开口还是要钱，我依旧是好话解释。董事长则说，您这次得有点实际行动，董事会要罢免他了。因为他是秘鲁铁矿员工、医务室大夫，对我说话比较客气。我当时真有一种无地自容的感觉，在愧疚中迎来了新千年。在中方员工食堂门口，我亲自书写并张贴了一副对联，上联："债比山高危机四伏秘铁何处去？"下联："路在脚下商海八面诸君献策来！"横批："同舟共济"。

1999 年 12 月 31 日的迎新年晚会上，我和中方员工分享了"纤夫的心"：

"今天，带着满身的疲惫，带着对亲人思念的忧伤，拖着秘鲁铁矿这艘航船，送走了 20 世纪最后一缕阳光。随着夜幕的降临，停泊在异国他乡。

明天，怀着对未来的憧憬，对亲人的祝福，护卫秘鲁铁矿这艘航船，迎来二十一世纪第一丝霞光！朝着一轮红日，扬帆远航！

回首往事，我们经历过挫折和忧伤；我们也有过误解和彷徨，跨国经营是一个严峻的考场。沉痛的教训，终生难忘！

放眼未来，携手并肩、劈波斩浪！让一切痛苦的记忆随风而去；把同舟共济的友谊永久珍藏！让我们举起杯，为了友谊和健康！"

进入2000年，秘鲁铁矿的经营依旧艰难。工会谈判一开始就亮起红灯，几轮谈判之后，谈判破裂了。面对如此恶劣的大环境，工人工会放出罢工的口风。我主动提出和工会领导见面，秘方人力资源部长建议我的会面时间不要超过40分钟。事前，我做了充分的准备。工会12位领导参加座谈会，会上我详细介绍了首钢从1992年开始八年来在秘鲁铁矿的投入：购买秘鲁铁矿付出12000万美元，完成投资承诺11000多万美元，为秘鲁员工累计发放工资1亿多美元，向秘鲁政府上缴税费1亿多美元。八年来首钢没有从秘鲁铁矿拿走一分钱。相反，秘鲁政府因首钢没有完成投资承诺，从秘鲁铁矿拿走1224万美元罚款，使秘鲁铁矿举步维艰的经营雪上加霜。秘鲁政府如果真关心秘鲁铁矿，应该把首钢缴的1224万美元罚款投入秘鲁铁矿，以缓减秘鲁铁矿当前的经营压力。对秘鲁铁矿八年来首钢的付出，我是如数家珍，一口气讲了两个多小时。

会后，在送工会代表回去的路上，对秘鲁铁矿敌意最大的工会领导脱口而出，早知道这样，我们就不提罢工了。这是人力资源部长事后告诉我的，因为司机是人力资源部安排的线人。工会总书记再见到我时，对翻译讲，如果我早到秘鲁铁矿五年，秘鲁铁矿不会是今天这个样子。

因为有和职员工会交流非常成功的经历，今天和工人工会的交流效果也很好。两次和工会领导交流，增进了工会对公司的全面了解。以前，工会对首钢存有很多误解，甚至有的秘方官员在挑拨离间，增加了工会对首钢的敌意。

此时，正值藤森总统从秘鲁出走，对中方企业极为不利。藤森平时总说自己是“Chino”（即中国人）。由于受秘鲁国家工会主席的唆使，工会又折腾罢工的事情。出于使命感，我让翻译约工会三位主要领导，到总经理官邸会面（1952年美国人建造）。我推心置腹地和他们讲，我们的目标是一致的，把秘鲁铁矿经营好。我不但关心员工的切身利益，还要关心股东的利益。罢工不解决任何问题，只能加剧公司的困难。工会总书记当时说了实话，是秘鲁国家工会主席（曾经是秘鲁铁矿员工，被公司开除）唆使他们干的，他们也不想罢工，因为罢工没有收入。

首钢秘鲁铁矿是美国人1952年投资建设，是秘鲁国家的第一座金属矿山，当时的名称是马尔科纳铁矿。1975年被秘鲁军政府没收。此后，马尔科纳铁矿国有化经营，因收支两条线，到1990年已经入不敷出，濒临破产。1990年藤森当总统，对矿山实行私有化拍卖，首钢于1992年投标购买。1993年开始恢复生产。秘鲁国家工会的主要领导多半是前秘鲁铁矿员工，和秘鲁铁矿的恩怨很深。

经过我和三位工会主要领导小范围的沟通，化解了工会对公司的误会、敌意，同时，了解了罢工的幕后推手，采取了有效的分化措施，阻止了有预谋的罢工行动。在劳工部最后协调、达成协议前，工会总书记还特意和我的翻译通电话，通报了协调的最新进展。最后，经过艰苦的谈判、劳工部门协调，工会不再漫天要价，终于达成双方都能接受的条件。

在境外经营矿山，和工会打交道是日常工作。和工会的集体谈判每年一次。谈不拢罢工是双方斗智斗勇的结果，需要有思想准备，无需惊慌失措。工会领导也是人，尊重工会领导和谈判代表是有效推进谈判的前提，坦诚说明公司经营现状和困难是把握谈判主动权的关键，把握节奏、进退有据是谈判的基本原则和技巧。工会谈判，事在人为。

在2000年的特殊困难时期，能取得预期的谈判结果，是秘鲁铁矿公司领导、谈判小组共同努力的结果。在离开秘鲁铁矿14年后的今天，再回忆当时和工会打交道的经历，仍然十分敬重那些强硬的谈判对手，更怀念一起工作的中秘员工。因为大家凝心聚力，共同度过了艰难的2000年，当年实现盈利66万美元，完成了首钢下达的盈亏持平任务，为2001年以后的盈利、可持续发展奠定了基础。2000年秘鲁铁矿从绝境艰难地进入困境，坚定了起死回生的信心。从2001年中方员工食堂门口我亲手写的春联略见一斑：上联：紫气东来中国风吹遍四海，下联：祥光普照首钢人开拓八方，横批：前程似锦。2001年7月我返回北京工作。令我欣慰的是2003年以后，随着铁矿价格的大幅攀升，秘鲁铁矿成了首钢的创利大户。

不入虎穴，焉得虎子，不和工会领导直接对话，无法控制谈判进程。回避怕事会使谈判陷入被动。当地员工毕竟和我们的目标不一致，没有领导直接的有效沟通，无法增进与工会的彼此理解，更建立不起信任关系，谈判无法形成和谐的关系。亲身经历，在此共享，抛砖引玉，愿更多的境外工作者分享他们和工会接触谈判的经验，以供有关企业借鉴，少走弯路，少交学费，恢复中国人在境外应有的尊严。

二锅头的妙用

2015年8月

2000年12月，西语翻译毛老师给我一份驻马尔科纳海关关长的函，要求秘鲁铁矿在一个月之内更换当时用的引航小艇，理由是接引15万吨铁矿石货船，该艇不符合要求，必须按照有关规范更换两艘大吨位引航艇。如按照海关关长要求购买两艘新引航艇，需要支付1600万美元。秘鲁铁矿的资金极度紧张，维持正常生产的采购还经常因拖欠货款而被罚息，根本无力购买新引航艇。这艘引航艇秘鲁铁矿一直在用，尽管不符合规范要求，但是，专业的引航员和常年的引航经验，保证了货船正常入港装船、出港。

对于海关关长突然发警告函，我有点不解。随即，让毛老师问人力资源部部长 Mr.Mendiburu，得知发函的是新上任一周的海关关长。我明白了原委，一般驻马尔科纳海关关长、海军司令易人，人力资源部要第一时间告诉总经理，总经理要亲自登门拜访。这次人力资源部经理疏忽了此事，引起海关关长的警告。问明情况，我安排 Mr.Mendiburu 约第二天上午亲自拜会海关新关长。

秘鲁人很看重中国白酒，他们管红星二锅头叫茅台。一般秘鲁国庆节，我们在中方招待所宴请伊卡省省长、行政长官、警察司令、纳斯卡市长和驻马尔科纳海军司令、海关关长等官员及家属，外宾非常愿意喝中国白酒，总能喝得尽兴，席间行政长官情不自禁地总讲一些娱乐性小故事，不避讳随行的家属，引得哄堂大笑。

第二天上午九点，人力资源部部长 Mr.Mendiburu、毛老师和我登门拜会海关新关长，带了两瓶红星二锅头作为见面礼。一见面，对没有在第一时间拜会关长，我主动表示歉意，望海涵。肯定了新关长对秘鲁铁矿引航安全的高度重视，能在第一时间按照规范提出具体要求，表示真诚感谢。随后，简要介绍了秘鲁铁矿当前的生产情况、经营困难、资金紧张等实际问题。表示我们对引航安全也高度重视，一旦经营形势好转，尽快按照规范要求更换引航艇。同时，也说明引航员工作经验丰富，多年来，用小艇安全引航，保证了铁矿石货船的安全进出港。

海关关长当时并没有任何肯定的迹象，原则地讲还是要抓紧时间更换引航艇，并说明他要到驻港口海关实地调查了解历史资料和进出港记录等信息，和引航员询问以往的引航情况等。我诚恳邀请海关关长随时到港口检查指导工作。

礼节性拜会，两瓶二锅头，化解了 1600 万美元购买引航艇的燃眉之急。装船没受影响，经营正常进行，化险为夷。这就是二锅头的妙用。

善用法律

2015 年 8 月

1999 年 7 月正式出任秘鲁铁矿总经理后，对“当家知道柴米贵”有了很深的感悟。秘鲁铁矿当时入不敷出，连工资都发不出，难以支付正常的生产费用，但是，必须支付法院判决的赔偿案件。当我查阅有关购买秘鲁铁矿的法律文件、1993 年签订的《工人集体协议》和人力资源部法律科送来的赔偿案件后，火从心头起，怒从胆边生。于是，我开始抄写已经翻译的秘鲁有关法律，并布置西语翻译按我工作需要，业余继续翻译相关法律。

在秘鲁铁矿工作两年零两个月，我抄写了三个硬皮笔记本的相关法律。熟悉了相关法律、购买协议、《工人集体协议》后，我对秘方官员，特别是秘方助理总经理 Mr.Vera (维拉) 说活就有底气了。

我刚当总经理，Mr. Vera 就给我写了一份文件，要支付 150 万美元，理由是根据首钢收购秘鲁铁矿协议。我看完他依据的协议内容后，气不打一处来。因为 Mr.Vera 能用英语交流，我单独和他谈，让他好好看看协议，究竟是谁该给谁钱？在我的质问下，Mr.Vera 显得很尴尬，一脸窘迫。看见 Mr.Vera，我就想到那份超越共产主义的《工人集体协议》，正是他代表秘鲁铁矿和工人工会签的。当时，真想开除他。最后权衡利弊，还是留任，但我明确警告他，再有出卖公司利益的事情，就无理开除。无理开除是秘鲁的法律规定，只要给被开除员工 12 个月工资和协议规定的补贴，就可以没有理由开除业主认为不称职的员工。从此，Mr.Vera 再没有类似的劣迹，在维护公司利益、协调外部关系上积极主动。Mr.Vera 是首钢收购秘鲁铁矿时秘方的总经理，首钢收购秘鲁铁矿后，他的头衔是首钢秘鲁铁矿“助理总经理”，在秘鲁人眼里，他就是真正的总经理，比中方总经理管用。这是非常可悲的事情。

秘鲁铁矿是美国人 1952 年建成的，1975 年被军政府收归国有，经营不善，期间有部分员工离职，特别是 1990 年藤森出任总统，实行私有化，到 1992 年首钢购买秘鲁铁矿这两年多的时间，离职的人数很多。首钢接手后曾邀请部分员工代表参观北京，秘鲁工人得知在中国，工人阶级当家做主，回到秘鲁铁矿后就变本加厉地折腾。让我们最难以忍受的是 1992 年前离职的员工接二连三地起诉秘鲁铁矿，要求各种索赔，把首钢当做唐僧肉。委托人、律师和纳斯克市法官有一个潜规则，只要起诉秘鲁铁矿，按照正常程序胜诉，收益分配三三制，委托人、律师和法官均分。因此，从纳斯卡市传来的赔偿判决像雪片一样，一个接一个。法律科长“莎米柳”一见面就是赔偿问题。一般情况，一个月有六七份判决书到秘鲁铁矿，赔偿金额少则八九千美元，多则一万至两万美元。旧案未赔，新案已到，怒不可遏，义愤填膺。

我让律师每个月汇报一次案件情况，有多少案件立案，有多少案件赔偿判决，有多少该赔偿而未支付的案件，并且逐个介绍案件的来龙去脉。听了法律科长汇报，我是怒不可遏，明明是秘鲁铁矿有理，仍然判决秘鲁铁矿赔偿工人。尽管秘鲁铁矿有理，但只要法院判决赔偿，我们迟早都要割肉支付“冤枉钱”。

看着案头这些屈辱的判决，哭天无泪，法律不相信眼泪，但是，不能束手待毙。我让律师选了七个典型案件，详细说明案件的来龙去脉，向秘鲁最高法院写了一份申诉材料，请最高法院主持正义，维护外国投资者的合法权益。在秘鲁约见官员很方便，很快就约见了最高法院院长，见面后重申了报告的内容和我们的申诉意见。院长态度和蔼，恳切地说，秘鲁的国情是我们可以向伊卡省、纳斯卡市反映秘鲁铁矿的诉求，要求他们秉公办案，但是，在具体执行中无法左右律师的意见。

见完最高法院院长回矿区的路上，毛老师就接到人力资源部部长 Mr.Mendiburu 的电话，说伊卡省法官接到最高法院的电话，要求重视秘鲁铁矿的诉求，严格要求职业律师秉公办案。下午纳斯卡法官也给毛老师来电话，说伊卡省已通知他们，知道我们在申诉。拜见最高法院院长虽没有达到预期的效果，因为国情不同，政府的权力也不同。但是，至少起到明修栈道的作用，敲山震虎。

回到矿区，我让律师“莎米柳”约见纳斯卡法院法官和他的秘书，在总经理官邸请二位吃中餐。秘鲁人喜欢中餐，法官的秘书还爽快地提出给家人带回去一些。餐后，我提出聘用法官和他的秘书给秘鲁铁矿当法律顾问，法官每月 300 美元，秘书每月 200 美元（这在当时已经是咬牙支付了），主要任务有三点：1. 接到委托人报案后，立案前立即通知秘鲁铁矿。2. 秘鲁铁矿详细给法官汇报有关案件内容的真实背景。3. 对于无理的起诉秘鲁铁矿案件，赔偿金额最多不能超过 500 美元。法官愉快地接受了我的聘用建议，心照不宣履行委托代理义务。从此，从纳斯卡再也没有收到判罚超过 500 美元的无理诉讼案件。暗度陈仓，初见成效。

在境外经营企业，总经理一定要熟悉当地法律，认真履行企业法人的职责。对待员工的合理诉求不能不以为然，对待拖延应付不能习以为常，对蒙哄说了不算不能自以为是。否则，会付出沉痛的代价。

首钢收购秘鲁铁矿后，秘鲁私有化委员会要求首钢在恢复生产过程中，三年完成 1500 万美元投资，中国人很大方，承诺三年投资 15000 万美元。中国人说完就忘了，可是秘鲁私有化委员会并没有忘记。1996 年初，三年已过，秘鲁铁矿实际完成投资 3700 多万美元，私有化委员会约见秘鲁铁矿主要领导。秘鲁铁矿派技术部部长去应付，并没有很好地解释清楚没有完成投资承诺的理由。其实，同期在秘鲁私有化的绿山铜矿也没有按时完成投资承诺，但是，绿山铜矿领导积极主动向秘鲁私有化委员会解释，说明市场原因，提出延期的请求，得到私有化委员会的认可。

1996年私有化委员会三次约见，秘鲁铁矿主要领导都未到场。私有化委员会大为恼火，下令收回秘鲁铁矿。我们如果能够及时有效沟通，也许不至于此。秘鲁铁矿主要领导情急之下，通过新华社驻秘鲁首席记者发内参，国务院领导闻讯，立即派出冶金工业部等五部委代表到秘鲁铁矿和私有化委员会谈判。经过谈判，秘鲁铁矿放弃政府欠的2650万美元出口退税，从1996年开始，三年再完成13700万美元投资，以保住首钢秘鲁铁矿所有权。到期如果还完不成投资承诺，按照没有完成数额的25%缴罚款。进入1999年市场形势恶化、三年投资期已过，申请延期一年，秘鲁铁矿也无力完成投资承诺，首钢履行了认缴罚款的义务，被罚款1224万美元。

善用法律维护企业的合法权益是总经理的天职。在秘鲁铁矿工作期间（两年零两个月），全面分析了秘鲁铁矿三个经营时期的《集体协议》条款，美国人时期最少，符合国际惯例，协议有效期一年。秘鲁军政府时期，协议条款增加了4条，协议有效期一年。首钢秘鲁铁矿和工人签的集体协议比秘鲁军政府时期的协议还多10多条。协议在没有中文稿的情况下由秘方总经理Mr.Vera代表首钢秘鲁铁矿签署。当把《工人集体协议》翻译成中文后，发现是一个无底洞，1994年首钢从国内派出推翻《工人集体协议》谈判组，准备推翻1993年签署的协议，为时已晚。因为协议上写着此协议永久生效。

一个被外国经理人蒙蔽的典型案例将永久载入史册，为此每年付出的代价将无法计算。正因为如此，首钢秘鲁铁矿每年的工会谈判才非常艰难，因为没有讨价还价的空间。尽职调查是兼并境外企业的基础工作，对所在国的政治、法律、金融、人文、材料供应、劳动力受教育程度、交通运输等要全面、细致、深入了解。尽职调查不能蜻蜓点水，走马观花。否则，后患无穷。

在2004年中冶集团的务虚会上，我提出矿产资源项目投资要做到：前期工作要细，基础数据要全，可研报告要实，最后决策要慎。在2008年4月的中国铁矿石会议上，受大会主委会邀请，我做了题为《投资境外资源项目应该注意的问题》的发言（文章可查阅2008年中国铁矿石会议会刊）。2015年7月4日在国家行政学院的央企研讨班上，我做了‘一带一路’战略下企业‘走出去’的风险防范”为题的发言。

善用法律既是在境外合法经营的客观要求，也是有效保护企业合法权益的基础，更是企业经营成熟的标志。对中国企业近16年“走出去”案例的回顾，心头浮现“着急、痛心、无奈”六个字。企业“走出去”，路漫漫其修远兮，国人需上下求索。善用法律，境外企业存亡之大事，不可不察。

有效沟通的价值

2015年9月

1999年我刚任秘鲁铁矿总经理不久，就收到秘鲁环保局的治理尾矿函件。秘鲁铁矿建于1952年，当时美国人把选厂建在靠近码头的地方，没有建设尾矿库，尾矿直接排入西太平洋。到1998年初步估算排放的尾矿沉积量达3亿吨，尾矿含铜0.1%，铜金属含量达30万吨。秘鲁铁矿提出回收堆积尾矿中的铜，国家发改委还批准该项目立项。如果按照上报的方案治理，无法向中国发改委交代。据说，最近白银有色金属公司和秘鲁铁矿在合作，通过选矿回收尾矿中的铜，效益还不错。

就是这样一个投资项目，也是秘鲁铁矿的一个治理难题。1997年根据秘鲁政府的治理要求，秘鲁铁矿向秘鲁环保总局提交了一份治理方案。方案由当时生产部安全科长组织人编写，以西文报送，中方没有审查方案，也没有中文稿，以为报出就完事，又是一个不以为然的事例。三年过去了，秘鲁铁矿没有按照上报的方案治理排入太平洋的尾矿。因此，秘鲁环保总局发函要求秘鲁铁矿按照方案治理。外国政府是认真的，企业的任何承诺都要兑现。

我让毛老师翻译了上报的尾矿治理方案，看完材料，冒出一身冷汗。经过47年生产排放的尾矿在太平洋西岸堆积成2000多米长、500多米宽的一个海滩。治理方案是在堆积的尾矿上铺500毫米厚的三合土，在三合土上面再铺500毫米厚混凝土。该方案只有技术数据，没有投资数额。如果真要按照该方案治理，真不知该投资多少钱？！

我感到事情不妙，主动去利马向环保总局局长汇报。一见面，毛老师问局长可否说英语。局长说“SI”（是），我就直接开始和局长交流。局长新上任，留学英国的教育背景。我坦诚地向环保总局局长讲了我的观点和我们治理环保问题的积极态度。首先，秘鲁铁矿是一个有47年历史的老企业，积累了不少问题，包括环保问题。解决这些问题技术难度大，资金需求量大。其次，尽管难度大，过去三年秘鲁铁矿在环保治理上花了600多万美元，环保治理取得一定成效，球团厂废气含硫已达到排放标准。第三，原先上报的尾矿滩治理方案不够妥当，需要在客观分析的基础上完善、修正。第四，秘鲁铁矿本着对社会负责、综合治理的原则，对已经开工的环保项目继续积极推进，对有些方案欠妥的项目要认真论证，在不影响环境的前提下，建议修正治理方案，诸如老尾矿滩覆盖问题。我着重向他讲述了矿区尾矿滩的现状，周围有鸟，水中有鱼，对生态环境没有污染。虽说应该治理，但是，根本不需按照此方案去治理。如果真按照此方案治理，工程量和成本太大。企业当前如此困难，难以承受。他说完全理解我的处境，同意我的分析。也承认矿区尾矿滩对环境没有形成大的污染。但是，这个方案是企业经过研究上报能矿部环保总局批准的，整个项目取消不行。此方案在国家环保总局已经备案，官员不能站在企业的立场推翻治理方案。

听了环保总局局长的话，我是满嘴牙打在肚里了，只能和血吞。但是，我并不死心，还想再做他的工作。告别前，我诚恳邀请他到矿区现场察看尾矿滩，他答应了我的邀请。周末，我陪环保总局局长到尾矿滩察看，海水碧绿，鸟儿飞翔。随后，在秘鲁铁矿 701 招待所中餐宴请局长。我陪他喝中国红星二锅头，喝到兴致上，我求他帮我出主意，解决尾矿库的治理难题。

酒能拉近距离，酒后吐真言。我说你看了现场，确实对生态没有大的影响，水清鸟栖息。他说是，但是，怎么才能证明没有影响呢？我们边喝边琢磨，最后，他说，你委托利马最好的大学做一个环境影响、生物群影响的实验。有了这个实验结果，再探讨下一步如何治理。不然，我也无能为力。我听了局长的建议，顿开茅塞，继续喝。一会儿工夫，一瓶酒下肚。

按照局长的建议，我们花 10 万美元委托利马大学做实验。两个月过后，实验结果出来了，结果和我们预想的一样，对生物种群没有影响，只是尾矿滩在刮风天尘土飞扬。有了利马大学的这份环境影响实验报告，我们又和秘鲁国家环保总局有关人员多次交涉，终于说服了政府官员，同意不按照原方案治理尾矿滩。

经过艰难的有效沟通，通过补充实验的数据，有理有力地做政府官员的工作，精诚所至金石为开。尾矿治理的“地雷”没有引爆，只要把扬尘治理好就达标。此后，我们做了一些简单的覆盖，对环保总局总算有个交代。经过艰苦的努力，从自己挖的坑里终于攀爬出来了，现在想起来还后怕。

以后，我每次到利马出差，都要去看看这位环保总局局长，彼此的距离更近了。有效沟通有如此大的价值，实在不可思议。在有效沟通中酒是很好的媒介，拉近了彼此的距离。

在境外经营企业，处理好公共关系是总经理的一项重要任务。在此，真诚感谢和我密切合作两年多的翻译毛老师，他非常敬业，我们之间的沟通也非常有效。

两难抉择

2015 年 9 月

在首钢秘鲁铁矿工作期间，2001 年 3 月 8 日凌晨 2 点多，电话铃声把我惊醒，生产部杜经理告诉我："正在给外国客户装粉矿的船已经装了 2371 吨，突然发现，在粉矿中混进了球团矿。问我怎么办？"我说立即停止装船。随后，我赶到码头，进入装船现场，15 万吨的船，很深。把已经装入的矿粉再弄出来，装船工人有点为难，希望能继续装船。

当时，有两种选择，一是把已经装入的 2371 吨混入球团的粉矿重新筛一遍，把混入的球团拣出来拿走。但是，筛 2371 吨粉矿，要耽误两天的装船时间，发生装船滞期费。二是把已经装了 2371 吨粉矿的船牵引到码头另一侧，从卸货码头侧把混入球团的矿粉卸下，重新装船。如果顺利，这样对装船影响最小。但是，卸货侧码头只能接卸 15000 吨物资的小船。考虑到卸货侧码头的安全，决策慎之又慎。万一码头被撞坏，在修复码头期间，秘鲁铁矿的出口装船被迫停止，影响全年任务的完成。如果筛 2371 吨混入球团的粉矿，大家都皱眉头。

秘鲁铁矿的码头是专用卸矿码头，码头两侧的接卸能力和强度不一样。1996 年秘鲁地震后码头受损，重新加固，地震修复后其整体性有所下降。因此，从安全装船的角度出发，来不得半点马虎。一清早，我和翻译到海关拜会，咨询他们的建议，有关人员谁也不说从卸货侧卸不行，如果操作好也可以。就船公司而言，他们当然希望从卸货侧把混入球团的粉矿卸到码头，马上启动装船。

关键时刻，两难的抉择摆在我的面前。两害相权取其轻，我决定就地对混入球团的矿粉过筛，保证码头的安全。这意味着要推迟两天装船，会发生滞期费。但是，这个代价要比从卸货侧码头停靠大吨位货船把码头撞坏的风险小。装船部门有点为难，2371 吨混入球团的矿粉需要一锹一锹地过筛，劳动强度之大，可想而知。

决定了过筛处理混入球团的粉矿，就让公司的装船人员立即行动。生产部杜经理、翻译小汪（年轻小伙子）和翻译毛老师（老同志）一起加入筛矿粉的行列。秘鲁工人在劳动组织上缺乏灵活性，所有人一起上，既窝工，又不可持续。杜经理亲自指挥分班作业，他、毛老师、小汪各带一班，轮流作业，既提高了作业效率，工人又可轮换休息。

因为是星期天，食堂没有饭。工作安排停当，我就回到住所，给他们三人准备午饭。电磁炉火很小，炖牛肉很费劲。尽管做得不可口，但在筋疲力尽时能填饱肚子已经不容易了。吃完饭继续回到船上筛矿粉，经过 36 小时的强体力劳动和有序组织，2371 吨混入球团的粉矿全部筛完，挑出混入的球团。维修工把露球团的漏斗修好，保证在粉矿装运过程中，皮带上方的漏斗不再露球团混入粉矿。继续开始装矿粉，比预想的处理时间提前半天。

对从来没受过重苦力的大学生小汪来说，简直是脱了一层皮，第二天难以起床，硬是咬牙上班。年过 50 的毛老师更是疲惫不堪，杜经理也累得浑身疼痛。看着装满矿粉的船缓缓离开码头，两天一宿的疲惫也随风而去，他们的脸上露出了微笑。一种可能撞坏码头的风险避免了，以大家齐心协力的辛苦换来了码头的安全。四个男人的目光碰在一起，会心地笑了。中国男人在异国他乡带领秘鲁员工挑战了一次自我，留下了难忘的回忆……

反探亲的记忆

2015 年 9 月

1999 年到秘鲁铁矿后，在深入交谈中得知很多人不能一年休一次探亲假，有的人都二年没休假了，其中有些人是工作离不开没休假，有的人是不想休假，怕回去休假变成单程。

对于中国人这种生活状况，秘鲁人不理解。甚至有的秘鲁人有一种合理的假设，中国人回国休假，临来前打一针，管一年。

听了这种调侃，看着兄弟们的表情，总想做点人性化的事情。经班子讨论，对不能休探亲假的员工，同意让家属反探亲，报销往返交通费。这一决定一经公布，有六位家属报名反探亲。刚开始公司还按集体出行来办理，总不见动静。快春节了，我和孙励副总建议八仙过海，各显其能，公司只按规定报销定额交通费。有了自由选择权，很快六位家属办妥了出国手续。这在首钢秘鲁铁矿经营七年来是第一次。

胡光荣当时 60 岁，得知爱人来探亲，每周五到菜市场买一些 木瓜，放在冰箱冷藏，等爱人来时，冰箱已储存了四五个星期买的水果。因矿区一周从首都利马运一次蔬菜水果。员工只能一周买一次水果。胡光荣爱人是西双版纳人，他们是云南老乡。看了胡光荣冰箱中冷藏的水果，非常感动，看见了中国男人的真情。

六位家属的到来，给矿里带来了生机。每位家属在官员区，与秘方中层干部一样住一套四居室。

六位家属中最年轻的是小霍的爱人。当时他们还没孩子。到矿区后别人和她开玩笑，她信以为真，不理小霍。还是我出面解释，才消除了误会。我告诉她，春节联欢会上小霍唱《同桌的你》，激动得泣不成声，说要走着跨过太平洋回家团圆。再说，上班在领导办公区，有现役警察把门，无关人员进不去。生活区前面是食堂。是中秘人员住宅的隔离带。我们称作秘鲁铁矿的三八线，有保安值班，登记下班后谁离开生活区。

听了我的解释，她放心了，才享受久违的二人世界，开心地生活，理解了爱人的不容易……

李书记爱人50岁，到矿区后亲眼所见矿区男人们的生活，刻骨铭心，理解爱人的不易……她和我说，我原来以为矿区生活不错，没想到是这样。不看不知道，看了忘不掉……

要是在矿区穿件羽绒服照张相，人们肯定以为是上了月球。我刚去秘鲁铁矿，白天一片荒凉，夜间太平洋涛声不断，难以入眠。第二天即兴写下：静夜涛声猛，清晨雾气浓。晴天一片黄，唯有烈日红。

对家属触动最大的是那位西双版纳女子，胡光荣的爱人。她每天坐爱人开的双排座工具车去矿山。生活区离矿区28公里，中间有一段路雾气很浓，开车不容易。每天往返于这里，她心疼爱人。她回国后，对两个儿媳说，再不能向你爸要这要那，你爸在秘鲁铁矿工作不易……

时间过得飞快，转眼间六位家属要回国。在欢送晚宴上，六位家属以祝我生日快乐为名，想测试我的酒量。小郝的爱人、老郭的爱人、小陈的爱人酒量惊人。好在有金董事长保驾，她们不敢主动出击了。当年金董事长在铁道部申请车皮，喝一杯酒给一列车皮。最后感动了铁道部官员，首钢用车皮随时保证……

时过境迁，当时欢送的情景历历在目。首次反探亲是人性化管理的一次破冰之旅……

铭心的感激

2015年9月

因为工作关系，我多半是一人出国。在不同的旅途中总会遇到外国好心人的帮助，总让我有刻骨铭心的感激。这种感激不因岁月流逝而淡忘，一有闲暇，自然会从记忆中涌出，带着感动爬上额头，偶尔让眼睛湿润，滴水之恩，当涌泉相报。

2001 年 7 月我卸任首钢秘鲁铁矿总经理，途经法国回国。到达巴黎正好是 7 月 14 日，法国国庆日，恰好是奥委会宣布 2008 年奥运会主办国的日子。法国落选，北京胜出。天降大雨，好像倾诉了法国人的哀伤。此前，巴黎出现袭击中国人的现象。因此，离开秘鲁前，为了安全预订住在中国驻法国大使馆招待所（巴黎）。第二天，我坐地铁准备参观凡尔赛宫，到了地铁站，找不到如何换乘去凡尔赛的站台。原来，需要坐城市间列车。在法国落选奥运申办国的敏感日子，我谨慎地找了一位老人问路，老人似乎听明白我的意思，她不讲话，示意我跟她走，把我领到一位年轻女子面前，用法语交流了几句。年轻女子主动用英语告诉我如何换乘去凡尔赛的列车，我当时真是感激不尽。“Thank you very much”已不能表达我此时的感激之情，我把感激深深地埋在心底，由衷地感谢伟大的法国人民！后来我才知道，原来法国人一般是不讲英语的，大概源于历史上不愉快的事件。

从法国到德国，住在一个小镇，第二天一清早乘火车去参观科伦教堂。当我到了火车站，售票处不收美元，我刚到德国，手里没有马克。在我无奈之际，一位中学老师主动替我买了火车票，我当时的心情无法用感激表达。我按照票面价格，给她美元，她起初怎么也不肯，最后，我执意给她，才勉强收下。她坐了两站下车了，上班去。在她下车前，我再次说谢谢！望着老师远去的背影，对德国人的敬意油然而生。一个伟大而有教养、甚至有点傲慢的民族，她的老师让人肃然起敬。

回到北京，我把感动告诉儿子，让他牢记助人为乐是做人的美德。自己长大后一定要向这些助人为乐的朋友学习。年幼的儿子只是点头，对感恩、滴水之恩当涌泉相报还似懂非懂。

2002 年 8 月，我去日本参加 HISMELT 项目联营体会，我是首钢代表，还有澳大利亚力拓的代表，美国纽克的代表，三菱公司作为东道主主办会议。会议安排在东京的郊区，出国前，根据会议日程，按照外事纪律，我已经选好会后从郊区坐动车到东京，在东京乘飞机回国的行程。日程一环扣一环，当我到了当地火车站时，发现候车大厅无人服务。我站在偌大的电子显示屏前怎么也找不到我要乘坐的动车。就在我焦急地张望之时，也许看到了我无奈的眼神，一位端庄美丽的年轻女生，主动和我说话：“May I help you ?”我和她说明准备坐这里去东京的动车，到东京后，乘飞机回北京。她看了我的车票，告诉我，因昨天夜里下大雨，动车没能从东京赶到这里。今天这班动车取消，我需要在这里先坐慢车，到下一个大站下车，再换动车，就可以到东京了。她怕我不明白，或许怕中间再遇上麻烦。把刚才说的话写在一张便签上，带着我直接到了站台，和工作人员说明原因，让我上了车。当天正好是 8 月 15 日。从她身上我感到了人性的善，感受到了人类文明。

回国后，我让儿子看了这张便签，并把它贴在我当天的日记上。把我的激动传递给儿子，让他从小养成助人为乐的习惯，把助人为乐的习惯传下去。

工作几十年来，别人对我的帮助不胜枚举，朋友和同事的呵护更是无数。这里仅仅把我在国外的感动记录下来，让我们永远记住世界人民的善良，不因种族、信仰而减少。随着人类文明的进步，这种善举会越来越多。当我们在接受别人帮助的同时，除了表达感激之外，也应该学会无私地帮助别人。施者的举手之劳，对受者就是雪中送炭。心怀慈悲，这个世界就充满爱。心存善良，这个世界就充满智慧。

我们国家还不够发达，贫穷人口基数还很大，弱势群体的生存状况还令人担忧时，我们都应该养成助人为乐的习惯，把别人对我们的无私帮助，化作接力棒，一棒一棒传下去。只要人人都献上一点爱，整个社会将变成美好的人间。

思考篇

SIKAO PIAN

境外企业经营的生命线

（发表在《工程管理》2006年第三期）

2006年6月18日

随着改革开放的不断深入，我国经济建设对境外资源的需求不断扩大，对境外资源的依赖程度不断提高。为了满足国家经济建设对资源的需求，党的十五届四中全会明确提出了“走出去”战略，要充分利用两个市场、两种资源，为经济的可持续发展创造条件。最近，国家发展改革委员会、外交部和商务部联合召开了“境外资源开发利用重点国家工作会议”，曾培炎副总理在会上作了重要讲话：1. 要充分认识利用境外资源的重要意义；2. 要正确看待境外资源开发利用的机遇和挑战；3. 要进一步明确境外资源开发利用的目标和任务；4. 努力提高境外资源开发利用水平。境外资源开发利用是一场大国间没有硝烟的战争，党中央运筹于帷幄之中，企业要决胜于千里之外。为了能长期、稳定、经济、安全地提供国家经济建设需要的重要资源，我们必须认真研究如何走出去，如何抓住境外资源开发利用的机遇，如何面对在境外资源开发利用上的严峻挑战，如何提高境外资源开发利用水平等问题。要未雨而绸缪，勿临渴而掘井。

回顾我国企业“走出去”的历史，我们有经验，也有教训。面对大多数企业当前“走出去”的高涨热情，政府和企业领导应该保持清醒的头脑。企业“走出去”经营是有条件的，即使具备“走出去”条件的企业，也应该有计划、有准备地“走出去”。如果不清楚所在国的政治、金融、法律、劳工环境和政策，缺乏必要的准备，盲目地走出去，势必会遇到很多预想不到的困难，甚至会经营失败。这方面的教训不胜枚举。“走出去”的企业应该结合自己的经营发展战略，系统考虑内部的优势和不足、外部环境的有利条件和不利因素（SWOT分析），制定“走出去”的目标和战略。我们在境外经营国有企业，需要不断探索和总结，更需要反思。根据自己在境外工作的体会，认为在境外经营国有企业应该注意以下问题。

一、健全决策程序，完善用人机制

经营一个企业，最大的失误莫过于决策失误和用人不当。然而，人非圣贤，孰能无过？要想避免决策失误和用人不当的问题，甚至是重复发生，就必须在健全决策程序和完善用人机制上进行艰苦的探索，冷静地借鉴别人的经验，清醒地把握自己的实际，脚踏实地，量力而行，唯才是举，真抓实干。

1. 决策要民主。涉及公司重大问题的决策，要真正的集体研究，实行民主决策。集体研究不能流于形式，会前，要让与会者对所研究的问题有充分的时间了解和分析，会上，要让每个与会者充分发表自己的意见，尤其是不同意见，会后，要正确对待不同意见和不同意见者。民主决策要充分考虑不同意见者提出的问题，对原有的方案和思路进行必要的修正，使决策更符合实际，防范风险的措施更具体有效。

2. 决策要科学。做出决策前，对方案涉及的内容进行周密的调查、详细的分析和认真的研究，真正知己知彼；而不是服从上级的旨意或论证上级的指示，也不是凭一时的冲动和直觉，更不是为“工作业绩”的需要而急功近利或做表面文章。决策要考虑后果，决策要对股东和员工负责，决策要有防范风险措施。

3. 决策要果断。经过研究论证是可靠的项目和市场机遇，要果断决策。不能怕担风险而等待上级领导的批示，否则，市场机会稍纵即逝。在市场激烈竞争中需要快半拍的实干家，而不是优柔寡断的智多星。

4. 用人要慎。正确的路线确定之后，干部就是决定的因素。对企业主要领导的选择一定要慎重，要根据企业生产经营管理的要求和企业发展生存的需要选称职的人，不能因人而配岗。有功者授其禄，有能者授其官的古代用人思想值得我们借鉴。

5. 用人要信。要经营好一个境外企业，主要经营者应该有足够的经营自主权、用人权、分配权，不要人为设置不必要的制约，不要让主要经营者有束缚手脚、甚至有用而不信的困惑。应该通过正常的经营业绩审计和制度对经营者进行监督，实行目标管理，定期考核。

6. 用人要活。企业内部的用人应考虑工作需要和本人能力，不应该有更多的框框，更不能局限于固定的补员渠道，也不能简单地把国内的行政级别套用到具体的管理人员安排上，要敢于大胆起用在境外一线经过锻炼的年轻大学生。

二、认真研究当地的政策法律，了解政治、金融、法律环境

1. 经营境外企业之前，应该通过有关途径先了解企业所在国的有关法律、政策，诸如：外商投资法、公司法、税务法、外汇管制等，了解该国的政局稳定情况、经济发展情况、教育现状、劳动力水平和就业情况，研究在该国经营的政治、金融、法律风险；了解该国对外国私人投资有哪些优惠政策，有哪些法律限制；了解该国的劳工法律体系和相关政策，人文环境条件以及宗教信仰等，判断在该国经营的有利条件、不利因素和预期风险。

2. 在决定购买境外企业时，认真准备投标文件，全面分析可能的投标情况和主要的竞争对手，确定合理的竞标价格。一旦竞标成功，要认真审查合同条款，防止合同中有陷阱条款，对合同条款中可能因语言差异而引起歧义时，要删除相关内容，用确切的词语表述。

3. 在正式经营境外企业时，要组织好集体协议谈判，中国人一定要掌握谈判的真实情况，对形成的集体协议条款认真把关，严格明确劳资双方的权利和义务。

4. 在经营境外企业的过程中，随时和中国驻当地的使馆和商务处联系，了解该国新出台的法律、法规的背景和主要目的；经常走访金融部门、税务部门、矿业主管部门、行业协会、劳工部门、法律部门的领导和相关人员，了解相关新政策、法规对企业生产的影响，利用有利因素，采取措施，尽力回避不利因素。

5. 在对外的公共关系交往中，建立起正常的信息反馈渠道和特殊的信息来源，为企业的决策提供可靠的信息依据。在交往中注意广交朋友和感情投资。

6. 在日常的经营管理中，既要用好公司的律师，又要想办法介入当地的司法系统，真实了解该国的法律环境。既要用法律法规规范员工的行为，又要想办法化解劳资之间的对立情绪，化解因协调不及时而引发的劳资法律纠纷，改善企业的劳资形象。

三、充分发挥翻译的作用，拓宽管理信息渠道

经营境外企业，如果自己不懂当地语言，充分发挥翻译的作用是避免工作失误的可靠保证。翻译水平的高低直接影响领导工作思路表述的准确程度。翻译工作态度的好坏直接影响各项工作的推进程度和推进质量。翻译和领导之间的合作关系直接决定了领导的工作思路能否贯彻下去。翻译作用发挥的好坏取决于领导对翻译的重视和信任程度。没有翻译的积极配合，领导就好比盲人骑瞎马半夜临深地。

1. 利用翻译的语言优势，及时了解外方员工的思想状态、当地有关部门的工作动态、有关部门对企业的评价、当局的重大事件等，为公司领导提供可靠的信息，便于领导决策时参考；及时向外方员工阐述公司的原则立场，解释公司的经营困难，有效化解劳资误会，缓和劳资矛盾。

2. 利用翻译在工作中的人际交往关系，可以结交一些朋友，并保持经常的联系，在关键时刻为公司提供重要信息。

3. 尊重翻译的工作，强调翻译工作的重要性。鼓励翻译加强生产经营管理业务的学习，熟悉领导的工作内容，提高翻译水平，避免在翻译时发生失误。对重要内容领导事先准备中文稿，然后，让翻译书面逐条翻译，确保内

容表述准确。

4. 鼓励翻译研究当地的政策和法律，熟悉企业经营的政治法律环境，为领导处理日常事务把关。避免领导因对法律研究不透，理解不准在工作中陷入被动局面。

5. 要求翻译利用工作空闲时间和业余时间书面翻译相关的法律文件，为领导及时学习当地的有关法律创造条件。要系统翻译企业经营的相关法律和合同，不能只听翻译大概介绍法律和合同内容。涉及法律的问题和合同的具体条款，一定要具体研究有关条款的法律含义，对此不能有半点的马虎。

6. 要和翻译保持良好的合作关系。首先要尊重翻译的人格，平等相处。其次，关心翻译的生活和实际困难。第三，要经常和翻译探讨改进工作中的合作方式，以不断提高领导的工作效率。

四、少汇报问题，多研究对策

在境外工作，每天都会遇到在国内不可能遇到的问题，有些问题看似严峻，如不研究透彻而慌忙向领导汇报，会给领导造成错觉，虚惊一场，甚至会耽误领导的宝贵时间去研究连自己都不明白的问题。有些问题属于自己决策范围的事情，也不宜向领导汇报。这种汇报表面上对问题重视，请领导把关，实际上是把自己的责任推给了领导，不利于解决问题。

1. 不要听到风就是雨。资本主义国家的舆论很自由，反对派可以随便批评政府和企业，甚至个别人会有些恐吓的语言。如果我们不加分析地向国内反馈，会造成人为的恐慌。有些问题提得很尖锐，但只要通过耐心细致的工作，会找到妥善的解决办法。这类问题也不宜急忙向国内反馈。

2. 不要事事让领导拍板。在境外工作，有时遇到的问题确实很棘手。但是，这类问题首先自己应该认真研究，分析比较可行的方案和利弊关系，两害相权取其轻，两利相权取其重。即使向领导汇报，应该明确提出自己的意见，说明具体理由。有些问题在国外属正常情况，如果向国内汇报会产生误解，这类问题也不宜向领导请示。自己应该在法律范围内妥善处理。处理问题以符合法律和有利于公司的生产经营为原则。

3. 不要习惯于写反馈。写反馈是为了及时沟通情况。如果习惯于通过写反馈来保护自己，反馈的实际意义就大打折扣了，有时可能会夸大其辞。时间长了会形成一种不良工作作风，本来一般意义的工作会让领导觉得真不容易。

4. 要深入实际了解真实情况。在企业工作，如果你不能深入到实际当中进行调查研究和日常的巡视检查，你很难了解到真实情况，也很难及时发现问题；时间长了，你对企业的了解就会偏离实际，你的决策就会出错。

如果你不能和广大员工建立互相信任的关系，不能平易近人，即使你偶尔下去了，很难听到真实情况，通过正常工作渠道所得到的信息的水分就更大了。

5. 要认真研究解决问题的对策。企业每天都在解决问题，旧的问题解决了，新的问题又出现了。我们对实际情况了解的全面与否，决定了问题的处理效果。不同的人处理同样的问题会有不同的结果。作为领导，努力提高分析问题和解决问题的能力是工作的客观要求，也是全面提高员工队伍整体素质的关键。凡事应该明白是什么？为什么？怎么办？不明白就要向员工请教，到现实中找答案。不能高高在上，习惯于听汇报，看报表。作为领导，不但要研究解决日常生产经营问题的对策，而且要花大力气研究企业未来的发展战略。根据企业的实际和对市场发展趋势的预测，确定企业的中长期规划，明确企业的发展目标和努力方向，有计划地培养企业的竞争能力和创新能力。

6. 要果断采取行动，抓落实。把问题弄明白了，方案也有了，如果不能采取果断行动，真抓实干，机会擦肩而过，稍纵即逝。一名合格的企业经营者，不但要有分析问题和解决问题的能力，而且要有果断采取行动、把方案付诸实施的魄力，有强烈的责任心和使命感，有不达目标誓不罢休的执著精神。只有这样，问题才会及时解决，企业才能抓住市场机遇，才有可能在竞争中立于不败之地。

五、扩大对外的公共交往，树立良好的公众形象

社会化的大营销观把企业的经营放在社会的大环境中来研究，使企业在经营过程中既要考虑自身的经济效益，也要考虑社会效益，考虑企业和社会环境的和谐发展。在境外经营企业，除此之外，还应该考虑中西方文化的有机结合，不同价值观的互相理解和彼此认同。还要让当地有关部门对企业经营管理有客观全面的了解，争取他们对企业具体的经营管理决策能够理解，并在实际工作中给企业以支持和帮助。

1. 经常走访有关政府部门。能矿部的矿业总局、环保总局是矿山企业的主管部门。经常和这两个部门的局长保持联系，可以了解国家的矿业政策情况，了解同类企业在执行政策方面是如何和他们配合的；同时，可以向他们汇报企业生产经营的情况，企业需要政府部门在哪些方面给予支持。保持经常的交往，可以避免意想不到的罚款和通报批评。各级法院和检察院对企业劳工案件及民事案件的处理有直接的影响。通过一定的途径想办法和有关法官、检察官保持经常的接触，对减少案件赔偿、抑制劳工案件上升势头有积极的促进作用。劳工部对处理劳工矛盾有协调作用，和劳工局长保持经常的

接触，汇报企业的经营情况和劳工收入现状等，有助于劳工部在协调过程中坚持公正的立场。

2. 经常和银行、税务、审计部门联系。和银行的高层领导及时联系，既可以保持原有的贷款规模和条件，也可以在遇到特殊困难时争取到银行的支持。和税务部门保持经常的接触，及时了解有关的税务政策变化，防止会计账务处理上不符合税务规定造成罚款。和审计部门保持联系，对有些特殊的账务处理请审计部门帮助把关，保证账务处理符合有关法律。

3. 走访国内外同行的企业。有计划地安排走访同行业的企业，了解别人在干什么？在生产经营管理上有什么长处值得我们学习；了解行业的技术现状、市场格局、主要竞争对手的潜力。它山之石，可以攻玉。通过走出去，开阔视野，增进了解，加强交流和合作。

4. 定期走访客户。企业失去客户就失去了生命力。经常和客户保持联系和接触，了解客户的生产工艺情况、原料供应情况、自己的原料在客户的原料中所占比重；了解客户对原料的特殊需求，不断完善企业的工艺技术，提高产品的质量，适应客户的特殊要求，以形成稳定的合作关系，增强抵御市场风险的能力。

5. 积极参加有关的国际会议。通过参加国际会议，了解国际市场动态，结识新客户，宣传企业产品，寻求合作伙伴和合作机会，拓宽经营视野。

6. 积极参加当地政府组织的有关专业活动，承担一定的社会义务，宣传企业的形象。

六、完善规章制度，强化业绩考核

两眼盯住市场，一手抓内部管理，一手构筑良好的外部关系，是企业永恒的主题。抓内部管理要从明确职责、完善制度、加强监督、严格考核入手。

1. 明确岗位职责。严格按照公司章程的规定，规范董事会、董事长和总经理的职责权限，防止角色错位造成大事没人管、小事抢着管，导致重大决策的延误和正常经营工作的混乱。建立健全部门工作职责和全员岗位职责，让每个人都知道自己应该干什么。对照岗位职责反思自己能干什么？干成了什么？

2. 健全规章制度。根据生产技术工艺的发展、经营形势的变化和机构的调整，及时修订完善相应的规章制度，领导应该认真审查、严格把关，确保各项规章制度具有可操作性。一定要把外文制度及时翻译成中文，中方人员一定要认真学习掌握相关制度，根据制度检查外方人员的工作。

3. 加强运行监督。经营境外企业，如果对运行失去了严格的监督，企业就出现了无底洞，永远也填不满。公司领导、部门经理、管理人员和所有中方员工都应该深入实际，调查了解企业的运行情况，对发现的问题要认真分析原因，研究对策，完善制度。领导要积极支持内部审计的工作，加强内审部门的监督作用，除日常的内部监督检查外，针对具体问题布置专题调研，专题汇报，防止发生重大损害公司利益的事件。建立健全严密的监督机制，有效控制企业的整体运行状态。

4. 严格业绩考核。企业是以效益为中心的，效益是通过员工创造的。只有严格业绩考核、奖罚分明，才能调动员工的积极性和创造性，才能提高工作效率和经营效益，才能留住人才并吸引人才，才能提高竞争能力。建立科学的激励机制和公平的竞争机制，激发员工完善管理、提高效率、降低成本、拓宽业务的热情，增强企业的创利能力和可持续发展能力。

七、加强人力资源培养，提高员工队伍素质

二十一世纪企业之间的竞争焦点是人才的竞争，谁能有人才优势，谁就能在竞争中抢占先机，谁就能掌握主动。以秘鲁铁矿为例，秘鲁铁矿的人才状况令人担忧，秘方员工的知识老化、人员老化、文化素质低且不说，中方员工的素质也远不适应管理境外企业的需要。抓紧时间制定人力资源规划，尽快解决人才捉襟见肘的问题已迫在眉睫。

1. 制定人力资源规划。首先是外派中方员工的接替规划，人员一定要具备以下三点：①具有用外语交流的能力；②具有相应的专业工作经验和业务管理能力；③具有强烈的责任心。中方人员的接替要考虑工作的衔接。其次是秘方员工的规划，重点是老员工的离开和新员工的补充。

2. 落实员工培训计划。对现有的员工应该有计划地加强培训，秘方员工重点是培养中青年技术、业务骨干，中方员工重点是培养外语能力和管理能力。培训以短期专题培训为主，辅之以经常性的业务讲座。

3. 鼓励员工自学。提倡员工根据工作岗位的需要进行业余自学，不断提高自身的业务素质和解决问题的能力。

4. 开展技能竞赛。在不同的技术岗位、管理岗位开展业务竞赛，把技能竞赛和奖励考核结合起来，促进员工自觉学技术、学业务。

八、明确市场定位，加强市场营销

就秘鲁铁矿而言，营销观念落后，营销力量薄弱，市场信息系统不完善，对市场的应变能力低，产品质量缺乏竞争力，营销风险大。

1. 建立独立的销售队伍，形成完整的市场营销信息系统，对市场走势做出正确判断，为领导制定营销策略提供科学依据。要分析国际市场的变化周期、需求现状和潜在需求。要认真分析竞争对手的现状、发展动态、优势和

不足，预测竞争对手的发展方向。要认真分析自身的优势和不足，利用有利条件，确定营销策略。

2. 建立相对稳定的客户关系，保持一定数量的长期合同。要认真分析客户的实际需求、未来需求、自己的原料占客户所需原料的比重和变化趋势，分析客户的特殊需求和企业满足这种需求的可能性，尽最大努力满足客户的特殊需求，巩固已经建立起的客户关系。

3. 完善售后服务，提高服务质量。在开发新市场的同时，要和老客户保持经常的联系，提供一切可能的服务，提高秘鲁铁矿的信誉。

4. 完善生产工艺，提高产品质量。贯彻以销定产的营销方针，市场需要什么，企业就生产什么。客户的要求就是企业的努力方向。不断完善工艺技术，降低产品中的有害成分，提高产品的质量。

5. 加强科研开发，增加产品品种。根据市场需求，研究开发新产品。

6. 加强产销衔接，减少港口滞期。合理安排船期、提高装船速度是减少滞期费的关键。加强生产和销售部门的沟通，加强销售部门和客户的沟通，最大限度控制人为形成的滞期。

九、正确对待工会领导，妥善处理谈判问题。

经营境外企业，劳资矛盾是永恒的课题，一年一度的谈判是不能回避的问题，妥善处理谈判中的各种问题，对缓和劳资矛盾，加强生产管理有极其重要的意义。

1. 中国人要直接介入劳资谈判。中国人在后面指挥，靠外籍员工直接和工人谈的效果不理想，容易激化劳资矛盾，使谈判陷入僵局。

2. 公司领导要和工会领导保持经常的接触和沟通。及时向工会领导通报企业的经营状况和生产经营中存在的问题，能够赢得工会领导的理解，可以建立起良好的合作关系。

3. 谈判要有诚意。总是说不涨工资不给补贴，工会领导会产生逆反心理，反而条件提得很高，使谈判陷入僵局，增加了谈判的难度和工会对企业的不信任感。在谈判开始前，公司领导应该和工会领导先磋商一次，公司领导应该向工会领导如实介绍企业经营的困难和可能提供的补贴等，让工会领导准备谈判方案时比较切合实际，而不是漫天要价。

总之，经营境外企业会遇到许多新的课题，我们必须以务实的态度去面对现实。一切从实际出发，凡是有利于公司发展壮大的措施就应该尝试，凡是工作上确实需要的人就应该大胆使用，并提供相应的舞台。要遵守国际竞争的游戏规则，不能处处唯上，凡事请示汇报很容易丧失市场机会。要以真正主人的感觉去经营管理，大胆创新。

浅析中国铁矿石的供应战略

（2006 年中国铁矿石会议）

2006 年 3 月 28 日于北京

刚刚过去的 2005 年，钢铁企业和矿石供应商是喜忧交加，充满变数。就钢铁企业而言，一季度的钢材价格上涨使他们兴奋，但进口铁矿石涨价 71.5% 来得如此突然，犹如当头一棒；进入二季度，钢材价格的连续下滑和产能过剩对多数企业简直是雪上加霜，钢铁企业再次进入了经营的严冬。就铁矿石供应商而言，71.5% 价格上扬有点喜出望外，但是，钢铁企业在原料价格上涨和钢材价格下降的双重压力下举步维艰，给矿石供应商亮出了预警信号。扩建、新建矿山项目的陆续开工，给铁矿供应商的前景又蒙上了一层阴影。中国钢铁工业的快速发展使这种复杂多变的局面更加扑朔迷离。业内人士聚集在一起，对我们拨开迷雾、探询钢铁工业健康发展的轨迹将产生积极的指导作用。本文简要分析中国铁矿石的供给战略。

一、全球钢铁工业的现状

1. 过去五年，全球钢铁产量和需求在迅速上升。中国经济的高速增长带动了中国钢厂产能和需求的迅速增加。但是，2005 年这种增长的势头有所下降。2005 年全球产粗钢 11.294 亿吨，同比增长 5.9%, 中国产粗钢 3.34 亿吨，同比增长 24.6%, 中国以外的其他国家（地区）产粗钢 7.354 亿吨，同比下降 7.49%。由于钢厂的原材料成本上涨和钢材价格的下降，下降趋势将会继续。中国钢材的增长速度也将随着落后工艺的淘汰和原材料价格的上涨而下降。2000 年到 2005 年其他国家（地区）的需求只增长 7000 万吨，而中国的钢铁消费增长了 1.8 亿吨。今后，这种需求增长的速度会逐渐下降。

2. 钢铁生产的原材料成本上升。2000 年到 2005 年铁矿石和焦煤价格大幅度上涨，致使生铁的生产成本居高不下。中国有相当多的小生铁企业已难以维持生产。

3. 国际钢材价格走势不稳。受消费需求、原材料价格、运费、汇率等影响大，钢材价格变化莫测。2004 年 9 月北美的钢材价格达到 800 美元 / 吨，到 2005 年 7 月下跌至 530 美元 / 吨。其他地区也经历了类似的涨跌。

4. 钢铁行业并购重组加快。阿塞勒、JFE、米塔尔等是钢铁业重组的典型。

而且，这些大集团把重组的触角已经伸到了中国，带动了全球范围的重组，使重组的步伐加快、重组的影响扩大。

二、2006年中国钢铁工业的供需形势

1. 消费量增长速度下降，进入平稳增长期。由于固定资产投资的快速拉动，2005年的实际消费增长率预计19%。随着宏观调控政策的实施，投资过热的现象得到抑制，预计2006年的钢铁需求较2005年增长10%，消费增长量3000万吨左右。

2. 生产能力快速释放，供过于求的态势进一步加剧。截止2005年底，我国钢铁行业生产能力已经接近4.7亿吨，2006年又将新增产能约5000万吨。然而，原燃料价格大幅度上涨，市场竞争加剧，利润空间缩小、甚至亏损是抑制钢铁产能扩张的重要因素。钢铁产能的严重过剩，将造成严重的资源浪费，金融机构的融资风险也增加。“十一五”期间，中国将淘汰1亿吨落后炼铁生产能力和5500万吨落后炼钢生产能力。

3. 进口量继续下降，出口量持续增长。目前，我国的型材、线棒材、中厚板、窄带钢等品种已出现供大于求。扩大出口和以产顶进将是必然选择。预计2006年的钢材进口将进一步下降。随着国际钢材市场竞争的加剧，钢材市场的价格将处于下降趋势。若将我国过剩的产能廉价推向国际市场，势必面临反倾销的风险。

4. 钢材价格呈下降趋势。2006年，随着钢材产量供大于求矛盾的进一步加剧，价格下跌趋势不可避免。但是，由于钢材价格经过2005年的大幅度下跌，正逐步逼近生产成本，继续大幅下降的空间已经不大。预计2006年钢材仍可能在相对低价位的水平上振荡波动，将更加接近行业平均成本。一些资源条件差、生产成本高的企业面临亏损的压力。

三、钢铁工业的发展趋势

随着经济全球化和市场一体化进程的加快，钢铁工业的发展进入了新一轮兼并、重组。以规模扩张和优势互补为特征的重组是今后钢铁工业发展的主要特征。未来钢铁工业的发展呈现以下特点；

1. 钢铁工业的盈利逐渐下降。原料、燃料和环境保护成本将会加大，全球范围经济周期性变化将会影响对钢铁的需求，替代性产品将争夺传统的钢铁消费市场。

2. 钢铁工业的发展速度将放缓。中国钢铁工业的发展速度决定世界钢铁工业的发展速度。中国钢铁工业产能过剩的矛盾突出，将加速小钢厂被整合重组和工艺落后的小钢铁厂被淘汰，整个钢铁行业的发展速度将逐渐放慢。

3. 外国的大钢铁公司介入中国钢铁企业重组的步伐加快，直接影响未来中国钢铁工业的发展格局。

4. 外国铁矿生产商将介入中国钢铁企业的重组，原材料供应格局将发生新的变化。现货市场的地位会削弱，无序的市场竞价采购局面会逐渐扭转。

5. 国内大钢铁企业区域性整合、重组的进度会加快。优化产品结构、优化资源配置将成为整合过程的突破口。

6. 钢铁企业和铁矿石生产企业的互相渗透将是一种新的合作模式。单纯的现货买卖和长期供应合同的局面将会发生新的变化。上下游企业的合作有助于平均利润的形成，使供求关系趋于稳定。

四、全球生铁和铁矿石生产现状

2005 年全球 40 个国家（地区）生产生铁 78107 万吨，同比增长 8.3%，中国生产生铁 33040 万吨，同比增长 28.2%；扣除中国的产量外，其余国家（地区）的产量是 45067 万吨，同比下降 2.78%，其中，欧盟 25 国的产量是 10698 万吨，同比下降 3.5%；独联体国家的产量是 8282 万吨，同比下降 3.4%；北美的产量是 4878 万吨，同比下降 11.9%；南美的产量是 3842 万吨，同比下降 1%。生铁产量下降的主要原因是 2005 年铁矿石、焦煤、焦炭的价格上涨幅度大，而钢材的价格下降。全球生铁产量和消费量的增长主要集中在中国。

2005 年全球预计生产铁矿石超过 13 亿吨，同比增长 11% 以上，其中，澳大利亚的 Rio Tinto 生产铁矿石 1.25 亿吨，同比增长 15.5%,；澳大利亚的 BHP Billiton 生产铁矿石 1.05 亿吨，同比增长 11.2%；巴西的 CVRD 生产铁矿石 2.33 亿吨，同比增长 14.5%，中国 2005 年生产铁矿石 4.2 亿吨，同比增长 25.37%。

五、全球铁矿资源的保障条件分析

1. 全球铁矿资源能够保证钢铁工业发展的需求。全球铁矿资源总量 3100 亿吨，可开采储量 1400 亿吨，静态开采保证在 100 年以上。根据全球主要铁矿生产现状及对扩大产能的情况预测，2010 年全球铁矿产能将达到 17 亿 ~ 18 亿吨，发展速度高于钢铁工业发展的速度。2006 年新增产能将超过 6000 万吨。

2. 中国铁矿生产能力的扩大会逐步缓解当前铁矿石供应紧张的矛盾。2005 年中国的原矿产量达到 4.2 亿吨，比 2004 年增加 8500 万吨。据不完全统计，到 2010 年中国拟建矿山总产量为 10230 万吨。主要分布在华北、华东和西南地区。

3. 全球铁矿产能扩大和钢铁产能过剩的双重压力，促使铁矿价格下降，回归到合理的水平。未来铁矿生产企业的竞争主要是成本和质量的竞争。铁矿价格自 1999 年至 2005 年六年间上涨了 256%，而钢材价格同期上涨了 156%。高价格、高利润的刺激必然会导致铁矿产量的供大于求。据联合国贸发会统计，全球正在开发的铁矿石项目有 78 个。到 2009 年将新增 4.5 亿吨的生产能力。仅西澳大利亚规划扩建和新建项目新增产能约 2.8 亿吨。巴西的 CVRD 公司、印度、加拿大等国也都在新建、扩建矿山。

4. 建立长期稳定的供需关系是铁矿生产企业和钢铁企业共同的目标。铁矿石的现货贸易比例会逐渐下降。小矿山的联合或被大矿山兼并将不可避免。铁矿石贸易公司的利润空间会逐渐缩小。

5. 三大铁矿石供应商会介入中国钢铁企业的整合。为新增产能寻找稳定的客户，在巨大的中国钢铁市场中寻求新的利润源泉。这将削弱现货市场的地位，有助于降低市场价格波动；同时，也会加剧铁矿供应的垄断。

6. 中国对境外铁矿石的依存度高，合理利用两种资源、两个市场是钢铁企业稳定原料供应的必然选择。

六、全球铁矿项目的市场分析

1. 全球铁矿项目的目标市场主要在中国。投资者应该从长远考虑，和钢铁企业建立良好的合作关系。

2. 受铁矿市场高价位刺激，新增的产能陆续形成，有加速之势。

3. 中国政府对钢铁行业的宏观调控和建设节约型社会的客观要求，对铁矿石的“疯狂”需求有一定的抑制作用。

4. 全球经济形势对钢铁需求的影响，直接反映在铁矿石市场的需求变化。

5. 自 2006 年以后铁矿石的供应短缺形势会缓解，铁矿石价格可能小幅回落。

6. 自 2008 年后投产的铁矿项目可能面临生产过剩，价格有可能会继续走低。

七、中国铁矿石的供应战略

综合考虑当前全球钢铁工业和中国钢铁工业的现状、全球铁矿资源的供应现状和扩建、新建矿山项目的规划，结合中国铁矿资源情况和生产、建设现状，对中国铁矿石的供给战略提出以下建议：

1. 加强宏观调控，整合国内钢铁企业，保持合理的生产规模。要充分考虑煤、电、油、运、港口接卸能力、矿石供应能力和市场的需求，按照可持续发展的要求，从节约资源、降低能源消耗和保护环境的角度出发，优化生产工艺流程，淘汰落后工艺，保持合理的铁矿石需求规模。

2. 完善铁矿开发规划，整合铁矿生产企业，形成区域性铁矿集团，提高工艺技术装备水平和管理水平，提高资源的利用水平。

3. 完善资源开发法规，规范矿山开采，强化监督检查。提高矿石资源的回采率，降低损失率、贫化率，提高选矿回收率；以减少资源的人为损失和浪费，延长矿山企业的服务年限。

4. 加强国内铁矿资源的勘探，扩大后备资源和储量。加强生产矿山的探矿，延长矿山的服务年限。

5. 国内钢铁企业和国外铁矿供应商之间形成战略联盟。在现有长期供货协议的基础上，探索相互持股或共同开发铁矿的途径，形成一定的资源渠道，降低现货市场的采购风险。

6. 在铁矿资源丰富的国家投资建设矿山，形成稳定的资源供应渠道，弥补国内资源的不足。

7. 在国外进行风险勘探，掌握可靠的资源信息，降低投资风险，扩大后备资源和储量。

8. 在发展中国家，本着互惠互利的原则，尝试工程建设换铁矿资源、贸易换铁矿资源，拓宽铁矿资源的供应渠道。

关于实施“走出去战略”“资源战略”的思考

（在中国矿业联合会年会上的发言摘要）

2007年12月18日

加入WTO后，在实施“走出去战略”“资源战略”的过程中，由于种种原因，一些负面的影响在不断扩大，既妨碍了“走出去战略”“资源战略”的有效实施，也导致了外国政府的警惕和当地人民的恐慌。对此，我心急如焚，谈几点自己的体会。

一、“走出去战略”“资源战略”是国之大事，宜韬光养晦

现在外国人听到“走出去战略”和“资源战略”，就和掠夺资源联系在一起，造成人为的恐慌。再加上个别国家和团体别有用心的挑拨，使我们的海外资源开发工作层层受阻。

我们可以换个说法表述：中国作为WTO成员方，要积极参与国际分工，在互惠互利的基础上合作，开辟“两个市场”及开发“两种资源”。这样就

不会引起恐慌。

建议在我们的对外宣传中，有关资源开发的事情，少提或不提“走出去战略”或“资源战略”，减少当地人民的恐慌，为境外开发资源的企业营造良好的外部环境。

二、国家领导人少见证“资源开发”项目的签约

资源开发类的项目从资料收集到可行性研究需要很长时间。如果为了赶上国家领导人出访见证“签约”仪式，很容易出现疏漏。另外，外国人利用我们急于签约的心情，提高要价，使未来的商务谈判陷于被动。甚至，外方会提出苛刻的条件来要挟，迫使我们的企业就范。

现在，有些企业也想利用国家领导人见证“签约”仪式扩大知名度，因而，赶进度难免要有所让步，也会留下考虑不周的隐患。

建议国家领导人最好不要见证企业“资源项目”的签约仪式。

三、实施“资源战略”少宣传，最好只做不说

舆论宣传是造成外国政府和当地居民恐慌的间接原因，也是敌对势力借题发挥的诱因。

根据国家的可持续发展战略，应该有详细的资源保障战略。实施“资源战略”要做大量基础的调查研究工作，知己知彼，选择合适的入市时机和切入点。

当前黑色金属、有色金属、煤炭、石油等是价格的高点，不宜盲目介入。等到全球经济进入萧条期，资源价格在低谷的时候，不动声色地进入，资源开发事半功倍。我们应该借鉴日本的“资源战略”。

建议我国的企业增强风险意识，理智地选择“资源项目”的介入时机。

四、有条件、有准备、有计划地“走出去”

企业“走出去”的热情在“资源紧缺”的舆论声中不断高涨，导致和资源开发不相干的企业也匆忙加入了境外资源开发的行列，扰乱了正常的资源谈判秩序，恶化了商务谈判的环境，增加了投资风险。

“资源开发”是“有条件”的，有其自身的客观规律，需要具备一定的条件才能完成“资源开发”任务。现在很多境外公司通过炒作资源题材来迷惑、引诱不具备条件的企业上当。我们每年在境外资源开发上交的学费很“昂贵”。在蒙古的资源开发有一定的代表性。

即使有条件、有能力开发资源的企业也要“有准备”地“走出去”。要慎重选择“资源开发”项目、认真组织“资源开发”队伍、精心准备“资源开发”方案，确保境外“资源开发”少走弯路，少交学费。

企业的境外“资源开发”应该和自己的全球战略有机结合，“有计划”地走出去，和企业的长远战略互为补充。不能急功近利，更不能盲目哄抢。

建议国家有关部门能够按照“有条件”“有准备”“有计划”的起码要求控制走出去的规模、走出去的速度。

五、根据国家发展纲要，选定境外“资源开发”目标区域，从长计议，打好基础

国家的“资源战略”应该是国家的特殊机密，不宜对外讲。认真组织有能力承担这一战略任务的少数企业去实施，不声张、不盲动。政府从外交政策层面为企业进入目标区域创造政治、法律环境。墨西哥和美国、加拿大签署“北美自由贸易协定”，为墨西哥企业的纺织品进入北美市场创造了条件，奠定了基础。墨西哥的经验值得我们鉴戒。

六、根据国家经济可持续发展要求，认真调控钢铁和有色金属工业的发展速度，适度降低经济发展对资源的需求，使原材料价格回归到合理的水平，抑制可能的通货膨胀

（略）

以上建议的疏漏之处在所难免，恳请批评指正！

（以上建议是我在中国矿业联合会年会上的发言摘要，应政协常委、人口资源环境委员会副主任张洽要求，提供书面提纲。随后刊载在2008年1月9日《政协信息》第2期（总第1164期）报送中共中央政治局常委、委员、书记处书记；国务院总理、副总理、国务委员；全国政协主席、副主席、秘书长；中央军委主席、副主席）

投资境外资源项目应该注意的问题

（2008年中国铁矿石会议发言）

2008年4月1日

中国加入WTO后，中国企业既迎来了参与国际合作的机遇，也必须面对来自国际、国内激烈竞争的挑战。在过去几年，中国企业以前所未有的速度和规模参与国际合作和竞争，特别是资源开发领域，中国企业的参与到了令人费解和恐慌的程度，使投资环境恶化。在过去的境外资源开发中，我们有成功的经验，也有失败的教训，但更多的是困惑、无奈和不适应。

在经济一体化、市场全球化、跨国公司发展主导世界经济的新形势下，如何利用“两个市场”，开发“两种资源”是中国企业家应该认真思考的问题。在互惠互利的基础上参加国际合作和竞争、在知己知彼的基础上建立合作关系、严格遵循资源开发的基本规律、认真执行基本的决策程序，将有助于改善境外资源开发的投资环境，也有利于提高境外资源开发工作的效率和水平。

本文结合自己的工作体会，对投资境外资源项目应该注意的问题提出以下建议，仅供大家参考，疏漏不足之处，请指正。

一、要摸清“矿床地质条件”

资源开发的主体是矿床。全面了解矿床的地质条件是资源开发的基础，也是投资决策的依据。

1. 了解地质资料的可靠性：包括资料来源、数据获取的途径和手段、已经完成的地质工作程度（预查、普查、详查，钻探、槽探等工作）。

2. 了解资源的富集程度：是富矿、贫矿，还是中等水平矿？

3. 了解矿床的规模，是特大型、大型？还是中型或中小型？

4. 了解矿石的磨、选性能：矿石的结构和致密性、杂质含量、磨矿粒度、选矿回收率等试验结果。

5. 了解资源的综合回收利用价值：是多金属矿（共生或伴生）还是单金属矿、金属的市场价值、全球的资源量等。

6. 了解资源的赋存状态：地表是否有露头、埋藏深度、矿岩稳定性、单层矿体还是多层矿体、夹石厚度、矿体走向、倾向和倾角等。

7. 了解矿床的地质构造：断层发育程度、构造复杂程度、原岩应力场等。

8. 了解矿床的水文地质条件：地下涌水量多少、地下水的性质，是承压水还是裂隙水、是否有溶洞等。

9. 了解矿区的找矿前景：上下盘围岩、矿床成因、区域地质条件等。

二、了解“矿山建设条件”

矿山建设的外部条件既影响项目建设的投资、进度，也影响项目建成后的运营环境和运营成本。全面了解矿山的建设环境是优化设计、合理布置工业设施、有效利用外部条件必须考虑的重要因素。

1. 了解矿床的地理位置：是高山、平原或丘陵地区。

2. 了解矿区内外的交通运输条件。

3. 了解矿区周围的基础设施条件：公路、铁路、配套设施等。

4. 了解当地的水电供应条件和能力：设施、能力、装备水平、可向矿区提供的能力等。

5. 了解当地原材料供应条件：品种、数量、价格、质量等。

6. 了解当地熟练劳动力的供应能力：平均教育水平、人员数量、年龄结构等。

7. 了解当地的气候条件：降雨量、无霜期、冻土层厚度等。

8. 了解当地合作队伍的建设能力和技术服务能力等。

三、了解“市场条件”

市场供求关系决定了矿产品的市场前景，全球经济的发展态势影响市场的有效需求，在建项目的规模和速度决定市场的有效供给，市场替代品的多少影响矿产品的供求平衡。

1. 了解国际国内市场的供应能力。
2. 了解国际国内市场的需求能力。
3. 了解国际国内市场的新增供应能力。
4. 了解国际国内的潜在市场需求。
5. 明确矿产品的市场定位：是国内市场还是国际市场?
6. 对矿产品价格走势的判断：上升或下降?
7. 预测替代产品投入市场的可能性及其影响。
8. 研究主要竞争对手现在、未来的行动和战略。
9. 对全球宏观经济形势的判断：上升？平稳？下降?

四、了解“目标投资国的政策法规条件”

依法经营、照章纳税是企业的天职。了解目标投资国的政策法规既是投资决策的前提，也是经营必须遵循的法则。

1. 目标投资国的《矿业法》（勘探许可和采矿许可的获得、转让程序等）。
2. 目标投资国的《外商投资法》。
3. 目标投资国的《劳工法》《工会法》。
4. 目标投资国的外汇管理办法、规定等。
5. 目标投资国矿业投资项目审批程序。
6. 目标投资国的税法：《进出口关税》《所得税》《资源税》《营业税》等。
7. 目标投资国的《环境保护法》及其实施条例。
8. 目标投资国的区域贸易协定、与中国的双边贸易协定等。

五、了解“金融财务条件”

资源条件和外部建设条件直接影响项目的融资条件，建设周期、投资和工艺技术水平直接影响项目将来的现金流量和投资回报。科学论证和精心实施是实现财务目标、兑现融资承诺的根本保证。

1. 投资项目的内部收益率、投资回收期、现金流量。

2. 目标投资国的所得税率、资源税、税收监管、减免税条件、财税体制的稳定性。

3. 目标投资国的外汇管制程度。

4. 目标投资国的金融基础、货币稳定性、融资成本、金融服务的便捷性。

5. 目标投资国的劳动力成本、社会服务成本。

6. 目标投资国的环境保护成本。

六、了解“环境保护问题”

保护环境的要求越来越严，保护环境的成本越来越高，开发方案和环境保护方案要同时考虑，开发方案不仅是技术上可行、经济上合理，而且是环境允许、符合健康要求。

1. 环境保护的法律、法规及监管条例。

2. 投资项目的环境影响评价。

3. 目标投资国的环境许可程序。

4. 目标投资国的废弃物排放标准。

5. 项目的环境保护措施和实施成本。

6. 目标投资国环境保护政策的稳定性。

七、了解“项目运营条件”

项目的实施以一定的条件为基础。了解项目实施应该具备和满足的条件是项目实施的前提，也是项目成功与否的重要影响因素。针对某些特殊限制条件应该采取有效的应对措施，未雨绸缪。

1. 熟练劳动力的供给条件（教育条件、水平、受教育程度）。

2. 投资目标国矿业开发的技术服务能力。

3. 投资目标国的技术标准、技术壁垒。

4. 政府对企业运营的干预程度（直接、间接）。

5. 水电供应及基础设施服务的能力、水平。

6. 原辅材料的供应情况、运输条件。

7. 产品离目标市场的距离、运输条件。

8. 文化差异、管理效率、合作程度等。

9. 作业环境的安全条件：滑坡、泥石流、洪水、地震等灾害因素。

八、了解“投资的政治环境”

目标投资国的政治稳定是项目顺利实施的根本保证。良好的政治环境是投资安全的基础，廉洁高效的政府是投资成功的保证。

1. 国家和政府的稳定性。

2. 政府官员的腐败程度和社会风气。

3. 社会治安条件。

4. 程序效率和透明度。

5. 工会组织的干预程度。

6. 宗教信仰、与中国的政治关系。

九、认真分析“公司的经验”

杰出的项目经理和称职的项目团队是成功实施项目的内在因素。借鉴历史经验，防范实施风险。熟悉投资环境，把握关键环节。通过有效沟通，实现积极合作。

1. 投资公司在目标投资国实施项目的经验。

2. 投资公司的项目经理及相关人员在目标国或海外工作的经验。

3. 投资公司的专业经验（是否熟悉投资领域）。

4. 项目团队的业务水平、外语水平、国际商务经验、良好的企业文化等。

5. 项目经理和当地政府打交道的经验。

6. 项目经理和工会打交道的经验。

十、制定完善的执行方案

凡事，预则立，不预则废。完整的方案、周密的计划、严密的组织、严格的管理是实现投资目标的起码要求。方案论证科学、资源配置优化、施工组织合理、质量体系健全是控制投资的根本保证。

1. 组织专门的尽职调查小组。

2. 组织专门的商务、技术、法律谈判小组。

3. 组织专门的融资小组。

4. 组织专门的工作小组（重点协调政府部门）

5. 制定详细的实施方案。

6. 选择称职的项目经理和管理团队。

7. 协调和所在国政府的关系。

8. 建立严密的监督、控制体系。

十一、对合作者资信的全面了解

知己知彼，优势互补。全面了解合作者的资信是选择合作者的前提，诚信可靠的合作者是合作成功的基础。优势互补是合作成功的关键。互惠互利是合作成功的根本保证！

1. 合作者的基本情况：注册地、股东、董事会人员组成及其工作背景、业务范围、经营规模、员工队伍等。

2. 合作者的资信情况（银行信誉、公司财务状况、主营业务现金流等）。

3. 董事长、总裁等个人信誉、个人经历及其主要业绩或法律纠纷等问题。

4. 合作者寻求合作的真实意图、项目实施的可行性，合作方的主要优势和不足。

知人者智，自知者明。在投资海外资源项目时，我们一定要知己知彼。

它山之石，可以攻玉

——学习《反垄断法》的体会

（国家行政学院《反垄断法》学习班论文）

2009 年 11 月 5 日

为了预防和制止垄断行为，保护市场公平竞争，提高经济运行效率，维护消费者利益和社会公共利益，促进社会主义市场经济健康发展，我国于2007 年 8 月 30 日由十届全国人大常委会第二十九次会议审议通过《中华人民共和国反垄断法》（以下简称《反垄断法》），于 2008 年 8 月 1 日起施行。这部法律的制定和实行，是我国社会主义市场经济体制和中国特色社会主义法律体系日趋完善的重要标志。在经济全球化和市场一体化日益发展的形势下，认真学习《反垄断法》，对于我们积极参与国际竞争，依法保护自身的合法权益有着重要的现实意义。

一、对垄断的认识

竞争是市场经济的本质特征和必然要求。然而，在激烈的市场竞争中必然会出现垄断，竞争和垄断之间有着千丝万缕的联系。正确认识垄断，有利于企业的做强做大，正确对待竞争，防止垄断行为发生。

1. 市场竞争出现垄断。通过激烈的市场竞争，少数经营者依靠自身优势将企业“做强做大”，几个有优势企业通过签订协议等方式“强强联合”，从而通过形成优势地位对产品和市场的控制权，进而操纵市场、限制竞争、排挤竞争对手，甚至形成寡头控制。

2. 垄断体现了经营者对资源的优化配置，形成了核心竞争能力。

3. 垄断是企业发展的高级形态，是企业追求市场份额和利润最大化的必然结果。

4. 竞争是市场经济的基本特征，没有竞争谈不上市场经济，但竞争和垄断如影随形，相伴共生，只要有竞争存在，就会有排除限制竞争的垄断行为。

二、垄断行为及其危害性

垄断是一种状态，形成垄断有种种原因。有垄断地位并不等于必然有垄断行为。垄断地位有采取垄断行为的条件和可能，但对市场竞争者和消费者并没有产生危害。唯有垄断行为才会对社会造成危害，对消费者的利益产生不利影响。垄断行为主要表现为以下三点：

1. 形成垄断协议，操纵市场，损害中小经营者和消费者的利益。经营者之间达成或采取的旨在排除、限制竞争的协议、决定或者其他协同行为，即一些国家所称的“卡特尔”。一般包括横向垄断协议和纵向垄断协议。

（1）横向垄断协议包括：固定价格协议、限制产量协议、限制技术协议、分割市场协议、联合抵制协议等。

（2）纵向垄断协议包括：搭售、纵向价格约束、附加条件协议、特许协议、独家交易协议等。

2. 滥用市场支配地位，控制商品的价格、产量，损害消费者的利益。主要表现为实施垄断价格、掠夺性定价、拒绝交易、强制交易、搭售、对条件相同的交易人实行差别待遇等排除、限制竞争，损害消费者和其他经营者合法权益的行为。

3. 控制经营者，破坏市场秩序。经营者集中主要表现为：一是经营者之间的吸收和合并、新设合并，二是经营者通过取得其他经营者的股份、资产，三是通过合同等方式，取得对其他经营者的控制权或能够对其他经营者施加决定性影响的情形。

三、我国反垄断的形势

由于我国实施计划经济体制的时间较长，市场经济的发育还不够完善，当前在市场上表现出的垄断行为也有别于其他发达资本主义国家的垄断行为特征。因此，正确认识我们所面临的垄断形势，对有效利用《反垄断法》，保护市场的公平竞争和民族工业的健康成长有十分重要的意义。我国当前反垄断法的形势表现为以下几点。

1. 地方性保护形成的“垄断”现象，破坏了市场经济的正常发育、成长，也制约了地方经济的健康发展。

2. 历史形成的“垄断”行业，其内部需要整合资源、优化资源配置，提高资源的社会利用效率，提高中央企业在国际市场的核心竞争力。

3. 大部分中央企业面临的是国内无序竞争和国际上反倾销的压力，大而不强，需要从内部解决同质竞争的问题，增强企业的核心竞争力。

4. 中国企业面临跨国公司垄断渗透的威胁，民族工业面临国际寡头蚕食、削弱的危险。进口铁矿石定价、外国钢铁企业参股国内中小钢铁企业应引起有关方面的重视。

5. 中央和地方由于税收分配的不平衡，加剧地方性保护，导致区域性垄断和低水平建设。

由此可见，我们当前反垄断的主要任务并不是国内企业在市场的充分竞争下出现的垄断行为，而是国际垄断集团对民族工业的威胁、蚕食和国内区域性的地方保护主义、行政性行业保护等行为。

四、实施《反垄断法》的建议

针对在经济全球化形势下国际垄断集团对我民族工业的垄断威胁、我出口企业遭到国外反倾销的指控等因素，考虑我国市场经济发育初级阶段的情形和国内反垄断的现状，对今后国家的反垄断工作提出以下建议。

1. 充分利用《反垄断法》这个工具，有效防范国际寡头在国内兼并时对民族工业的损害，特别要注意对国内物流市场的蚕食直至控制等隐性垄断的发生。

2. 完善实施《反垄断法》的细则和操作程序。

3. 从国家和民族利益出发，合理利用《反垄断法》，排除限制垄断的进一步扩大。反国际垄断是国之大事，不可不察。正确处理开放和反垄断之间的关系。正确认识改革成果价值链的分布和成果分享。

4. 限制行政性区域垄断、地方垄断是当前国内反垄断的首要任务。从行业、产业的健康出发，从参与国际竞争的要求出发，培育有实力的民族企业不断发展壮大，引领国内企业规范、有序地参与国际竞争，逐渐提高民族企业在国际竞争中的实力和核心竞争能力。

5. 中国企业的跨国兼并要充分考虑国外《反垄断法》和相关壁垒的限制，设计有效的兼并方案，避免事倍功半，甚至功亏一篑。跨国兼并有条件，要有准备、有计划。切忌头脑发热，自以为是。

6. 正确处理反垄断和反不正当竞争之间的关系。妥善解决反垄断和产业健康发展的问题。

五、中央企业反垄断的思考

中央企业是国民经济的基础和重要支柱。中央企业既肩负着做强做大、在国民经济中发挥重要作用的历史使命，也承担着维护市场公平竞争、反对寡头垄断的重要责任。因此，中央企业在国际竞争中要一致对外，保护国家的整体利益；在国内市场竞争中要以身作则，做公平竞争的表率。

1. 中央企业的首要任务是整合资源，排除限制内部的无序竞争，增强核心竞争能力。

2. 垄断性行业的中央企业之间需要加强合作，共同应对跨国寡头，而不是简单的市场分割。应该把彼此的比较优势转化为国家的竞争优势。

3. 中央企业的战略定位要清晰，没有核心竞争力的大而全垄断思路在国际化分工中容易陷入被动。特别是介入不熟悉的国际业务时，更要慎之又慎。要严把战略决策关、投资决策关，要加强风险管理。防止"决策时冲动，调研时轻信，签约时草率，实施时被动"。

4. 中央企业兼并国外企业要考虑消化吸收能力。切忌盲目出手，否则，后患无穷。知己知彼，百战不殆。要未雨而绸缪，勿临渴而掘井。

5. 中央企业在战略上应该追求垄断，以提高国际竞争能力；在战术上防止垄断行为，为市场经济的公平竞争和健康发展做表率。实现企业从优秀成长为卓越的目标，保证基业长青。

反垄断任重道远，需要各级政府和企业的经营者共同努力。反垄断关系复杂，需要认真学习有关法律、法规和知识，做到有理、有利、有节。反垄断目标明确，维护公平竞争、保护消费者合法权益。反垄断内外有别，对外防止寡头垄断威胁、蚕食民族工业，对内重在规范行为、建立秩序。反垄断，路漫漫其修远兮，吾辈需上下求索。

关于资源国际化战略的思考

（发表在《中国矿业》2010年第八期）

2010年7月2日

资源乃国民经济之基础，资源保障乃国家经济安全之保障，资源战略直接关系到国家经济发展战略和国家安全战略。资源战略，国之大事，不可不察。由于我国自然资源禀赋条件所限，我国是典型的资源外向型国家，每年需要进口大量的矿产资源和石油资源，有的品种对外依存度已经超过一半。随着经济的快速发展，矿产资源和石油资源的对外依存度仍将逐年增加。我们是原料进口大国，可是，我们并没有进口原料的价格话语权。我们进口原料的命运完全掌握在少数原料供应商的手里。而且，大部分进口矿产品和石油都经过海洋运输到达我国，海运风险无法回避。长期下去，国民经济的资源保障和安全势必受到严重威胁。因此，研究国家的资源国际化战略，对经济的可持续发展和国家安全有极其重要的意义。

国家资源战略的实施载体是企业。企业实施国际化战略成功与否，直接影响国家资源战略的有效实施程度，影响国家的经济可持续发展和资源的安全保障。在经济全球化、市场一体化的国际背景下，我国于2001年加入了WTO组织，为我国企业开辟两个市场、利用两种资源创造了条件。但是，由于我国企业长期以来在计划经济体制下运营，对经济全球化和市场一体化的形势显得有些不适应；由于缺乏国际经济合作的经验，在参与国际经济合作中遇到了很多困难，遭受了很多挫折，甚至，由于企业参与国际经济合作的无序状态，我们有很多教训。

为了提高我国企业在国际经济合作中的参与能力和竞争实力，认真总结过去的经验和教训，深刻解剖其原因，借鉴成功跨国公司的经验，结合我们的实际，深入研究资源国际化战略，有效开发和利用境外资源，对保障资源安全和国家安全有着深远的历史意义和重要的现实意义。本文对资源国际化战略谈一点粗浅看法。

一、实施资源国际化战略是国家经济发展的客观需要

1. 我国经济发展依赖的铜、铅、锌、镍、钴、金、氧化铝、铁和石油等原材料严重不足，进口依存度很高，有条件的企业在境外投资矿山是国家经济建设的客观需要，也是保障国家经济建设资源安全的重要历史使命。由于我们在国外缺乏资源基地，长期以来从现货市场采购原料，随着我国经济发展的加快，原材料和石油紧张的形势日益严重，导致了现货进口价格居高不下，受制于人，在谈判桌上没有话语权。在境外投资矿山和石油项目，建立资源基地，是保障国家经济发展的重要条件，也是形成国家资源安全战略的重要组成部分。

2. 企业在实施国际化资源战略的同时，可以带动国内其他产品和技术的出口，开辟新市场。我国经过三十年的改革开放，国内企业产品的生产能力和生产规模不断扩大，国内某些产品的产能过剩，必须寻找新的市场。由于发达国家的反倾销，有很多产品的出口受到了限制。因此，通过开发境外矿产和石油资源，带动企业走国际化经营之路是应对反倾销、寻找新市场的必

然选择。

3. 企业在开辟国际资源市场的过程中，可以培养人才，锻炼队伍，提高企业的管理水平和风险防范能力，增强企业的核心竞争能力。

二、国际化战略是企业实施资源国际化战略成功的关键

商场如战场，要未雨而绸缪，勿临渴而掘井。知己知彼，百战百胜。因此，国际化经营离不开国际化战略。只有运筹帷幄，才能决胜千里。国际化战略要明确企业国际经营的区域定位、市场定位、产品定位、人才定位、管理定位等内容。国际化战略是企业国际经营成败之大事，不可不察。国际化战略直接关系到资源国际化运作的成败。

1. 国际化战略是企业发展战略的重要组成部分，与国内发展战略有着密切的联系。不能孤立地制定企业的国际化战略，也不能以国际战略牺牲国内战略。有机配合企业的内部资源，要充分利用外部的有利条件，以实现投入产出的利润最大化。资源国际化战略要和企业的国内战略有机结合，从产业链的协调平衡和资源的优化配置统筹考虑。

2. 国际化战略要着眼于经济全球化、市场一体化的国际大环境。要认真分析国际环境的有利条件和不利因素，要考虑产品的周期，产业的发展周期，经济发展的形势等外部因素。要考虑全球化配置资源，发挥比较优势，降低经营成本，提高创利能力。资源国际化战略应该考虑比较优势和国际分工特点，选择有比较优势的目标国家，并且在资源开发中充分发挥我们的比较优势。

3. 国际化战略要从企业的实际出发，不能盲目攀比大公司的战略，制定不切实际的目标。同时，国际化战略要从企业的发展需要出发，要有忧患意识，不能满足现状。充分利用自己的优质资源，扬长补短。实施资源国际化战略要因地制宜，量力而行。既要考虑我们的需求，更要考虑我们的综合实力和经营管理能力。稳扎稳打，步步为营。

4. 实施国际化战略是有条件的。首先，要创造实施国际化应具备的条件：准备合格的人才队伍、认真了解目标国的政治、法律、金融等投资环境和文化环境、研究制定完善的实施方案。其次，要有计划、有步骤地实施国际化战略，不能全面开花，更不能一哄而起。实施资源国际化战略的条件要求更高，管理的复杂性和难度更大，政策法律劳工等的潜在问题更多、处理难度更大。因此，实施资源国际化战略应该更加谨慎。分析论证要更加充分，调查研究要更加细致。

三、我国企业在实施资源国际化战略中存在的问题

改革开放三十年来，我国许多企业积极参与国际市场竞争，在拓展对外

贸易，发展跨国经营方面取得了成功的经验，使我国经济国际化程度不断提高。但是，有些企业在参与国际化经营、实施境外资源战略中，也不乏失败的例证。概括起来，我们在实施资源国际化战略过程中存在以下问题：

1. 战略不明确，盲目地“走出去”。既不熟悉投资环境，也不了解语言文化。工作受阻，关系紧张，处于无奈、无助的状态，骑虎难下，经营困难，难以实现拓展国际市场的目的。

2. 行为不规范，无序地内部竞争。在国外开发金属资源和能源项目，兄弟相争，别人得利；恶化了投资环境，引起当地政府和人民的恐慌。国内企业的无序竞争和盲目投资到了令人恐慌的地步。学费是昂贵的，代价是沉痛的。

3. 风险不清楚，狂热地跟风。资料不全就草率决策，情况不清就匆忙签约。现场不具备条件，欲速则不达。审批程序不清楚，工作推进缓慢。投资超预算，建设拖工期。更有甚者，因前期工作不细，无法履约而造成经济损失。合同条款谈判不严密，误入陷阱条款，无法收回资金，形成呆死账。

4. 目标不现实，做表面文章。夸夸其谈宣传资源战略，实实在在制造紧张气氛。地方官员频繁地“走出去”，大肆宣扬资源战略，事与愿违，制造紧张气氛，使企业的谈判环境恶化，谈判要价攀升。在蒙古的资源开发就是典型的案例。个别企业为了突显自己企业的资源战略，大做表面文章，在国外召开大型招待会以扩大影响，不认真研究合同条款，甚至是陷阱条款。高高兴兴签约、无可奈何推进。一厢情愿描绘蓝图，四面碰壁节节败退。

四、实施资源国际化战略的思考

企业是实施国际化战略的主体，政府是企业实施国际化战略的坚强后盾。资源国际化战略是国家发展总战略的重要组成部分，企业在实施国际化战略时要充分贯彻国家的资源国际化战略。国家在实施资源国际化战略过程中应该从宏观、整体、长远着眼，一是做好中长期规划，引导企业的投资行为。二是制定好政策，鼓励企业去开发境外资源。三是协调好走出去的秩序，规范走出去企业的行为。四是及时解决企业在境外投资中出现的问题，防止投资环境的恶化。五是实施资源国际化战略时要少说多做，甚至只做不说。六是要借鉴其他国家的成功经验，不断拓展新的资源基地，逐步提高资源国际化的实施能力。

实施资源国际化战略应特别注意以下几点：

1. 少宣传“走出去战略”和“资源战略”。过去的教训告诉我们，由于我们过度地宣传“走出去战略”和“资源战略”，造成国际上的恐慌；把“走出去战略”“资源战略”和掠夺资源联系在一起，使企业的国际化环境恶化，加剧了“中国威胁论”的传播和影响。实施国际化“资源战略”要韬光养晦，学习日本的经验。少夸夸其谈造声势，哗众取宠。多做基础调查研究工作，有的放矢。少谈战略和意义，着重解决实施中的具体问题，多为国家生产经济建设急需的矿产和石油资源。

2. 少安排国家领导人见证“国际场合的签字仪式”。鉴于资源项目的开发周期长、前期工作复杂，基础工作稍有疏漏，就会给实施留下隐患。成功的国际化合作需要扎实的前期工作和严密的科学论证。因此，签约不能赶时间，更不能跨阶段。为了让领导人见证签字仪式，企业的前期工作容易违反正常的工作程序，在谈判过程中容易出现疏漏，在执行合同中容易出现风险。外国公司也会利用我们要国家领导人见证签字仪式的心理，提高合同要价，提出不合理的要求，使执行合同困难，甚至是无法执行，给国家造成巨大的经济损失。

3. 对资源开发项目，政府部门和企业要明确分工。政府应该制定宏观的指导政策和鼓励企业实施国际化的保障措施，主要工作在后台，不应冲锋陷阵直接和国外业主沟通。政府部门也不要为了体现国家领导人出访的成果给企业下签字指标，为了签字而签字。我们应该遵循国际经济合作项目的基本规律，切实加强前期基础工作，增强风险防范意识，研究制定风险防范措施。企业、政府的分工应该明确，定位要合理，既不要越位，也不要缺位，更不要错位。政府实施资源战略应体现宏观指导、整体考虑、长远部署的基本原则。

4. 实施资源战略要有战略眼光，防止急躁冒进。应该根据国家的中长期战略发展规划，从原料平衡和可持续发展的角度制定资源战略。在实施资源战略时要稳扎稳打，不要一哄而起，盲目冒进。要选择合适的介入时机，选择合适的合作对象。要对合作地区、目标合作者做长期的分析研究，本着优势互补的原则合作。要明确有资质的企业参与境外的资源开发，防止不具备条件的企业扰乱国际资源开发市场。

5. 转变援外方式，探索境外资源勘探合作的新模式。对发展中国家，改变单纯的无偿经济援助方式。把援助资金用于当地资源的地质勘探，发现资源可以共同开发，互惠互利。一方面可以帮助受援国家对资源的普查、勘察进行全面规划，加强地质勘探；另一方面，可以建立新的资源基地，扩大我们在境外的资源占有量，减少对进口资源的依赖程度。同时，在开发资源的过程中，可以带动国内产品、技术的出口；带动技术人员参与国际合作，培养国际化的经济技术合作人才。

6. 保护中国的海洋主权，为今后全面开发海洋金属矿产资源和油气资源奠定基础，创造开发海洋资源的主权条件。海洋资源是未来各国争夺矿产和油气资源潜在的主战场，保护国家的海洋主权有着深远的历史意义和重要的现实意义。

五、企业实施资源国际化战略的几点建议

企业实施资源国际化战略应该把握全面、协调、可持续发展的科学观，应该统筹考虑企业的国际化战略和发展总战略，应该坚持量力而行、循序渐进、有所为、有所不为的方针。

制定正确的国际化战略是企业资源国际化战略成功的关键。转变思维方式、完善决策程序是制定正确的国际化战略的关键。客观分析经济形势、准确判断自身优势是制定国际化战略的基础。科学的管理制度、运营流程和高素质的员工队伍是实施资源国际化战略的根本保证。

1. 明确战略目标，规划市场定位。只有转变思维方式，完善决策程序，加强科学论证，才能明确战略目标。只有认真分析宏观经济形势，冷静判断自己的比较优势，才能清晰地找到市场定位。

首先，转变思维方式。无论是法律体系和政治氛围，还是文化习俗和员工队伍，跨国经营完全不同于国内运营。因此，不能用在国内制定决策的思维方式研究国际经营的战略。认真研究目标投资国的政治、法律、文化、金融环境，全面了解基础设施、原材料供应、人力资源、水电等供应能力条件，客观评价在当地投资的优势和不足，做到知己知彼。要以严谨的态度对待决策，用法律维护企业在境外的合法权益。

其次，完善决策程序。在境外投资资源项目，除了履行国内一般的决策程序外，特别要加强现场的尽职调查，全面了解合作者的资信、项目的建设和运营条件等，重点是资源的可靠性，地域的安全性。

第三，加强科学论证。认真组织项目可行性研究，科学评价项目的投资收益，加强对主要竞争对手的研究，冷静判断产品的供需关系和市场走势。对矿产资源和油气类项目，科学论证尤为重要。矿床的地质资料要全，可行性研究报告要实，前期的调研工作要细，最后的投资决策要慎。

2. 明确市场目标，落实保障措施。根据全球经济形势，结合行业特点，才能明确市场定位和具体开拓目标；只有定位明确、目标合理，才能制定出可行的实施方案，发挥自己的比较优势，落实具体的保障措施，最后，实现预定的市场目标。

首先，要依据全球的经济形势和行业自身的特点，以发挥自身优势为出发点，选择目标投资地区、目标投资领域、目标合作者。本着互惠互利的原则，寻求合作者，建立良好的合作关系，促进企业的可持续发展。

其次，要加强科学研究，增强创新能力。提高自主知识产权成果的比例，

使自己的比较优势转化为竞争优势，在国际合作中掌握主动，引领行业发展的未来。

第三，坚持优势互补，实现互惠双赢。在合作中学习别人的先进管理经验和文化，规范企业的管理行为，提高企业的管理水平。积累国际合作的经验，拓展国际合作的视野，开创国际合作新局面。

3. 明确项目目标，优化资源配置。从企业的实际出发，统筹考虑企业发展和员工成长。把实现股东利益、员工利益、利益相关方利益、社会利益有机结合起来，形成和谐、奋发向上的工作氛围，充分发挥各方面的积极性、创造性，才能实现具体的项目目标。

首先，要分析企业的人力资源现状、核心技术水平和企业经营的现状，客观判断本企业在同业的地位和水平。立足现实，着眼未来，优化资源配置，选准突破口，全力以赴推进，赢得项目成功。

其次，制定合理的激励和约束机制，为建设高素质的国际化人才队伍提供制度保障。把企业发展和员工个人成长有机结合起来，最大限度地发挥员工的聪明才智，努力实现人尽其才，物尽其用。

第三，完善信息反馈，减少资源浪费。提高信息化管理水平，实现有效沟通。保证信息可靠，提高决策水平。分享信息，协调工作，有效利用资源，增强对市场的适应性，灵活应对竞争对手。

4. 加强人才队伍建设，培养核心竞争能力。企业的竞争实质是人才的竞争。国际化经营是国际化人才的竞争。加速国际化人才队伍建设是培养企业核心竞争能力的关键。完善运营流程，提高执行效率是形成竞争优势的根本保证。培养执行文化，增强执行能力是增强核心竞争能力的不竭动力。

首先，加强团队学习，建设学习型组织。把员工自学和团队学习结合起来，实现信息和知识的共享。形成浓厚的学习氛围，增强员工队伍对新环境的适应能力和应变能力。

其次，以创造价值为原则，优化管理流程和运营流程，减少不必要的效率下降和信息衰竭，以提高核心竞争能力。

第三，明确岗位职责，实行责任管理。加强业绩考核，提高执行能力，把企业的比较优势转化为竞争能力。

资源保障是经济安全的基础。资源国际化战略是资源保障的重要组成部分。实施正确的企业国际化战略是资源国际化战略成功的前提。立足国家资源国际化战略，审慎制定企业国际化战略，切实保障国家的资源安全。资源国际化战略乃国之大事，经济建设之基础，国家安全之保障，不可不察。实施资源国际化战略，路漫漫其修远兮，吾辈应上下求索。

积淀知识，升华理念

（浦东干部学院学习总结）

2011年9月25日

日月如梭，光阴似箭，开班仪式上李源潮院长的声音还在耳边回响，21天专题研究班的学习就要结束了。重回母校，倍感亲切。再次学习，收获颇丰。打开记忆的大门，回忆21天的感受，记忆犹新，终生难忘。李源潮院长的讲话，对我们是一次心灵的洗礼；专家的讲座，给我们拨开迷雾、指点迷津；同学们的讨论是思想火花的碰撞、心灵深处的共鸣；案例教学，开阔了视野，启迪了思路，触动了灵魂；现场教学，深受鼓舞，受益颇深。

重温马列毛原著，理解不断加深。共产党人的使命就是解放劳苦大众；理论与实际结合，虚心倾听群众心声。发展生产，道远任重；改善民生，困难重重；教育群众，与时俱进；开拓新市场，团结群众；解决新问题，依靠群众；共商国是，大局为重。

国际投资是企业发展的必经之路，成功的国际化经营需要认真准备、积极创造条件和周密计划。复杂多变的国际环境增加了国际投资的风险，完善决策程序、加强内部控制是保障国际投资成功的基础。加快人才队伍建设、增强自主创新能力是国际投资成功的根本保证。借鉴别人的经验、牢记自己的教训是实施“走出去”战略的基本途径。

国际化经营是探险旅行，需要正确的国际化战略指引方向。国际投资是在浩瀚沙漠中的艰难旅程，不能加快“走出去”的步伐，需要放慢脚步，踩稳走好。否则，欲速则不达，轻则摔倒，重则失去可持续的耐力而陷入困境。如果没有正确的国际化战略指引方向，国际投资“走出去”的步伐越快，偏离正确的方向就越远，投资的损失就越大。加强内部管理是减少投资失误的有效措施，完善风险管理体系是规避风险的重要手段。审慎地选择投资领域，防止“自以为是”的盲动。理智地选择投资项目，抑制“无知无畏”的冲动。科学地决策，避免“一厢情愿”的冲动。认真实施投资项目，避免“四面楚歌”的被动。国际投资乃企业“走出去”成败之大事，不可不察。国际投资路漫漫其修远兮，我们应审慎决策，上下求索。

当前的国际经济形势扑朔迷离，经济复苏的前景依旧迷茫。全球经济二次探底的风险仍然存在，中国企业“走出去”的政治风险增大。面对错综复杂的国际形势，我们一定要认真总结过去“走出去”的教训，客观评价过去“走出去”的成败得失，冷静面对“走出去”的冲动，理智研究“走出去”的战略。这是积极实施“十二五”发展战略的前提和基础。

实施“十二五”发展战略，既要准确把握国际宏观经济发展形势，又要认真解决“走出去”过程中出现的问题，统筹规划企业的国际化战略，建立健全国际化经营组织和内部协调机制，建立健全国际化经营风险的内控制度，加强人才队伍建设，提高员工队伍素质和企业的核心竞争能力。

随着企业规模的不断扩大，业务转型的不断升温，企业的并购会不断增加。然而，由于并购对象、并购环境复杂，短时间难以全面、细致、准确了解并购风险。由于对并购风险缺乏准确的评估和判断，企业的并购失败比比皆是。在“十二五”期间，如何降低并购风险，确保并购后的企业平稳运营，为企业的发展创造利润，为企业参与国际竞争提供有效平台，是摆在我们面前的艰巨任务。

并购是企业经营之大事，关系到企业的兴衰成败，不可不察。跨国并购是企业生死存亡之大事，关系到国家的兴衰成败，审慎决策。

21 天的学习结束了，学到的知识在脑海里积淀、在思索中升华。21 天的学习结束了，探索国际投资的旅程刚刚开始。它山之石，可以攻玉。借鉴成功企业的案例，结合自己的实际，做好国际投资的准备，运筹于帷幄之中。培养精干的人才队伍，学习国际化运作，探索国际化经营的道路，决胜于千里之外！

优进优出

2015 年 4 月 7 日

最近，在“装备走出去和推进国际产能合作”座谈会上提出“优进优出”的思路。这是借鉴发达国家的成功经验，立足中国实际、着眼全球的大开发战略。

“优进优出”，是改革开放战略的升华。顺应发展趋势，制定发展战略是“优进优出”工作的首要任务。不谋万世者，不足以谋一时；不谋全局者，不足以谋一隅。制定发展战略应立足于企业实际和市场机遇，明确主攻方向，设定具体目标。依据发展战略提出具体实施方案，落实资源，分解目标，建立实施团队，组织实施。在实施中及时反馈，及时纠偏，确保方案的顺利实施。

“优进优出”要有大格局。着眼全球市场，立足中国经济。围绕“一带一路”战略，找准定位，选好目标：进什么？出什么？通过“优进优出”带动什么？发展什么？提升什么？“优进”，学习先进技术，提升管理水平。“优出”，发挥比较优势，强化基础管理，提升服务水平。

“优进优出”要有大视野。围绕“一带一路”周边国家的经济基础、发展现状，寻找优出目标，提升产品质量，建设一流团队，满足市场需求，提供优质服务。建立一批客户，开发一片市场。拓展一片空间，结交一批朋友。

“优进优出”要有新举措。创新发展模式，抓住新机遇。培育竞争能力，建立新机制。强化危机意识，培育新思维。不打无准备之仗，不做无把握之事。深入了解目标市场的政治、商业和人文环境，仔细研究目标市场的政治、法律和财务风险。要未雨而绸缪，勿临渴而掘井。转变思维方式，适应国际化竞争；转变经营理念，有效防控风险。汲取曾经的教训，不犯重复的错误。

“优进优出”要打好基础。优进，重在选优，促进发展；优出，货真价实，名副其实。运筹于帷幄之中，决胜于千里之外。吃透目标地的法律体系，摸清制度障碍和法律陷阱。做好前期工作，深入尽职调查。理清协议条款内涵，明确责任权利界限。增强履约责任意识，提高风险防范能力。落实执行责任，提高履约能力，加强过程监督，确保履约。

“优进优出”是大战略，路漫漫其修远兮。踏平坎坷成大道，勿草率行事。历尽艰辛见光明，忌盲目行动。苦练内功，完善管理，适应新市场要求。健全机制，科学决策，防范新业务风险。精益求精，以质取胜，占领新市场高地。决策宜冷静，知己知彼，百战百胜。市场机遇是什么？市场挑战有哪些？自己的优势是什么？自己的不足有哪些？扬长补短，日臻完善。循序渐进，贵在登攀。

“一带一路”战略下企业“走出去”的风险防范

（依法治国与依法治企学习班学员论坛发言提纲）

2015年7月4日

企业“走出去”是有条件、有计划、有准备的。在实施“一带一路”发展战略的今天，切忌盲目跟风。企业“走出去”的风险远大于国内经营的风险。“走出去”的陷阱深、教训多、代价大。不能再犯对外籍员工诉求不以为然的错误，不能对拖延的习惯习以为常，更不能对不规范方式处事的“技巧”自以为是。在经济复苏乏力的形势下，实施“一带一路”战略“走出去”的困难更多、风险更大。当前最大的风险可能是固守工作习惯、缺少法制思维。即使具备走出去条件的企业，也要有计划地行动，有目标地筛选，有准备地实施。唯有依法治企，才有望防范“一带一路”战略下“走出去”的风险。

依法治企不只是企业的事情，是国家和企业共同的事情。依法治企是依法治国的基础。依法治国是实现中国梦的根本保证。依法治企使命光荣、任务艰巨。依法治企能力关系到国家的竞争能力、可持续发展能力。依法治企，国之大事，事关国家发展之道、企业存亡之要，不可不察。

依法治企的基础是遵法、学法、守法、用法，关键是依法治企能力的建设。市场经济是法制经济。首先，要增强依法治企意识。不断完善公司治理体系，增强公平竞争意识。不断推进精细化管理，增强合规管理意识。不断提升法律素养，自觉形成依法维权意识。不断强化法律知识学习，培养依法治企意识。其次，培养法制思维。企业一定要依法经营，不为利益驱使。坚守底线思维，不能突破法律底线。增强风险意识，坚定理性思维。既不能心存侥幸，见利忘法。也不能畏缩不前，无所作为。恪守诚信原则，坚守契约思维。依据合同条款，明确履责义务。认真全面履约，保障经营效益。依法追究责任，维护合法权益。培养规则思维，不能试图走捷径。明确企业行为准则，确立员工行为规范。第三，培育依法治企能力。加强人力资源队伍建设，提高全员依法履职能力。领导加强学习，提高依法决策能力。全员有效沟通，提高公共关系处理能力。完善公司治理结构，提高内控依法监管能力。培育诚信文化，提高兼容并蓄能力。

在推进“一带一路”战略的进程中，既有一般国际化经营的共同风险，也有特定国家（地区）的特殊风险。培育风险防范能力，重点抓住以下几点：一是熟悉合作方所在地的政治、法律、金融、宗教、人文风险，做好尽职调查，未雨而绸缪，防患于未然。二是了解合作方的背景、经营状况、债务、潜在风险等，知己知彼，百战不殆。三是仔细研判合作模式的交易风险，周密设计实施方案，详细审查具体条款。四是做好实施策划，抓住合作进程的重点环节、关键节点，有效控制过程，及时反馈信息，强力推进执行，及时解决问题。五是组织好实施团队，列出责任清单，落实资源保障，加强履职检查，严格奖惩兑现。

依法治企是一个系统工程，既要营造良好的依法治企外部环境，也要培育依法治企的土壤、能在激烈竞争中成活的种子，更要有园丁辛勤耕耘、呵护。首先，营造依法治企的良好外部环境。确立依法治企的国家顶层设计，明确国家管什么？界定政府部门的监管边界，部门怎么管？确立良好的国际合作关系，依法维护企业在境外经营中的合法权益。其次，培育依法治企的土壤。完善制度，优化流程，规范薪酬。每个人知道该干什么？该怎么干？干了拿多少？第三，依法治企执行能力建设。重在提高决策效率、决策水平、执行效率、执行能力和监督纠错能力。第四，培育依法治企的竞争能力。营造诚信为本的法制文化，砥砺守法的公平竞争能力，培育严谨的合规管理能力，提升理智的依法维权能力，塑造包容的海纳百川能力。

营造依法治企的外部环境是推进依法治企的基础。增强风险意识、提高风险防范能力是提高依法治企能力的关键。加强人才队伍建设、完善激励机制是依法治企的根本保证。培育诚信的法制文化、守法的竞争能力、严谨的规范管理能力、理智的依法维权能力和包容的海纳百川能力是增强依法治企竞争能力的必然途径。依法治企，路漫漫其修远兮，吾辈需上下求索。

【后　记】

2000 年国家提出“走出去”战略。当时，我正在首钢秘鲁铁矿工作，有幸在矿区接待了来自国家冶金工业局、北京、上海、湖北、安徽和宝钢、武钢、马钢的代表团。湖北省委书记贾志杰、国家冶金工业局副局长单亦和、北京市副市长刘海燕等领导深入矿区全面、深入考察了首钢秘鲁铁矿的生产经营情况，详细询问了在境外经营的特殊性、复杂性。

2001 年 8 月国务院发展研究中心组织“走出去”企业座谈，我在会上发言时指出：“走出去”是有条件的，好比参加游泳比赛。不能一哄而起地“走出去”，应该有计划、有准备地“走出去”。“走出去”战略应该是企业发展战略的组成部分，应结合企业发展战略有计划地“走出去”。根据不同国家、不同项目，“走出去”必须要有准备。首先，是人才队伍准备，前期尽职调查准备等，实施“走出去”战略应审慎、理智。陈清泰主任赞同我的观点。

然而，在随后的几年里，“走出去”成为一种时尚，境外投资有点疯狂。草率决策代价惨重，过度宣传“走出去”在境外产生了负面影响。有的乡政府代表团到蒙古国宣扬中国的资源战略，引起蒙古国上下的恐慌和反感。国内企业“走出去”的无序竞争扰乱了正常的资源开发秩序，打乱了规范的资源开发程序。2005 年中央严厉批评企业在蒙古国“走出去”的乱象和恶性竞争。

有些“走出去”企业利用国家领导人见证“签约”仪式扩大知名度，以示“走出去”的成果。外商乘机要挟抬价，难免有所让步，留下草率的隐患。一些不具备签约条件的项目草草签约，难以实施，学费昂贵。面对非理性投资、拔苗助长的教训，2007 年底在中国矿业联合会年会上，我以“关于实施‘走出去战略’‘资源战略’的思考”为题发言，呼吁资源投资要理智、冷静，受到人大资源环境委员会副主任张洽的重视。2008 年 1 月 9 日在《政协信息》第二期，以“实施‘走出去战略’和‘资源战略’应当慎之又慎”为题上报中央政治局领导，引起有关方面重视。

在经济新常态下，“走出去”是产能合作的必由之路。回首 16 年来的“走出去”历程，无知的教训沉痛，无畏的代价惨重。前事不忘，后事之师。吃一堑，长一智，少走弯路，少交学费。“走出去”是有条件的，应该有计划、有准备地“走出去”，不能一哄而起，也不该一哄而上。

《“走出去”的记忆》一书是我在境外工作的总结，有思想的凝练，有感悟的升华，有记忆深处的共鸣，有心灵相通的感应，是我多年从事“走出去”工作的积淀，有对国家资源战略的思考，有对企业国际化战略的探寻、有“走出去”企业防范风险的警醒，有对“一带一路”条件下企业“走出去”风险防范的深度思考，为“走出去”的企业提供借鉴，为从事“走出去”的志士仁人提供参考。

国际化经营，要“遵法、学法、用法、守法”。熟悉当地法律环境，依法维护企业合法权益。境外投资，要坚持“前期工作要细，基础资料要全，科研报告要实，最后决策要慎”的基本原则。认真学习当地法律法规，全面评估政治、法律、金融、人文和环境风险，依法经营，有效防范经营风险。吃透合同条款，防范法律风险。精准监督律师，防止误入陷阱。

国际化经营，重合同、守信誉，融洽劳资关系。审慎签订《员工集体协议》，恪守合同条款。尊重文化差异，与工会有效沟通；不入虎穴，焉得虎子。重视员工诉求，及时反馈信息；消除误会，化解矛盾；致力于互信，防患于未然。不以为然的怠慢引起工会不满，习以为常的拖延导致工人反感，说了不算的承诺引发纠纷祸乱，拒不接触的冷漠容易陷入危难。

国际化经营，队伍建设先行，文化凝聚人心。“诚信、务实、开拓、创新”的企业精神，凝聚人心，增强竞争力。诚信是交往合作的基础。务实是工作的基本原则。开拓是企业生存的基础。创新是企业追求的永恒主题。两眼盯住市场，一手抓内部管理，一手构筑良好的外部关系。“尽职尽责、有效沟通、积极合作”的工作原则，规范言行，提高执行力。“互相尊重、互相理解、互相信任、互相关心”的员工关系准则，化解矛盾，增强凝聚力。

秉承“积极进取、认真负责、实事求是”的行为准则，在逆境中攀爬，绝处逢生；在顺境中壮大，从优秀走向卓越。禁止“无所作为、人云亦云和推诿扯皮的作风”在公司存在和蔓延，防止削弱战斗力。

国际化经营，战略决定生存，创新引领发展。把共同价值观、行为准则和发展战略融为发展愿景，以“员工第一、客户至上、股东满意”引领创新。从管理创新、技术创新、观念更新、知识更新入手，构建学习型组织。以观念创新为先导，组织创新为动力，以技术创新为依托，全面推进管理创新，充分发挥员工聪明才智。把员工个人成长和企业战略愿景有机结合，激发员工的积极性、创造性，培养员工的忠诚度，提高客户的满意度，增强企业可持续发展能力和竞争力。服务精神是企业发展的内在动力。服务意识和服务质量是企业文化的灵魂。

国际化经营是探险旅行，需要正确的国际化战略指引。国际投资是在浩瀚沙漠中的艰难旅程，不能加快“走出去”的步伐，需要放慢脚步，踩稳走好。否则，欲速则不达，轻则摔倒，重则失去可持续的耐力而陷入困境。

在实施“一带一路”发展战略的今天，企业“走出去”的风险远大于国内经营的风险。“走出去”的陷阱深、教训多、代价大。不能再犯对外籍员工诉求不以为然的错误，不能对拖延的习惯习以为常，更不能对不规范的处事“技巧”自以为是。在经济复苏乏力的形势下，实施“一带一路”战略“走出去”的困难更多、风险更大。当前最大的风险可能是固守工作习惯、缺少法制思维。即使具备“走出去”条件的企业，也要有计划地行动，有目标地筛选，有准备地实施。唯有依法治企，才有望防范“一带一路”战略下“走出去”的风险。

在推进“一带一路”战略的进程中，既有一般国际化经营的共同风险，也有特定国家（地区）的特殊风险。培育风险防范能力，重点抓住以下几点：一是熟悉合作方所在地的政治、法律、金融、宗教、人文风险，做好尽职调查，未雨而绸缪，防患于未然。二是了解合作方的背景、经营状况、债务、潜在风险等，知己知彼，百战不殆。三是仔细研究合作模式的交易风险，周密设计实施方案，详细审查具体条款。四是做好实施策划，抓住合作进程的重点环节、关键节点，有效控制过程，及时反馈信息，强力推进执行，及时解决问题。五是组织好实施团队，列出责任清单，落实资源保障，加强履职检查，严格奖惩兑现。

企业“走出去”是一个系统工程，既要营造良好的“走出去”外部环境，也要培育“走出去”的土壤、能在激烈竞争中成活的种子，更要有园丁辛勤耕耘、呵护。营造诚信为本的法制文化，砥砺守法的公平竞争能力，培育严谨的合规管理能力，提升理智的依法维权能力，塑造包容的海纳百川能力。

营造依法治企的环境是“走出去”的基础。增强风险意识、提高风险防范能力是“走出去”的关键。加强人才队伍建设、完善激励机制是“走出去”的根本保证。培育诚信的法制文化、守法的竞争能力、严谨的规范管理能力、理智的依法维权能力和包容的海纳百川能力是“走出去”成功的必然途径。企业“走出去”，路漫漫其修远兮，吾辈需上下求索。要未雨而绸缪，勿临渴而掘井。知耻而后勇，知不足而精进。借鉴经验，汲取教训。取长补短，思索前进。

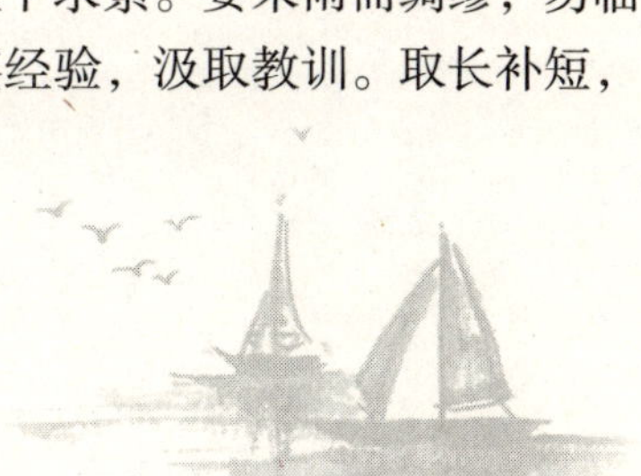